PHILOSOPHY AND TIMES

袁祖社 —— 主编

# 哲学与时代

### 第1辑（Vol.1）

社会科学文献出版社
SOCIAL SCIENCES ACADEMIC PRESS (CHINA)

# 编委会

（按姓氏音序排列）

陈　波　　戴　晖　　丁为祥　　韩　震　　吕建福
宋宽锋　　万俊人　　王　蓓　　王云霞　　吴晓明
杨国荣　　袁祖社　　张异宾

# 目　录

# 社会与治理

# 主编寄语
# 汇思想清流　发时代新声

袁祖社

　　思想是时代的产儿，时代孕育并造就伟大的思想。思想一旦产生，又必然会对时代产生重要的引领作用。时代是由从事历史和精神文化活动的主体集体造就的结果，是一个充满非确定的变数，它意象迷离，需要一双洞悉物态、世事、人心的哲学慧眼来把握。每一个时代，无疑有其特定的、相对确定的共识性主题，这些主题所表征的，无疑是人类实践、生存与生活的难题。因了这样的主题，吸引不同学科去竞相关注，争相评说。

　　关注时代的哲学，首先要对"时代与哲学"的关系有观念史意义的清晰明辨与思想自觉，以明确哲学观照和审视时代的新的方位。19世纪德国古典哲学的集大成者黑格尔指出："每一哲学属于它的时代，受它的时代的局限性的限制，即因为它是某一特殊的发展阶段的表现。"① "哲学并不站在它的时代以外，它就是对它的时代的实质的认识。"② 因此，哲学家"不能超越他的时代、世界"，"就个人来说，每个人都是他那时代的产儿"；不仅如此，哲学是对"一个时代的精神的思维和认识"。③ 哲学"是被把握在思想中的它的时代。妄想一种哲学可以超出它那个时代"是愚蠢的。④ 论及哲学与时代的关系，黑格尔则充满悲观的情愫。在他看来，哲学最主要的思维方式是"反思"，而反思作为"绝对观念自己认识自己的

---

① 〔德〕黑格尔：《哲学史讲演录》第1卷，贺麟、王太庆译，商务印书馆，1983，第48页。
② 〔德〕黑格尔：《哲学史讲演录》第1卷，第48页。
③ 〔德〕黑格尔：《哲学史讲演录》第1卷，第53页。
④ 〔德〕黑格尔：《法哲学原理》，范扬、张企泰译，商务印书馆，1961，第12页。

活动"，本质上是一种间接性的思维方式。因此，哲学的产生，总是落后于时代，正所谓"密纳发的猫头鹰要等黄昏到来才会起飞"。可见，哲学不能给活生生的现实以任何具体的指导。

马克思主义哲学的产生，是人类认识史上一次最为壮丽的日出，是人类认识发展结出的丰美硕果。马克思主义经典作家不满意思辨哲学的传统，在《第 179 号"科伦日报"社论》中，马克思尖锐地剖析了德国哲学的固有特点："哲学，尤其是德国的哲学，喜欢幽静孤寂、闭关自守并醉心于淡漠的自我直观；所有这些，一开始就使哲学同那种与它格格不入的报纸的一般性质——经常的战斗准备、对于急需报道的耸人听闻的当前问题的热情关心对立起来。从哲学的整个发展来看，它不是通俗易懂的；它那玄妙的自我深化在门外汉看来正像脱离现实的活动一样稀奇古怪……"①马克思对于哲学与时代的关系给出了精彩的论析，着重强调了哲学的时代性与人民性的本质同一。他明确指出："任何真正的哲学都是自己时代精神的精华。"②"哲学家的成长并不像雨后的春笋，他们是自己的时代、自己的人民的产物，人民最精致、最珍贵和看不见的精髓都集中在哲学思想里。"③ 哲学是"现世的智慧"④，哲学是"文明的活的灵魂"⑤。针对仅仅执着于"解释世界"的唯理智主义哲学，马克思创立了"改变世界"的实践新哲学，首次把自己创立的哲学形象地比作为人类解放报晓的"高卢雄鸡"，变革了以往哲学的思维传统，提升哲学思维的境界，确立了哲学思维的新的风格，开创了哲学发展的新路。显然，经典作家关于哲学是时代精神的精华等论述，一方面是指，哲学是时代精神的总结和概括。哲学所体现、所代表的时代精神，深刻地反映了一个时代人民的呼声和社会发展的趋势。另一方面是要表明，哲学同时还具有依照自己的方式塑造时代精神的功用。哲学作为时代精神的精华，构成一个时代社会的、政治的、国家治理的行动基础，成为社会变革和发展的先导，引领社会的共识、价值

---

① 《马克思恩格斯全集》第 1 卷，人民出版社，1956，第 120 页。

② 《马克思恩格斯全集》第 1 卷，第 121 页。

③ 《马克思恩格斯全集》第 1 卷，第 120 页。

④ 《马克思恩格斯全集》第 1 卷，第 124 页。

⑤ 《马克思恩格斯全集》第 1 卷，第 121 页。

观以及民族的、国家的行动。毫无疑问，密切关注时代问题，是哲学创新的起点。哲学之思不能脱离它由以产生的特定历史时代。哲学只有以自己独特的方式，关注生活、关注实践、关注社会、关注时代，才能实现进一步繁荣、发展。

关注时代的哲学，还要致力于"辨章学术，考镜源流"，廓清"思想"与"学术"的迷雾，在此基础上为继起的理论求索竖起新的路标和界碑。唯辨章学术，方显其识，重考镜源流，为求其真。"辨章学术，考镜源流"，语出清代著名的史学家、文学家、思想家和杰出的目录学家章学诚（1738～1801）的《校雠通义》自序："校雠之义，盖自刘向父子部次条别，将以辨章学术，考镜源流，非深明于道术精微、群言得失之故者，不足与此。"① 原是在总结前人目录学理论和经验的基础上首次明确地提出目录学的任务，即将各类著作按照科学、系统、辩证的原则进行分类，将各种学术派别和流派的作品、论著进行梳理，分门别类，将其来龙去脉考证得像镜子一样明净透彻。其目的是使人一目了然，进而综述其学术源流，为做学问、科学研究者指明读书和查找资料的方向。显然，其所代表和彰显的，是一丝不苟、严谨治学的精神。

希腊哲学家亚里士多德在《形而上学》中有言："求知是人类的本性。"依亚氏之见，这种出于本性的求知，是为知而知、为智慧而求智慧的智识性思辨活动，不服从任何物质利益和外在的功利性目的。学术至尊，同样是中国社会自古就有的传统："天地之所贵者人也，圣人之所尚者义也，德义之所成者智也，明智之所求者学问也。"（王符：《潜夫论·赞学》）北宋著名大思想家张载更是确立了"为天地立心，为生民立命，为往圣继绝学，为万世开太平"的学术使命。现代学术大师陈寅恪先生则明确主张，学术兴替，"实系吾民族精神上生死一大事者"。中国近代思想家、政治家、教育家、史学家、文学家梁启超先生表达了自己有关"学术"的精湛识见。一方面，他认为，自先秦时代起，"吾国向以学术二字相连属为一名辞"，皆泛指一切学问。另一方面，梁先生不满于这种将"学"与"术"不加区分的传统，而将其分别界定为："学也者，观察事

---

① （清）章学诚：《校雠通义通解》，上海古籍出版社，2009，第1页。

物而发明其真理者也；术也者，取所发明之真理而致诸用者也。"进而阐明了两者的关系："学者术之体，术者学之用。二者如辅车相依而不可离。学而不足以应用于术者，无益之学也；术而不以科学上之真理为基础者，欺世误人之术也。"①

　　20 世纪 90 年代以来，快速的社会变革曾经引发了中国思想学术领域普遍的"失语"等尴尬现象。在中国人文社会科学学科领域，出现了一次影响深远的"学术转向"。学者们警惕地发觉并意识到，整个学界，包括高等院校、科研机构，所谓"学术"已经逐步获得了话语霸权。而所谓"学者"，则通过这种话语霸权的获得，逐步争取到学术资源，并且掌握了学术权力。鉴于此种情形，当代中国著名思想家李泽厚先生做了如下判断："思想家淡出，学问家凸显。"现在看来，这次学术转向的背后，实际上是由一场关于学术规范问题的论争引起的。源于已故著名学者邓正来先生倡导的所谓"中国社会科学自主性"，意在吁求中国社会科学从依附于意识形态之中独立出来，确立学术共同体自身的学术规范，实现学术自主。有感于此场论辩，学者朱学勤先生通过尖锐地揭示近代知识体制，包括大学的两面性之弊端——有利于知识传授，而有害于个性成长；有利于学术积累，而有害于思想创新，间接地表达了自己的主张。思想、学术的原发场域，一定有其人类的历史和思想文化现实境遇。真的学问和学术，绝对不是"凌空蹈虚"（谓无史实根据的虚构。清吴趼人《〈两晋演义〉序》："夫蹈虚附会诚小说所不能免者，然既蹈虚附会矣，而仍不免失于简略无味，人亦何贵有此小说也？"刘师培《〈文说〉序》："自苏评《檀弓》，归评《史记》，五色标记，各为段落，乃舍意而论文，且蹈虚以避实，以示义法，以矜秘传"），更不是徒具高明的技术或本领，但在现实中派不上用场的"屠龙术"（《庄子·列御寇》："朱泙漫学屠龙于支离益，单千金之家，三年技成而无所用其巧。"）。真的学术，是在对现实深度"介入"的基础上"有痛的存在"。其目的，就是以学者之"良知"，以学者所特有的家国天下情怀，勇于匡正时弊，明道救世，肃正心性。那种只重考据，重文字训诂和文献资料，而不重义理，不重思想，不关心现实，

---

　　① 梁启超：《学与术》，《饮冰室文集之二十五下》，中华书局，1941，第 12 页。

"躲进小楼成一统，管他春夏与秋冬"，崇尚"避世""大隐"，做纯而又纯的学问的想法和做法，其中的大多数，到头来充其量是自欺欺人的学术乌托邦行径而已。实际上，哲学与现实的关系表明，思想与学术相互因应、相互为用，在内在旨趣和义理上并无根本区别。严肃的学术，一定是用来表达深刻、独到的思想的，设想一种没有学术的纯思想，是一厢情愿的主观抽象。此种"思想"，也是绝对不可能深入的。

关注时代的哲学，更要在深刻洞悉、准确把捉文明演进大势的基础上，发时代新声，为时代阐明大道。哲学思维、哲学精神深契于特定民族和时代的历史、实践和精神生活内部，构成一个民族、一个时代的活的灵魂、气质和禀性。作为人类掌握外部世界和人自己内部世界的一种理性化方式，哲学具有双重功能和使命：既反映和表现对象世界的特性，同时能动地体现出人的创造性。在此基础上参与人的历史、文化和社会的形成，以及特定时代之时代精神的塑造。孔子说："朝闻道，夕死可矣。"（《论语·里仁》）作为中国传统哲学代表的儒、道、墨诸家学说，无一例外自称为"求道之学"。何谓文明大道？面向未来、面向世界、面向新时代中国特色社会主义现代化实践的当代哲学，应该以何种方式开展自己的求道事业？答曰：领会中国，洞悉文明大势和当下的时代脉络。站在文明的转折点上，老子的关于"道"的洞见，更能启发心智："大道泛兮，其可左右。万物恃之以生而不辞，功成而不有。衣养万物而不为主，常无欲，可名于小；万物归焉而不为主，可名为大。以其终不自为大，故能成其大。"儒学乃至中国文化传统有著名的"十六字心传"："人心惟危，道心惟微；惟精惟一，允执厥中。"（《尚书·大禹谟》中有所记载，《荀子·解蔽篇》中亦有类似的引注，称："《道经》曰：'人心之危，道心之微。'危微之几，惟明君子而后能知之。"）把它翻译成现代汉语就是，人心险恶莫测，道心微妙居中，惟精惟一是道心的心法，我们要真诚地保持惟精惟一之道，不改变、不变换自己的理想和目标。

"道心"关乎"世心""人心"。以"道心"观之，那么，当今时代精神究竟是什么？人类文明究竟应该向何处去？如何发现、识别和辨析我们时代的"真问题"？所有这一切，呼唤着哲学社会科学理论的全面创新。在这方面，马克思主义经典作家为我们做出了表率，堪称楷模。在针对

莫·赫斯的《就集权问题论德国和法国》所写的短文——《集权问题》
中，马克思指出："主要的困难不是答案，而是问题。""问题却是公开的、
无所顾忌的、支配一切个人的时代之声。"① 当今时代，人类经历着一种新
的深刻的文明转型，中国政府、中国社会、中国知识界为这种转型贡献了
具有一定历史和思想深度的卓越方案和智慧。党的十九大报告指出：时代
是思想之母，实践是理论之源。习近平总书记 2016 年在北京主持召开的哲
学社会科学工作座谈会讲话中更是充满期待地指出："当代中国正经历着
我国历史上最为广泛而深刻的社会变革，也正在进行着人类历史上最为宏
大而独特的实践创新。这种前无古人的伟大实践，必将给理论创造、学术
繁荣提供强大动力和广阔空间。这是一个需要理论而且一定能够产生理论
的时代，这是一个需要思想而且一定能够产生思想的时代。"中国已经在
改革开放伟大实践征程中坚毅前行了 40 多年，这一进程伴随着当代思想学
术的砥砺前行。这 40 多年，一代中国人经历了思想上的激烈蜕变和艰辛探
索，并体现、积淀在每一个社会成员的精神变迁中。以思想、学术为志业
的当代知识界和知识群体，特别需要站在新的时代门槛上，以社会史、文
化史、观念史尤其是哲学史的视野和范式，审视此一特定历史时期中国社
会精神生活领域的努力掘进，凸显其应有的历史意义和价值深蕴。

　　1920 年夏季学期，存在主义哲学的创始人和主要代表之一海德格尔在
弗莱堡大学做了题为"直观和表达的现象学：哲学概念的形成理论"的讲
座。其中，通过对"历史"一词的词源学考察，海德格尔得出一个重要结
论：历史是有意义的发生。不可否认，和平赤字、发展赤字和治理赤字等
仍然是当今世界面临的严峻挑战。人类将向何处去，成为世界各国共同面
临和思考的问题。进入新时期以来，中国政府坚定"道路自信""理论自
信""制度自信""文化自信"，始终坚持从本国历史和实际的中国特色社
会主义道路，获得了举世瞩目的巨大成功。"中国模式""中国道路"为全
球性的可持续发展找到了一条道路。而中国的理念和倡议，也将为解决世
界共同面临的问题提供更多智慧的启示。2017 年 4 月，习近平主席在出席
第七十届联合国大会一般性辩论时指出："'大道之行也，天下为公。'和

---

① 《马克思恩格斯全集》第 1 卷，人民出版社，1995，第 203 页。

平、发展、公平、正义、民主、自由，是全人类的共同价值，也是联合国的崇高目标。目标远未完成，我们仍须努力。"2018年6月10日，习近平主席出席上海合作组织成员国元首理事会第十八次会议，发表了重要讲话。习近平主席睿智地洞察当今世界大势和时代潮流，强调坚持"互信、互利、平等、协商、尊重多样文明、谋求共同发展"的"上海精神"，深刻阐述破解时代难题、化解风险挑战所需要的发展观、安全观、合作观、文明观、全球治理观。讲话受到国际社会普遍称赞。党的十九大报告关于中国特色社会主义进入新时代的论断，不仅在共和国及中华民族发展史上，而且在世界社会主义及人类社会发展史上，无疑都具有重大、深远的意义。古语有云："辨方位而正则。"新时代的开启，客观地定位了国家未来发展的坐标。理解新时代的中国，理解中国的新时代，需要在多学科介入的基础上进行文明跨越的横向比较及时代转换的纵向观照。其目的，是明晰并准确定位中国在整个人类历史进程中的前进方向和所处位置及其多重意义。新时代首先连接了作为东方民族代表的中华民族从"小康"到"大同"的千年梦想；其次，新时代立足"类本位"时代人类复杂的生存境遇，以高远志向和世界眼光，倡导新型国际秩序和正确义利观，提出"和平、繁荣、开放、绿色、创新、文明之路"的"一带一路"倡议，建构并积极推进中西互动的、旨在追求本国利益时，兼顾他国合理关切，在谋求本国发展中，促进各国共同发展的"人类命运共同体"；最后，新时代更是具有历史的连续性和继承性，着力彰显出中华民族、中国人民、中国共产党的初心使命。

陕西师范大学哲学学科有着悠久历史，几代学人筚路蓝缕、薪火相传，成就了陕西师范大学的哲学学科今天的发展。哲学学科作为传统优势学科，目前已形成包括本科、硕士、博士在内的完整教育建制，拥有哲学博士后科研流动站、哲学一级学科博士学位授权点和8个二级学科博士点。在第四轮教育部学科评估中，陕西师范大学哲学学科取得与厦门大学、同济大学等高校哲学系并列第十七名的好成绩，进入前20%的行列，在西部与四川大学并列第一，成为全国具有重要影响力的哲学人才培养和学识研究的重镇。2016年，学院由原政治经济学院正式更名为"哲学与政府管理学院"，学院党政在广泛征求各方面意见和建议的基础上，统一思想，达成最广泛的共识，确定了学院新的办学思路和目标：在继续拓宽哲学学科发展空间、厚植哲学发展土壤的同时，充分发挥学院目前哲学、法学、社会学、行政管理学以及政治学等多学科并生共存、学理渗融的独特优势，围绕国家法治建设、政府管理、社会治理和服务地方经济社会发展凝练学科方向，汇聚人才队伍，借力政府管理和社会治理的需求，搭建多个优质的学科与专业平台、组建优秀学术团队。

在中国哲学发展史上，各知名大学的哲学系，已经创办了多本眼界独到、旨趣别异的哲学类专门刊物，这些努力，对于创建、推动中国特色、中国风格、中国气派的哲学社会科学的实践，起到了重要作用。创办《哲学与时代》这样一本集刊，并非一时心血来潮。自新学院成立以来，先后创办了"启夏名家学术论坛""慧泉学术沙龙""哲学工作坊""行政管理工作坊""政治学工作坊""法学工作坊""社会学工作坊"，以及"经典读书会"等教师自发组织、学生积极参与的学术论坛、活动，学术风气大为改观。不仅如此，学院师生还先后自办了旨在反映学院不同学科老师学术心得的内部刊物，如《思苇》《爱智小报》《沉潜》等。

衷心感谢社会科学文献出版社宋月华女士的理解和支持，感谢陕西师范大学党政、相关职能部门以及兄弟学院、研究中心等的理解、关心、感谢学院全体教职工的鼎力支持，尤其是要感谢学校一流学科建设经费的保障，使《哲学与时代》得以顺利出版。

《哲学与时代》为半年刊，每年定期出版两期，集中刊发国内外哲学社会科学领域相关学科的学术力作。在今后的办刊实践中，将始终秉承问题导向、学术本位、中西会通、观照现实、砥砺新知、启迪心智的办刊宗旨，以开阔的学术视野、严肃的学术理性，以及开放、包容的学术胸襟和气度，鼓励自由探索基础上的平等对话与论辩，以期主动回应时代难题，切实提高刊物质量和学术品位，不断扩大刊物的学术影响力、知名度和美誉度。

愿《哲学与时代》的创刊、问世，能为推动、繁荣国内哲学社会科学研究贡献绵薄之力。

2019 年 3 月 5 日

关学与传统文化

# 论《中庸》对张载理学建构的特别影响[*]

林乐昌[**]

**摘 要** 《中庸》对张载的理学建构发挥了特别的影响。这里所谓《中庸》的"特别影响"具体指:范仲淹授《中庸》,是张载走上学术道路的起点;此后,《中庸》对张载理学思想的发展产生了持续的和多方面的影响,尤其对张载理学纲领的确立和理学体系的建构其影响更加深刻。在理学史上,《中庸》如此持续、多方面而又深刻地影响了一位理学家思想的发展,是比较罕见的学术现象。作为专题讨论的尝试,有必要着重从以下三个问题入手:(1)《中庸》对张载理学思想产生的特别影响;(2)《中庸》为张载理学纲领的确立提供了直接证据;(3)《中庸》是张载建构理学体系所依据的关键文本。

**关键词** 《中庸》 张载 《礼记说》辑本 理学纲领 体系建构

## 一 前言

《宋史》张载本传称,张载之学所依托的儒家经典资源包括《易》《庸》《论》《孟》四种。[①] 今人钱穆则进一步将其集中于《易》《庸》两种。钱穆说,与周敦颐类似,"横渠著书亦多本《易》《庸》,独二程更多引孔孟"[②]。本文认为,虽然《易》《庸》对张载理学思想发展的影响都很

* 本文系国家哲学社会科学基金重大项目"多卷本《宋明理学史新编》"(17ZDA013)、国家哲学社会科学基金重点项目"学术著作体例研究与《张子新学案》撰著"(18AZX012)的阶段性成果。

** 林乐昌,陕西师范大学哲学与政府管理学院教授,博士研究生导师。

① 脱脱等:《宋史》卷427《道学一》,中华书局,1985,第36册,第12724页。

② 钱穆:《宋代理学三书随札》,生活·读书·新知三联书店,2002,第138、150、211页。

大，但相比之下，《中庸》所发挥的影响尤显特别。这里所谓《中庸》的"特别影响"具体指：范仲淹授《中庸》，是张载走上学术道路的起点；此后，《中庸》对张载理学思想的发展产生了持续的和多方面的影响，尤其对张载理学纲领的确立和理学体系的建构其影响更加深刻。在理学史上，《中庸》如此持续、多方面而又深刻地影响了一位理学家思想的发展，是比较罕见的学术现象。作为专题讨论的尝试，本文拟着重从以下三个问题入手：（1）《中庸》对张载理学思想产生的特别影响；（2）《中庸》为张载理学纲领的确立提供了直接证据；（3）《中庸》是张载建构理学体系所依据的关键文本。

## 二　《中庸》对张载理学思想产生的特别影响

《中庸》对张载理学思想的特别影响，主要表现为其影响是持续的、多方面的和深刻的。

首先，《中庸》对张载理学思想的影响是持续的。据吕大临撰写的《横渠先生行状》（以下简称《行状》）记载，时任陕西招讨副使兼知延州的范仲淹对原本"喜谈兵"的青年张载"劝读《中庸》"之后，使之扭转人生方向，走上了学术道路。《行状》还说，张载读《中庸》，"虽爱之，犹未以为足也，于是又访诸释老之书，累年尽究其说，知无所得，反而求之六经"[1]。这种表述容易给人造成一种印象，似乎《中庸》对张载思想的影响仅限于其早年。实际上，的确有学者就是这样认为的。[2] 本文主张，《中庸》对张载理学思想发展的影响并不限于早年，而是持续至他学术生涯的各个时期的。当然，这需要对《中庸》影响张载思想发展的时间范围进行考察。

《中庸》影响张载思想发展的时间范围，与张载思想的阶段性演变有关。对于张载的思想演变，研究者历来仅依据吕大临《行状》和《宋史》

---

[1]　吕大临：《行状》，《张载集》，中华书局，1978，附录，第 381 页。

[2]　杜维明说："张载早年对《中庸》的潜心研究对他的思想发展产生了深刻的影响。"杜维明：《论儒学的宗教性——对〈中庸〉的现代诠释》，段德智译，武汉大学出版社，1999，第 153 页。

张载本传的寥寥数语，将其划分为从"受《中庸》而读之"到"访诸释老之书"，再到"反求之六经"的两次转折。其实，这两次转折都属于张载早期学术活动的范围，无法全面展现张载思想的阶段性演变脉络。有必要把张载 21 岁至 58 岁辞世前近 40 年的学术历程划分为三个时期：早期、中期和晚期，并大体确定每一时期的界限和特征。①

张载之学的早期，时间跨度大约 20 年。这是他奠定学术基础的时期。这一时期以范仲淹"劝读《中庸》"为起点，张载时年 21 岁。②《行状》称，张载读《中庸》后，"犹未以为足也，于是又访诸释老之书，累年尽究其说"③。这里"累年尽究其说"的"累年"是多少年？朱熹在述及张载这段治学经历时说："夫子（指张载——引者注）早从范文正公受《中庸》之书，中岁出入于老、佛诸家之说，左右采获，十有余年。"④ 张载从 21 岁出入老、佛诸家之说"十有余年"之后，应当 30 岁出头。张载总结自己的读书经历说："唯六经则须着循环，能使昼夜不息，理会得六七年，则自无可得看。"⑤ 张载 30 多岁从佛老之学"反而求之六经"，用"六七年"之功对六经做过一番研究，初步奠定了学术基础，年龄应当在三十七八岁。我们不妨取张载年龄的整数，视其思想的早期阶段结束于他 40 岁时。

张载之学的中期，亦即其思想形成期，张载 40 岁至 50 岁的十年间。40 岁以前的大约 20 年，是张载学术成长的早期阶段，其思想在探索中趋于形成；40 岁以后是张载学术成长的中期阶段，其思想在形成中趋于成熟。

张载之学的晚期，大约从张载 50 岁至去世前的八年间。张载认为，成

---

① 关于张载理学思想演进的三个阶段，详见林乐昌《张载哲学化的经学思想体系》，姜广辉主编《中国经学思想史》第 3 卷（上册），中国社会科学出版社，2010，第 525～528 页。
② 张载上书谒范仲淹的年龄，《行状》记作"当康定用兵时，年十八"，《宋史》张载本传则记作 21 岁。按，"康定"系仁宗年号，从 1040 年至 1041 年，使用不足两年。张载生于 1020 年，至 1040 年 21 岁。当从《宋史》所记。
③ 吕大临：《行状》，《张载集》，附录，第 381 页。
④ 朱熹：《楚辞集注·楚辞后语》卷 6《鞠歌第五十一》，朱杰人、严佐之、刘永翔主编《朱子全书》，上海古籍出版社、安徽教育出版社，2002，第 19 册，第 308 页。
⑤ 张载：《经学理窟·义理》，《张载集》，中华书局，1978，第 278 页。

学自有其规律，"学者不可谓少年，自缓便是四十五十"①。在思想初入成熟期时，张载曾回顾自己的成学经历说："某学来三十年，自来作文字说义理无限，其有是者皆只是亿则屡中。""比岁方似入至其中，知其中是美是善，不肯复出，天下之议论莫能易此。"②"比岁"，意即近年。"入至其中"，可以理解为张载的学术已登堂入室。以范仲淹劝读《中庸》为张载向学的开始，"某学来三十年"，刚好步入 50 岁。据此，可以把张载 50 岁作为其思想步入成熟期的开始。

在张载的学术生涯中，曾经对自己研读《中庸》的经验做过两次总结。

第一次总结。张载说："某观《中庸》义二十年，每观每有义，已长得一格。"③ 张载读《中庸》始自 21 岁，经过 20 年，已届 41 岁。此时，张载的思想已脱离其早期，并转入中期。此外，张载读《中庸》的历史，还有一个从不自觉到自觉的转变。而这一转变，与张载对道学（理学）的自信有关。史载，仁宗嘉祐元年（1056），张载与二程京师论学，仁人"共语道学之要"，张载遂"焕然自信曰：'吾道自足，何事旁求！'乃尽弃异学，淳如也"④。自此开始，张载便从儒学与佛、老之学的游移中摆脱出来，明确了学术方向，"专以圣人之言为学"⑤。如果说张载最初读《中庸》是范仲淹劝导的结果，是被动的和不自觉的，那么，从嘉祐初开始，张载对包括《中庸》在内的儒家经典的研读，便越来越自觉了。

第二次总结。张载说，读《中庸》"须句句理会，使其言自相发明"⑥。朱熹曾赞叹张载的这一总结："真读书之要法。"⑦ 若没有长期研读《中庸》的经验，断无可能提炼出这一"要法"。由于第二次总结发生的确

---

① 张载：《经学理窟·学大原上》，《张载集》，第 280 页。
② 张载：《经学理窟·自道》，《张载集》，第 288 页。
③ 张载：《经学理窟·义理》，《张载集》，第 277 页。
④ 吕大临：《行状》，《张载集》，附录，第 381～382 页。
⑤ 张载：《经学理窟·自道》，《张载集》，第 289 页。按，"专以圣人之言为学"，通行本《张载集》误作"专与圣人之言为学"。此据南宋《诸儒鸣道》所收《经学理窟》改。
⑥ 张载：《经学理窟·学大原下》，《张载集》，第 284 页。
⑦ 朱熹：《四书或问·中庸或问上》，朱杰人、严佐之、刘永翔主编《朱子全书》第 6 册，黄坤点校，第 549 页。

切时间已难断定，因而需要思考一个问题：《中庸》对张载的晚年思想是否也产生过影响？对此，本文的回答是肯定的。（详下）

其次，《中庸》对张载理学思想的影响是多方面的。通过对张载多种著作的分析得知，其理学思想从许多方面都受到《中庸》的影响。这些著作，既包括形成于较早时期的《经学理窟》《张子语录》及佚著《礼记说》① 等，也包括于辞世前一年手定的《正蒙》。例如，以上所述张载两次总结自己研读《中庸》的经验，都被记载于《经学理窟》一书当中。《中庸》对《经学理窟》的影响，于此可见一斑。以下主要依据《礼记说》辑本与《正蒙》这两种著作及其关系，从两方面揭示，《中庸》对张载理学的影响不仅是多方面的，而且这种影响一直持续至张载晚年。

一是从《礼记说》及其与《正蒙》的关系看《中庸》对张载理学的多方面影响。《中庸》，是《礼记》的第 31 篇。《礼记说》，是张载解说《礼记》的著作。据笔者推断，《礼记说》当形成于《正蒙》之前的某个时期。② 《礼记说》之《中庸第三十一》，解说了《中庸》33 章中的 17 章，共得 43 条。③ 这些解说的内容包括：论太虚，论天道，论鬼神，论性命，论"时中之义甚大"，论"学愈博则义愈精微"，论"知德以大中为极"，论"君子之道"，论"德胜其气"，论"气之性本虚而神"，论"以心求道"，论"性通极于无，气其一物耳"，论"气质之性"与"天地之性"，论"自诚明"与"自明诚"，论"学者须是穷理为先"，论"性者万物之一源"，论"立必俱立，知必周知，爱必兼爱"，论"大心体物"，论"致曲不二"，论"今且只将尊德性而道问学为心"，论"小德"与"大德"，论"仁智合一"，等等。从这些内容看，《中庸》的影响确实涵括了张载理学思想的多个层次和多个方面。值得注意的是，《中庸》虽言"性"但未

---

① 张载佚著《礼记说》辑本，张载：《张子全书》卷 14《补遗一》，林乐昌编校，西北大学出版社，2015。

② 《礼记说》成书的具体时间，已不可考。但有一点可以断定，除《正蒙》之外的所有著作，包括《礼记说》，皆成书于《正蒙》之前。这一推断的根据是，张载辞世的前一年将《正蒙》手稿交付弟子时说，"此书予历年致思之所得"；还说，此书"乃集所立言"而成（吕大临：《行状》，《张载集》，附录，第 384 页）。据此可知，《正蒙》在一定程度上选用了此前诸多著作中仍然被张载认可的言论。

③ 张载：《张子全书》卷 14《补遗一·礼记说》，林乐昌编校，第 384~392 页。

言"心"，而张载的解说却多次论及"心"。例如，张载既论及"以心求道"，又论及"大心体物"①。显然，"心"并非《中庸》文本所固有，而属于张载对《中庸》义理的创新性发挥。这与张载特意为《中庸》首章前三句的概念序列补入"心"这一概念的思路，是一致的（详本文第三部分）。张载解说《中庸》43 条当中的相当一部分，后来被选用于其晚年著作《正蒙》，包括《太和》《诚明》《中正》《至当》诸篇。例如，张载解说《中庸》首章的"《太和》四句"，被选用于《太和篇》；有关"性者万物之一源"，"立必俱立，知必周知，爱必兼爱"，"大心体物"等论述，则被选用于《诚明篇》。这些都确凿地证明了《中庸》对张载理学的影响是一直持续到其晚年的。

二是直接从《正蒙》看《中庸》对张载理学的多方面影响。除上述《礼记说》对《中庸》的部分解说被张载选用于《正蒙》之外，从《正蒙》的部分篇章中还能直接看到《中庸》的影响。例如，对于著名的"天人合一"命题，张载有两条关键性的表述，是依据《中庸》21 章"自诚明""自明诚"的学说，分别在《正蒙》一书的《乾称篇》和《诚明篇》中提出的。又如，《正蒙》一书对《中庸》义理阐发最集中的是《诚明篇》。作为该篇篇名的"诚明"，原本就是《中庸》的关键概念。在《正蒙·诚明篇》中，张载依据《中庸》的思想资源，阐发了"诚明所知""德性之知"以及"事天诚身"等诸多重要命题。这些内容，无疑使《中庸》持续影响张载学术生涯各个时期的证据更具有说服力。

三是《中庸》对张载理学思想的影响是深刻的。张载理学思想的形成和发展，基于他所做的两项重要工作：一是理学纲领的确立，这由《中庸》提供了直接证据；二是理学体系的建构，这也是以《中庸》为关键文本的。这两项工作，同时构成了张载理学研究的两项重大议题，是《中庸》深刻影响张载理学思想的集中表现。这两大议题，将分别在本文第三部分和第四部分展开讨论。

---

① 张载：《张子全书》卷 14《补遗一·礼记说》，林乐昌编校，第 389、390 页。

# 三 《中庸》为张载理学纲领的确立
## 提供了直接证据

在《正蒙·太和篇》中，张载提出了著名的四句话："由太虚，有天之名；由气化，有道之名；合虚与气，有性之名；合性与知觉，有心之名。"① 可以把这四句话简称作"《太和》四句"。朱熹高度评价"《太和》四句"说，"'由太虚，有天之名'至'有心之名'，横渠如此议论，极精密"②。"《太和》四句"，是张载对自己理学"天""道""性""心"四大概念的界定，构成了其理学的"天道"理论和"心性"理论。在此意义上，可以把"《太和》四句"视作张载的"理学纲领"。

何谓张载理学纲领？学者中存在不同解释。早在 20 世纪 60 年代末，在论及《正蒙·太和篇》第 1 章，亦即"太和所谓道"这一章时，牟宗三说："此为《太和篇》之首段，大体是根据《易传》重新消化而成者。其所重新消化而成者，是以'太和'为首出，以'太和'规定道。'太和'即至和。太和而能创生宇宙之秩序即谓为'道'。""此是《太和篇》之总纲领，亦是《正蒙》着于存在而思参造化之总纲领。"③ 牟氏强调，《太和篇》第 1 章不仅是该篇的"总纲领"，而且是《正蒙》的"总纲领"。牟氏所概括的张载理学"总纲领"有两个特点：一是认为，张载以"太和"规定道，把"道"这个单一概念归结为"总纲领"；二是认为，"总纲领"是以《易传》为其经典依据的。牟氏可能意识到，仅把体现客观原则的"道"视作张载理学的总纲领，难以反映张载理学的完整内容，尤其难以说明"主客观之真实统一"④。因而，他又引用张载《正蒙·诚明篇》"心能尽性，人能弘道也；性不知检其心，非道弘人也"，认为"此是'心能尽性'之总纲"⑤。这可以视作牟氏对"太和之道"这一"总纲领"的

---

① 张载：《正蒙·太和篇第一》，《张载集》，第 9 页。
② 黎靖德编《朱子语类》卷 60《孟子十·尽心上》，中华书局，1986，第 1432 页。
③ 牟宗三：《性体与性体》第 1 册，台北正中书局，1996，第 437 页。
④ 牟宗三：《性体与性体》第 1 册，第 533 页。
⑤ 牟宗三：《性体与性体》第 1 册，第 532~533 页。

补缀。

一种思想或学说的纲领，应当具有框架特征的表达样式，需要以概念组合或语词组合的面目出现，用以揭示特定思想体系的整体内容或局部内容的宗旨。此外，儒学纲领或总纲领还应当以经典资源为其依据。牟宗三所谓"总纲领"，所依据的经典是《易传》。其"总纲领"仅以"道"这个单一概念为支撑，缺乏整全的框架结构形式；而"《太和》四句"则以"天""道""性""心"四大概念为支撑，具备"纲领"的框架结构形式。相比之下，"《太和》四句"的纲领特征更加突出。任何一种学说中的纲领性论述，远比其一般性论述来得重要，对二者不可等量齐观，应当格外倚重其纲领性论述。

多年前，笔者曾提出以"《太和》四句"为张载的理学纲领[①]，但当时尚缺乏能够支持这一判断的文献依据。随着张载理学新文献的发现及整理，问题得到了解决。中华书局版《张载集》外佚著《礼记说》辑本，是张载理学新文献之一。依据《礼记说·中庸第三十一》发现，"《太和》四句"原来是对《中庸》首章前三句的解说。[②] 后来，朱熹注意到《中庸》首章前三句与"《太和》四句"之间的关系。他指出："'由太虚，有天之名'；'合虚与气，有性之名'。'天命之谓性'管此两句。""'由气化，有道之名'。'率性之谓道'管此一句。""'合性与知觉，有心之名'。此又是'天命谓性'，此正管此一句。"[③] 朱熹的这些分析，印证了张载"《太和》四句"与《中庸》首章前三句之间是具有对应关系的。在理学家中，无论诠释儒家经典，还是解读前辈学说，朱熹都表现出很强的"纲领"意识或"大纲"意识。在诠释四书五经时，他总是首先分述各书、各经之"纲领"[④]。朱熹认为，"读书先须看大纲"，如《中庸》首章前三句，便是"大纲"[⑤]。在朱熹那里，把张载对"《中庸》纲领"解说所形成的

---

① 林乐昌：《张载两层结构的宇宙论哲学探微》，《中国哲学史》2008 年第 4 期，第 86 页；《论张载理学对道家思想资源的借鉴和融通——以天道论为中心》，《哲学研究》2013 年第 2 期，第 38 页。

② 张载：《张子全书》卷 14《礼记说·中庸第三十一》，林乐昌编校，第 384 页。

③ 黎靖德编《朱子语类》卷 60《孟子十·尽心上》，第 1431 页。

④ 黎靖德编《朱子语类》卷 14、19、62、65 至卷 67、78、80、83、84。

⑤ 黎靖德编《朱子语类》卷 62《中庸一·纲领》，第 1480 页。

"《太和》四句"当作其理学纲领，可以说已呼之欲出。在此基础上，经过以上的论证，今天我们直接提出这一判断，就完全顺理成章了。作为解说《中庸》纲领的张载理学新文献《礼记说》，既还原了"《太和》四句"的语境，又提供了具有关键意义的文献资料，使"《太和》四句"作为张载理学纲领的性质和地位得到确证。同时，"《太和》四句"中所涉及的"天""道""性""心"四大概念排列有序，界定清晰，具备整全的框架结构形式，能够充分展现张载天人之学体系的特征。与牟宗三仅以"道"这个单一概念为支撑的"总纲领"相比，"《太和》四句"作为张载理学纲领的优势更加明显。

"《太和》四句"作为张载的理学纲领，对"《中庸》纲领"既有所传承，也有所创新。诠释"《太和》四句"的理学纲领意义，一是应当抉发其内在整合特征，二是应当辨析其学术思想宗旨。

第一，抉发"《太和》四句"的内在整合特征。中国古代思维方式以整合为主，以分解为辅。张载的思维方式亦然。"《太和》四句"所界定的"天""道""性""心"四个概念，代表了天地间的四种存在。这四种存在之间的关系，或贯通，或感应，或同构，或联结。因此，不能把这四个概念切割开来，孤立地加以解释。

（1）"由太虚，有天之名。"对于《中庸》首章前三句"天命之谓性，率性之谓道，修道之谓教"，古今学者多看重其中的"性""道""教"三个概念序列。而张载却特意把《中庸》首章第一句第一个字"天"纳入其概念序列，并置于首位，将《中庸》由"性""道""教"三个概念组成的序列，改造为由"天""道""性""心"四个概念组成的序列。后来，朱熹解读《中庸》首章前三句说："此先明'性''道''教'之所以名，以其本皆出乎'天'。"① 这与张载的思路若合符节。张载以道家"太虚"概念释"天"，是为了纠正秦汉以来儒者"知人而不知天"的"大蔽"②，重建儒家"天"观。句中的"由"字，是介词，有"因""以""用"等

---

① 朱熹：《四书或问·中庸或问》，朱杰人、严佐之、刘永翔主编《朱子全书》第 6 册，黄坤点校，第 46 页。
② 脱脱等：《宋史》卷 427《道学一》，第 36 册，第 12724 页。

义，其引申义为依据、凭借。在此句中，当以"借用"释"由"字。① 在张载看来，秦汉以来儒者把原本形而上的超越之"天"有形化、实然化、经验化了；而道家的"太虚"概念则具有无限性、超验性、非实然性等优点，因而有必要借用道家的"太虚"概念以改造被汉儒实然化和经验化了的"苍苍之天"，从而使"天"重返超越和神圣的本体地位。②

（2）"由气化，有道之名。"此"由"字，与上句一样，也是借用的意思。古今不少学者都把这句话中"道"的意涵归结为"气"或"气化"。张载对"道"的界定，借助了阴阳家和道家的气或气化。借用气化的主体是谁？当然是上句的"天"。《中庸》第 20 章曰："诚者，天之道"，认为"道"是归属于"天"的。《正蒙》的第三篇的篇名为"天道"，也正是此意。认为"天"高于"道"，这是儒家天、道关系理论的传统。③ 朱熹解释此句说，"道""虽杂气化，而实不离乎太虚"④。可见，"道"既不可单独归结为"气"或"气化"，也不可单独归结为"天"或"太虚"，它是"太虚"与"气"的统一体。⑤ 就张载的"天道"概念看，它具有一本（以天或太虚为本）、两层（宇宙本体论和宇宙生成论两个层次）、三合（天或太虚与阴气、阳气三者整合）的特征。

（3）"合虚与气，有性之名。"此句中的"合"字，是整合的意思。张载说："性其总，合两也。"⑥ "合两"之"两"，指"虚"与"气"两者；其"合"，也是整合的意思。《中庸》首章第一句"天命之谓性"，揭示了"性"源于"天"，但并未解释何者谓"性"。在儒学史上，张载第

---

① 王夫之曾以"借用"释"由"字。参见王夫之《读四书大全说》卷 2《中庸》，中华书局，1975，上册，第 69 页。
② 张载为何以道家"太虚"释"天"，如何诠释"天"或"太虚"的意涵？请参见林乐昌《论张载理学对道家思想资源的借鉴和融通——以天道论为中心》，《哲学研究》2013 年第 2 期，第 38～40 页。
③ 李泽厚认为，"儒道两家的差异在一定意义和范围内表现在'天''道'这两个范畴的高低上"。在道家，"'道'高于'天'；儒家则相反，'天'高于'道'"。参见李泽厚《荀易庸纪要》，《中国古代思想史论》，人民出版社，1985，第 131 页。按，李泽厚的这一说法，大体可以成立。
④ 黎靖德编《朱子语类》卷 60《孟子十·尽心上》，第 1430 页。
⑤ 张岱年：《中国古典哲学概念范畴要论》，中国社会科学出版社，1987，第 60 页。
⑥ 张载：《正蒙·诚明篇第六》，《张载集》，第 22 页。

一次对"性"的意涵加以界定，认为"性"是由本体之"天"或"虚"与现实之"气"整合而成的。在张载那里，"道"与"性"是同构的，都由"虚"与"气"所构成。这正是张载特别强调"性与天道合一""性即天道"①的主要理由。值得注意的是，"太虚即气"这一命题其实说的正是"《太和》四句"中"道""性"这两个概念。②"太虚即气"，与此处所说"合虚与气"，及他处所说"太虚不能无气"③，其意涵是一致的，都指太虚与气这两种不同的宇宙力量在现实世界中是联结整合为一体的。尽管"道"与"性"是同构的，但二者在宇宙生成过程中的作用则各有侧重："道"，主要作为宇宙万物运行的动力，展现宇宙万物的变化过程及其秩序；而"性"，则主要作为宇宙万物生成的根源，赋予宇宙万物不同的禀性或本质。"太虚即气"的"即"字义，可以与张载话语系统中的"感""合"等互证互释。"即"与"感""合"，都是说"道""性"内部存在虚、气相互感应、联结与整合的机制。关于"感"，是"同异、有无相感"④的"感"，意为感应或感通，指特定主体对异质的他者发挥关联整合作用。关于"合"，亦即"合虚与气有性之名"的"合"。张载论"合"的原则，是指"合异"或"非有异则无合"⑤。这意味着，相"合"的二者是异质的，而不是同质的；否则，"合虚与气"便不过是同语反复，毫无学理意义。在张载看来，"感即合也"⑥。因而，"感"与"合"的意涵又是相通的。

（4）"合性与知觉，有心之名。"由于"《中庸》纲领"并未言及"心"，而张载却在其概念序列中特意补入"心"，并加以界定。这是传承中的创新。此句中的"合"字，仍是整合的意思；"知觉"，指人的意识活动及其能力。但张载并非仅以知觉为心，而是认为知觉与性整合在一起才构成心。应当说，张载对心的规定是相当独特的。也正是在这里，表现出

---

① 张载：《正蒙·诚明篇第六》《正蒙·乾称篇第十七》，《张载集》，第20、63页。
② 张载：《正蒙·太和篇第一》第9章于"太虚即气"之下，张载紧接着说："故圣人语性与天道之极。"可见，"太虚即气"的基本意涵指向的正是"性"与"天道"。
③ 张载：《正蒙·太和篇第一》，《张载集》，第7页。
④ 张载：《正蒙·动物篇第五》，《张载集》，第19页。
⑤ 张载：《正蒙·乾称篇第十七》，《张载集》，第63页。
⑥ 张载：《正蒙·乾称篇第十七》，《张载集》，第63页。

其与后来朱熹等人的看法有所不同。朱熹认为："横渠之言大率有未莹处。有心则自有知觉，又何'合性与知觉'之有！"① 张载所谓"心"，指主体以"性"为宇宙生成论根据的认知结构及其能力，强调宇宙生生之德在转化为人性之后，能够对"知觉"活动发挥制约和范导作用。他对"心"的这种规定，凸显了"知觉"的德性根据，使心作为道德主体的地位得以确立，同时也使学者对道德修养工夫的要求更加自觉和紧迫。从道德实践的层面看，张载肯定心的能动作用，认为"心能尽其性"，而"性不知检其心"②。正是他一再强调的"心"的能动作用，激活了人体悟"天"这一宇宙最高存在的心灵活动，从而为他所明确提出的"天人合一"境界的实现提供了可能性。

由上述可知，"天""道""性""心"四大概念之间的确具有上下贯通和内在整合的特征。而且在这四大概念序列中，"天"被张载置于概念序列的首位，视作最高概念，而并未将"气"视作可与"天""道""性"相提并论的基本概念。因此，"气"仅仅是"天""道""性""心"四大概念序列之外的辅助性概念，不宜将其拔高为张载天道论的首要概念。把"气"视作张载哲学体系中的本体概念或最高概念，无法从张载的理学纲领或其他理论学说中获得支持。正是张载从"天"到"心"的概念排序及其意涵界定，才使其理学系统内部主观原则与客观原则的统一成为可能。需要特别说明的是，在张载的"天""道""性""心"四大概念序列中，除了"天"作为"至一"③ 的本体是无结构的，其他"道""性""心"三个概念都有其内在结构。其中，"道"与"性"都是由太虚与气整合而成的④，因而是同构的。"道""性""心"这三个概念的结构化⑤，既是张

---

① 黎靖德编《朱子语类》卷 60《孟子十·尽性上》，第 1432 页。
② 张载：《正蒙·诚明篇第六》，《张载集》，第 22 页。
③ 张载认为，"静"与"动"是相对的，而太虚则是"至一"的。参见张载《张子语录·语录中》，《张载集》，第 325 页。
④ 向世陵和冯禹较早注意到，"太虚与气"的关系，属于"构成形式的内部联系"。还提出，相比之下，"朱熹的理气截然是二物"，"是'明珠在水''人跨马'的外部联系"。参见向世陵、冯禹《儒家的天论》，齐鲁书社，1991，第 191 页。这一观察是很准确的。
⑤ 王泛森在研究中国近代思想史时，提出把概念"想象成一个结构"的必要性。参见王泛森《中国近代思想与学术的系谱》，上海三联书店，2018，第 566 页。按，与此不同，张载理学的基本概念有其结构则是真实的，而不是"想象"的。

载理学概念的突出特征，也是对《中庸》纲领的理论创新。

第二，辨析"《太和》四句"的学术思想宗旨。关于"《太和》四句"学术思想宗旨的解释，历来争议很大。大陆学术界主流的解释是，把包括"《太和》四句"在内的张载学术思想宗旨归结为"阴阳"之"气"。① "阴阳"之名，起于西周晚期，属后世堪舆地形家之事。至战国时期，形成了"阴阳"的另一套说法，开始讲求天之气，而不再讲求地之形。② 汉儒普遍受阴阳家影响，喜用"气"解释一切。傅斯年指出，阴阳之教，五行之论，渊源于战国晚期的齐国，后来这一派在汉代达到极盛。③ 余英时也指出，"'气'这一概念并非汉代思想家的发明"，但"'气'的观念在思想史上扮演特别重要的角色则是在汉代"④。清儒皮锡瑞针对汉儒强调指出，孔子"删定六经，以垂世立教，必不以阴阳五行为宗旨"。并据此认为，汉儒只是孔子儒学的"别传"，而非"正传"。⑤ 从历史脉络看，无论是先秦孔子儒学，还是北宋张载理学，都必不以阴阳五行或阴阳之气为宗旨；其间唯汉儒之学作为孔学的别传则是例外，后来还成为明清气学的理论源头之一。

本文虽然反对把"《太和》四句"的学术思想宗旨归结为阴阳之"气"，但认可张载对秦汉"气"论的汲取和改造。他以周、孔、思、孟的"天"观为基础，继承《易传》"一阴一阳之谓道"的传统，并兼取阴阳家和道家的"气"论或"气化"论，将其纳入儒家的"天道"理论，作为宇宙生成论的组成部分⑥，从而把秦汉气化之"术"改造为"学"。⑦ 张载引进阴阳家和道家的气论，加以消化吸收，是他诠释"《中庸》纲领"的创新。然而，《中庸》纲领毕竟无一言及气，张载也并未把"气"论作为自己理学思想的宗旨。在张载的话语系统中，"气"是用以表述生成能

① 参见龚杰《张载评传》，南京大学出版社，1996，第33、39页。
② 饶宗颐：《阴阳五行思想有"形""气"二原与"德礼"关联说》，《中国史学上之正统论》，上海远东出版社，1996，资料二附录，第285~287页。
③ 傅斯年：《战国子家叙论》，《战国子家叙论·史学方法导论·史记研究》，上海古籍出版社，2012，第67页。
④ 余英时：《东汉生死观》，上海古籍出版社，2005，第81页。
⑤ 皮锡瑞：《经学通论》一《易经》，中华书局，1982，第18页。
⑥ 林乐昌：《张载两层结构的宇宙论哲学探微》，《中国哲学史》2008年第4期，第79页。
⑦ 李零：《兰台万卷：读〈汉书·艺文志〉》，生活·读书·新知三联书店，2011，第9页。

量、自然元素、生物禀赋、生命活力等意涵的经验性词语；在其天道论中，"气"则是在"道"的构成要素及其表现形式的意义上加以使用的。张载所谓"气"，并不具有道德价值根源的意义，其分阴分阳的相对性质和聚散不定的偶然状态，更不具备作为宇宙本体的资格。

《中庸》的学术思想宗旨，是在天人关系中彰显"天"观和"天之道"的理论。《中庸》第 20 章曰："思知人，不可以不知天。"在《正蒙·诚明篇》中，张载引用了《中庸》"思知人，不可以不知天"这句话，以表明自己的理学思想宗旨。① 据《宋史》张载本传记载，他主张，"学必如圣人而后已，以为知人而不知天，求为贤人而不求为圣人，此秦汉以来学者大蔽也"②。这与《中庸》强调"知人""知天"，并在天人关系中把"知天"置于优先地位的宗旨，是一脉相承的。如前所述，"《太和》四句"是张载对《中庸》纲领的解说。因此，基于《中庸》纲领解说的"《太和》四句"的学术宗旨，也就是张载理学思想的学术宗旨。把"《太和》四句"的学术思想乃至张载全部理学思想的学术宗旨都归结为"气"，岂不扭转了从子思到张载以来的儒学发展方向？

# 四　《中庸》是张载建构理学体系<br>所依据的关键文本

在北宋理学家中，张载属于"对儒学真能登堂入室并能发展出一个新系统"的大师。③ 张载理学的体系特征突出。对此，海内外学者是公认的。④ 张载于 50 岁时自述："某近来思虑义理，大率亿度屡中可用，既是

---

① 张载：《正蒙·诚明篇第六》，《张载集》，第 21 页。

② 脱脱等：《宋史》卷 427《道学一》，第 36 册，第 12724 页。按，张载认为，圣人具有"知天"与"得天"的能力。他说："圣者，至诚得天之谓。"参见张载《正蒙·太和篇第一》，《张载集》，第 9 页。

③ 韦政通：《中国思想史》下册，上海书店出版社，2003，第 749 页。

④ 美国学者葛艾儒（Ira Kasoff）指出，张载的著作虽然"散佚很多，不过，留存至今的还是足以让我们勾勒出一个完整的体系"。参见〔美〕葛艾儒《张载的思想（1020～1077）》，罗立刚译，上海古籍出版社，2010，〔前言〕，第 1 页。大陆学者庞万里也肯定，"张载之学是自成体系的"。参见庞万里《二程哲学体系》，北京航空航天大学出版社，1992，第 39 页。

亿度屡中可用，则可以大受。某唱此绝学亦辄欲成一次第。"① 在长期"思虑义理"的过程中，张载建构了一套涵盖天论、道论、性论、心论的理学体系。

张载用譬喻的方式，对自己的晚年著作《正蒙》做了生动的说明：有如"枯株，根本枝叶，莫不悉备"；"又如晬盘示儿，百物具在"②。这启发我们从宏观角度观察以《正蒙》为代表的张载理学体系结构，同时从微观角度揭示其中所包含的多方面具体内容。张载理学体系可以归结为"天人之学"。张载门人吕大临和张舜民曾分别以"一天人""学际天人"③ 概括乃师的学问。这一概括，也颇得后世学者的认同。朱熹指出，张载"《太和》四句"的前两句，是"总说"天道；后两句"是就人上说"④。清儒康有为指出："程子言天道，不如张子言天人。"⑤ 这一由天道与人道上下贯通的脉络，清晰地呈现了张载的天人之学体系结构特征。而张载的这一天人之学框架，正是由"《中庸》纲领"与《中庸》二十章关于"天之道"与"人之道"的原理一起，为其提供经典依据的。张载的理学结构，决定了其理学形态。因此，可以把张载的理学体系划分为形而上学和形而下学两大形态。作为张载理学纲领的"《太和》四句"，其"天""道""性""心"四大概念是自上而下排列、推演的序列。张载理学纲领前两句说的是"太虚""气化"宇宙论哲学，这是以"天""道"概念为核心的，故也可以称为"天道论"哲学。张载认为，"运于无形之谓道，形而下者不足以言之"⑥。可见，张载是把天道论归结为形而上学的。张载理学纲领后两句所说，属于"心性论"哲学，就其内容和性质看，也可以归结为形而上学。⑦ 张载的理学纲领，其实应当是其学的形而上学部分的

---

① 张载：《张子语录·语录下》，《张载集》，第329页。
② 苏昞：《正蒙序》，《张载集》，第3页。
③ 吕大临：《行状》，《张载集·附录》，第383页；张舜民：《上哲宗乞追赠张载》，赵汝愚编《宋朝诸臣奏议》下册，北京大学中国中古史研究中心校点整理，上海古籍出版社，1999，第1031页。
④ 黎靖德编《朱子语类》卷60《孟子十·尽性上》，第1431页。
⑤ 康有为：《续讲正蒙及通书》，《康有为全集》第2集，姜义华等编校，上海古籍出版社，1990，第489页。
⑥ 张载：《正蒙·天道篇第三》，《张载集》，第14页。
⑦ 心性论中的"见闻之知""气质之性"等内容，则不属于形而上学。

纲领，其内容包括天道论和心性论两个维度；而其形而下学部分，则主要指张载面向现实社会，范导个体行为、社群关系和国家政治秩序的礼学，具体内容为张载的教育学说和政治学说，也包括其修身工夫理论。①

对于张载理学体系的建构，《易传》是有贡献的。这包括张载依据《易传》提出的"天道性命"主题②，他受《易传》启发提出的天与人有分有合的原则③，以及"大人与天地合其德"的诉求，"形而上"与"形而下"的划分原则等。虽然《易传》的这些资源都有助于张载天人之学体系的建构，但在理论建构的"精深紧凑"上，《中庸》是超过《易传》的。④ 因而相比之下，《中庸》为张载理学建构所提供的文本更有分量，所发挥的作用也更关键。《宋史》张载本传称，张载之学"以《中庸》为体"。这里的"体"字，其含义与"体制""体系""结构"接近。在为陈垣著《明季滇黔佛教考》所写的序言中，陈寅恪使用了"识断之精，体制之善"⑤ 等语。所谓"体制"，说的其实就是该书的"体系"或"结构"。"以《中庸》为体"这句话，准确地揭示了《中庸》是张载理学体系建构的关键文本。

有学者把《中庸》的学术倾向"内在"化，认为《中庸》完全以人的内在人性心灵为中心，《中庸》纲领是儒家关于心性之学的基本命题。⑥ 这种看法相当片面。作为《中庸》纲领的首章和二十章，恰恰是扣紧天命与人性、天道与人道之间的关系加以论述的。此外，《中庸》二十五章提出"诚"者"性之德也，合内外之道也"，表明《中庸》是以"合内外"作为天道与心性之间的基本模式的，因而强调内在与外在两个方面的统一，而不仅仅是强调"内在"化。

"天-人"，是张载理学的大框架，而这一大框架的建构虽然也受到

---

① 林乐昌：《张载礼学论纲》，《哲学研究》2007年第12期，第48、49~51页。
② 陈俊民：《张载哲学思想及关学学派》，人民出版社，1986，第66页。
③ 张载：《横渠易说·系辞上》，《张载集》，第189页。
④ 李泽厚：《荀易庸纪要》，《中国古代思想史论》，第131页。
⑤ 陈寅恪：《陈垣明季滇黔佛教考序》，《金明馆丛稿二编》，生活·读书·新知三联书店，2001，第272页。
⑥ 李泽厚：《荀易庸纪要》，《中国古代思想史论》，第130~131页；余敦康：《内圣外王的贯通——北宋易学的现代诠释》，学林出版社，1997，第265页。

《易传》的影响，但其经典依据主要是由《中庸》提供的。不仅如此，张载的理学体系基于"天-人"框架的进一步展开，也是以《中庸》为关键依据的。这些，可以从以下三个方面得到进一步说明。

**1. 从内部生成机制看张载理学体系建构的《中庸》依据**

长期以来，国内学术界不仅多以"气"论为张载研究的预设，而且用源于外来哲学的"自然观""认识论""辩证法"等板块剪裁张载理学体系。① 这种凭借"外生路径"形成的研究模式，既缺乏文献支撑，也疏于理论论证，其"气"论视角与板块组合之间缺乏内在关联，导致研究对象支离破碎，从而限制了对张载理学意义的认知。如本文前一部分所论证的，张载通过对"《中庸》纲领"的解读，确立了自己的理学纲领。张载的理学纲领是其天人之学体系的浓缩，而其天人之学体系则是基于其理学纲领的展开。可见，"《中庸》纲领"是张载确立自己的"理学纲领"，进而建构自己的理学体系的最切实也最直接的依据。就形成机制看，张载理学体系是由其"理学纲领"孕育、衍生的，首先形成"天-人"框架，然后从形而上学部分向形而下学部分扩展。其理学体系，由内部生成的特征相当显著。与"外生路径"相比，这种"内生路径"更具备诠释的有效性。遵循"内生路径"，将有助于对张载理学做出整体性和连贯性的诠释。

**2. 从"天人合一"命题看张载理学体系建构的《中庸》依据**

在中国哲学史上，张载第一次使用"天人合一"这四个字，将其作为一个思想命题明确地提了出来。他用"合一"规定天人之间的关系，使"天人合一"成为能够概括张载理学体系结构特征的重要命题，同时也是其理想境界的终极指向。张载论"天人合一"命题，有两条关键性的表述。其中第一条关键性表述，出自《正蒙·乾称篇》。张载说："儒者则因明致诚，因诚致明，故天人合一。致学可以成圣，得天而未始遗人。"② 这里所说"因明致诚，因诚致明"，依据的是《中庸》二十一章"自诚明"

---

① 虽然近十九年来，这种情况有所改变，但对过往"以外释中"的研究模式并未认真反思和总结。
② 张载：《正蒙·乾称篇第十七》，《张载集》，第65页。

"自明诚"的学说。① 张载的界说，着重从提升精神境界的角度为儒者提供实现"天人合一"的方法。张载论"天人合一"命题的第二条关键性表述，出自《正蒙·诚明篇》。张载说："天人异用，不足以言诚；天人异知，不足以尽明。"② 这里依据的仍然是《中庸》的"诚明"学说。这是张载从另一角度对"天人合一"命题的补充说明。清初理学家冉觐祖注解"天人异知"说："知人而不知天，是谓'天人异知'。"③ 如果人能够"知天"，便意味着天人不再"异知"。在张载看来，"知天"比"知人"更根本，是复兴儒学的首要课题。广义地看，"知天"也包括"知天道"。张载反对"天人异用"，这意味着，人们只有"本天道为用"④，经由个人修养的实践、社会治理的实践和人类参与自然生成过程的实践等多种途径，才能够逐步趋近"天人合一"的理想境界。⑤ "天人合一"是张载天人之学体系的总体性命题，既具有精神境界意义，也蕴含了对社会秩序和自然伦理的诉求，是儒学史上天人之学的经典表述，还成为后世"天人合一"观念的理论源头。

**3. 从"事天诚身"命题看张载理学体系建构的《中庸》依据**

张载依据《中庸》"诚者天之道，诚之者人之道"，"君子诚之为贵"等思想资源，提出："天所以长久不已之道，乃所谓诚。仁人孝子所以事天诚身，不过不已于仁孝而已。故君子诚之为贵。"⑥ 在他看来，"不已于仁孝"是以"天所以长久不已之道"亦即"诚"为宇宙论根据的，这就要求人以"仁孝"作为自己的核心价值；"仁人孝子"⑦，是人在宇宙间所

---

① 由章锡琛点校的通行本《张载集》，把这里的第一条关键性表述混入张载的早年著作《横渠易说·系辞上》（参见《张载集》，第 183 页）。在校记中，章锡琛说："此条依《精义》引《正蒙》补，全文见《正蒙·乾称篇》（页六五）。"但《横渠易说》明清诸本，皆未见此条文字。而且，张载此条与《系辞》经文的意涵全不相应。
② 张载：《正蒙·诚明篇第六》，《张载集》，第 20 页。
③ 林乐昌：《正蒙合校集释》上册，中华书局，2012，第 287 页。
④ 张载：《正蒙·太和篇第一》，《张载集》，第 8 页。
⑤ 林乐昌：《张载"天人合一"思想及其特色》，《长安大学学报》（社会科学版）2016 年第 3 期，第 38~40 页。
⑥ 张载：《正蒙·诚明篇第六》，《张载集》，第 21 页。
⑦ "仁人孝子"观念，源于《礼记》。《礼记·哀公问》曰："仁人事亲也如事天，事天也事亲，是故孝子成身。"

应当扮演的角色；而"事天诚身"，则是人所应当履行的神圣信仰和伦理责任。无论"仁人孝子"，还是"事天诚身"，都是《中庸》资源与《西铭》义理结合而形成的观念。对于此二者的关联，程门弟子游酢有所体会。一日，他"得《西铭》诵之，则焕然于心，曰：'此《中庸》之理也'"①。《西铭》的主要义理内涵包括：以"乾坤"大父母为表征的宇宙根源论，以"仁孝"为核心的道德价值论，以"仁人孝子""事天诚身"为担当的伦理义务论和伦理责任论。②"事天诚身"中的"诚身"，是君子效法天道之"诚"的修身实践。此外，张载继承西周"敬天"、孔子"畏天"、孟子"事天"的传统，并对儒家的"事天"资源做了深刻的总结。他在《西铭》中说："于时保之，子之翼也。""于时保之"，引自《诗经·周颂·我将》"我其夙夜，畏天之威，于时保之"。朱熹的门人黄榦在其《西铭说》中解释道："'于时保之'以下，即言人子尽孝之道，以明人之所以事天之道。"③ 明儒刘儓解释说："'于时保之'至末，皆言事天之功，即孝子之事。"④ 黄榦和刘儓都把"事天"作为"孝子"的伦理义务和伦理责任，畏天和事天属于"尽孝之道"和"孝子之事"。这样，就把日常生活的"孝"扩大为"畏天"和"事天"的宗教行为。⑤"孝"之意涵的扩大，意味着神圣性的注入，从而使"孝"成为宗教信仰的一个重要维度。在张载的话语系统中，"事天诚身"是与"天人合一"意涵接近的另外一种表述，"诚身"工夫与"因明致诚，因诚致明"的方法是一致的，只是"事天"的宗教色彩更加浓厚。

总之，无论是张载理学的"天-人"框架，还是其理学体系的内生扩展机制，以及反映其理学体系特征的两个命题，都切实表明《中庸》是张载建构理学体系所依据的关键文本。

---

① 杨时订定、张栻编次《河南程氏粹言》卷2《圣贤篇》，《二程集》第4册，中华书局，2012，第1237页。
② 林乐昌：《张载〈西铭〉纲要新诠》，《张载理学与文献探研》，人民出版社，2016，第179~188页。
③ 林乐昌：《正蒙合校集释》下册，附录四，第1000页。
④ 林乐昌：《正蒙合校集释》下册，附录四，第911页。
⑤ 陈致：《原孝》，《诗书礼乐中的传统——陈致自选集》，上海人民出版社，2012，第174页。

# 五　结语

在本文结语中，除有必要重申张载理学的思想宗旨之外，还有必要在学派关系的视域下，对宋明理学的几个相关重要问题略陈己见。

第一，理学各派的经典倚重。宋明理学家多"依经立说"[①]，而各派学者对儒家经典又各有倚重。钱穆认为，周敦颐、张载多倚重《易》《庸》，而二程则更多重孔、孟。对此，仍需辨析。如所公认，二程和朱熹最重视由《大学》《中庸》《论语》《孟子》组成的"四书"。学术界有关《中庸》研究的最新成果表明，宋代学者对《中庸》重要性的认识差别很大。据称，程颐"对《中庸》有特别的兴趣"，因而对《中庸》做过不少重要的评价。[②] 但我们仍然无法从中获知，《中庸》对二程的理学思想究竟产生了哪些深刻影响。在"四书"中，程朱尤其重视《大学》。后来，明代王阳明也特别重视《大学》。南宋陆九渊则特别重视《孟子》。有学者主张，张载的学说与程朱类似，也属于"四书学"[③]。这一说法显然是不成立的，因为张载很少提到《大学》。按照《宋史》张载本传的说法，其学说倚重的经典是《易》《庸》《论》《孟》四种。这是"四书"的另外一种组合。其实，在这"四书"当中，对张载理学建构最重要的经典资源是《易》《庸》。由于《中庸》是《礼记》中的一篇，因而也可以说《易》《礼》张载理学建构最重要的经典资源。如本文以上所论析的，《中庸》是张载确立理学纲领的直接依据，同时也是他建构理学体系的关键文本。此即《宋史》张载本传所谓，其学"以《中庸》为体"。就《中庸》深刻地影响了张载理学纲领的确立和理学体系的建构而言，可以把张载视作北宋儒家学者中极其重视《中庸》的特殊例子，因而本文强调《中庸》在张载理学思想发展中的确是发挥了特别影响的。

第二，张载理学的思想宗旨。长期以来，学术界有一个争议很大的问

---

① 马宗霍：《中国经学史》，上海书店，1984，第 115 页。

② 〔德〕苏费翔（Christian Soffel）、〔美〕田浩（Hoyt Tillman）：《文化权力与政治文化——宋金元时期的〈中庸〉与道统问题》，肖永明译，中华书局，2018，第 6、7、49、50 页。

③ 龚杰：《张载的"四书学"》，《西北大学学报》（哲学社会科学版）1994 年第 3 期。

题是：究竟能不能把张载理学的思想宗旨归结为"气"？据本文第三节的论析，那种把张载理学的思想宗旨归结为"气"的论点，是没有经典依据的，也偏离了儒学"正传"的发展方向。这个问题，还关乎张载的学说究竟属于"理学"还是属于"气学"，他的身份究竟是"理学家"还是"气学家"？范育在为乃师《正蒙》撰写的序言中反复指出，"夫子之为此书也"，"正欲排邪说，归至理，使万世不惑而已"。这里所谓"归至理"，就是要为儒家创构一套有系统的"大道精微之理"。① 但他并未说，乃师的"归至理"之学是以"气"为根据的。学术界以往认为张载重"气"不重"理"，这很难成立。② 据此看，张载学说当属理学无疑。1980 年，前辈学者邱汉生在评议丁伟志的论文《张载理气观析疑》时，从《正蒙》与儒家经典的血肉联系，从张载对儒经的尊信，从他"与尧舜孔孟合德"的一面，从他的践履等多面，反复强调"张载是理学家，这应该是论究张载思想的出发点"③。据此看，张载本人当属理学家亦无疑。在张载理学纲领中，他首先确定"天"在宇宙中具有至高无上的超越地位，从而为儒家重建天观。据此看，张载又属于理学各派中的天学学派。理学，既可以用于称呼张载之学，也可以用于称呼宋明理学其他各派之学，属于一般意义的名称；而天学，则主要用于称呼张载之学，属于特定意义的名称。无论把张载之学称为理学，还是称为天学，都与其思想宗旨是一致的。

第三，理学概念的重新认识。上述张载学说究竟属于理学还是属于气学的问题，还涉及何谓"理学"的问题，亦即对"理学"概念如何重新认识的问题。④ 以义理诠释儒经，重视道德性命问题，是北宋义理之学的共识。义理之学形成后，便从中衍生出"理学"这一学术形态。这就使义理之学分化为理学性质的义理之学亦即理学，以及非理学性质的义理之学。非理学性质的义理之学包括王安石新学、二苏蜀学等学派；理学各学派则包括周敦颐濂学、张载关学、二程洛学等。所谓"理学"，是把天、理

---

① 范育：《正蒙序》，《张载集》，第 5、4 页。
② 林乐昌：《张载理观探微》，《哲学研究》2005 年第 8 期，第 24～27 页。
③ 邱汉生：《对〈张载理气观析疑〉的评议》，《中国社会科学》1981 年第 1 期，第 217～219 页。
④ 限于篇幅，这里不讨论"理学"与"道学"的关系。

（道）、心、性等根本观念作为宇宙、社会及道德性命的形上根据，并将道德伦理价值和身心修养置于功利诉求之上的新儒学学术形态。① "理学"概念的一个重要功能，就是能够有效地作为宋明理学各派共同拥有的名称。把张载之学认定为"气学"所产生的困境是：其作为特定意义的"气学"，如何与一般意义的"理学"相通？就理学学派的大宗看，各派都有其所主张的根本概念或最高概念，这些根本概念或最高概念又皆可以与"理"相通。例如，程朱学派以"理"为核心概念，其"理"与"天"之间具有直接的同一性（"天理"或"天即理"），其理气论也已经成熟。该学派无论从广义看还是从狭义看，都属于"理学"无疑。又如，陆王学派以"心"为最高概念，主张"心即理"，"心"与"理"之间具有直接同一性，故也被称为"理学"。再如，张载以"天"为最高概念，虽然其"天"与"理"之间具有同一性，但与程朱不同，"理"或"道"在其概念系列中仅被置于次级地位；张载言"理气"仅一见，理气论尚处于雏形状态，这说明其"气"论还远不能与其"理"观相提并论。综上所述，"理学"有其内在学理依据，今天讨论理学概念，不能仅满足于将其视作一种约定意义上的名称。张载在其理学纲领亦即"《太和》四句"中提出的"天"、"道"（"理"）、"性"、"心"四大概念系列，在一定意义上可以视作两宋理学时代的观念象征。或许纯属巧合，张载"《太和》四句"中的四大概念在一定意义上竟然能够反映两宋理学的学派分化和思想走向。

---

① 林乐昌：《"宋学"构成与"理学"起源》，《张载理学与文献探研》，第 266~268 页。

# 张载为什么著《正蒙》?[*]

## ——《正蒙》一书之主体发生学考察

丁为祥[**]

**摘　要**　作为"当自立说"的表现,张载《正蒙》之作既有辟佛排老的因素,又有为汉唐儒学纠偏补弊的因素;而从当时思想界的现状来看,还有为理学"造道"的关怀。但所有这些,其实都是《正蒙》不得不作的社会历史条件;作为必然性,也是一种客观的社会历史的必然性而不是主体实践的必然性。从主体发生学的角度看,张载与王安石在新政观念上的分歧以及其关于变法之思想路线上的对立,才真正是其"立说"的现实促成之因,从而也才是《正蒙》不得不作之主体实践的必然性。而在《正蒙》的撰写中,张载对井田制的讨论与试验、对礼俗、"乡约"的倡导和推行,则既是张载对"新政"之不同于熙宁变法的另一种试点,同时也是其对"万世太平"之道的一种系统探讨。

**关键词**　张载　《正蒙》　发生学　造道　熙宁变法

张载为什么著《正蒙》?对于理学研究来说,这简直就不是个问题。因为不仅《正蒙》的思想内容明确显示着张载的辟佛排老关怀,而且作为理学的开创者之一,其"当自立说"的"造道"关怀也决定着他必然要有开创性的述作。所有这些,当然都是《正蒙》不得不作的原因,作为成因,也可以说是客观的社会历史之因。但是,《正蒙》究竟何时作、以何种方式作以及最后作成何种形态,则又不仅仅是这些原因所能决定的。

---

　*　本文原载《哲学研究》2007 年第 4 期。

　**　丁为祥,陕西师范大学哲学与政府管理学院教授,博士研究生导师。

如果说《正蒙》不得不作是其所以形成之客观的社会历史条件，那么张载在何种精神的推动下以及以何种方式作《正蒙》，则又是其所以形成之具体而又现实的主体促成之因。对于《正蒙》而言，前者可以说是其由时代背景、客观的社会环境所决定的历史必然性，而后者则需要张载主观的担当精神、当下的现实关怀以及其具体的人生境遇并由之所决定之主体实践的必然性来说明。前者固然重要，后者也绝不能忽视，因为只有后者，才能使我们更接近于从张载的角度看《正蒙》，从而也才能揭示其具体的主体发生学上的成因。下面，本文就从其不得不作之客观的历史必然性出发，以层层追溯并层层透显其具体的现实促成之因。

## 一　辟佛排老与对汉唐儒学的纠偏

关于张载著《正蒙》的原因，范育曾在《正蒙序》中说得很明确："自孔孟没，学绝道丧千有余年，处士横议，异端间作，若浮屠老子之书，天下共传……子张子独以命世之宏才，旷古之绝识，参之以博闻强记之学，质之以稽天穷地之思，与尧、舜、孔、孟合德乎数千载之间。闵乎道之不明，斯人之迷且病，天下之理泯然其将灭也，故为此言与浮屠老子辩，夫岂好异乎哉？盖不得已也。"[1] 这就是说，张载著《正蒙》似乎主要是为了"与浮屠老子辩"，为了与佛老在人生基本理论上"较是非，计得失"[2]。结合当时的时代思潮以及"三教"理论之彼消此长，应当说这确实是张载著《正蒙》的根本原因或首要原因。因为就在《正蒙》的开端《太和篇》，张载就已经明确指出："彼语寂灭者往而不反，徇生执有者物而不化，二者虽有间矣，以言乎失道则均焉。"[3] 显然，无论是"语寂灭者"还是所谓"徇生执有"，都是人生"失道"的表现，而《正蒙》起始就是从对这种看似相反而实相同之"失道"思想的批评上着眼的。所谓"语寂灭者"自然是指佛教，而所谓"徇生执有"，则显然又是指道教而言，这正可以说是《正蒙》作为张载辟佛排老之作的一个内证。

---

① （宋）范育：《正蒙·范育序》，《张载集》，章锡琛点校，中华书局，1978，第 5 页。
② 张载：《正蒙·乾称》，《张载集》，第 65 页。
③ 张载：《正蒙·太和》，《张载集》，第 7 页。

但张载的辟佛排老恰恰又是通过"出入佛老，返于六经"实现的，"出入佛老"固然无须多言，因为它就代表着宋代理学家一种共同的思路轨迹——从北宋五子到南宋朱陆都有一种出入佛老的经历；至于"返于六经"则不仅包含对孔孟思想的重新解读与重新诠释，而且首先表现为对儒学历史发展的深入反思。而这一反思自然也就指向了汉唐时代占统治地位的经学。在张载看来，佛老之所以炽传，首先是儒学不振导致的：正是儒学的不振，缺乏超越性追求，从而才有佛老的乘虚而入。所以他检讨说："知人而不知天，求为贤人而不求为圣人，此秦汉以来学者大蔽也。"① 甚至，在其所存不多的《杂诗》中，也充满了对汉唐儒学的反省与批评，如"秦弊于今未息肩，高萧从此法相沿。生无定业田疆坏，赤子存亡任自然"②；再如，"圣心难用浅心求，圣学须专礼法修。千五百年无孔子，尽因通变老忧游"③。显然，在张载看来，佛老之所以炽传，首先是由于"千五百年无孔子"——所谓"学绝道丧"的结果，所以说《正蒙》之作，必然同时包含对汉唐儒学纠偏补弊的关怀。

关于《正蒙》之辟佛排老关怀以及其对汉唐儒学之纠偏补弊指向，不仅《正蒙》言之甚详，而且自范育以来的历代研究也无不就此立论。但对张载来说，这只可以说是其《正蒙》不得不作的时代背景或历史必然性。因为无论是辟佛排老还是对汉唐儒学的纠偏补弊，都首先表现为他对儒学的现状及其历史发展的不满：正是这种不如人愿的发展，才有所谓"未识圣人心，已谓不必求其迹；未见君子志，已谓不必事其文。此人伦所以不察，庶物所以不明，治所以忽，德所以乱，异言满耳，上无礼以防其伪，下无学以稽其弊"④ 等种种弊端。显然，从当时的"三教"关系来看，这也正是范育所说的"其（佛老）徒侈其说，以为大道精微之理，儒家之所不能谈，必取吾书为正。世之儒者亦自许曰：'吾之《六经》未尝语也，孔孟未尝及也'，从而信其书，宗其道，天下靡然同风……"⑤。范育的这

① 《宋史·张载传》，《张载集》，第386页。
② 张载：《杂诗·圣心》，《张载集》，第367页。
③ 张载：《杂诗·圣心》，《张载集》，第368页。
④ 张载：《正蒙·乾称》，《张载集》，第64页。
⑤ （宋）范育：《正蒙·范育序》，《张载集》，第4~5页。

一分析，既是对《正蒙》不得不作之历史必然性的说明，同时也更明确地指向了宋代的社会现实，尤其是宋代"三教"关系的现实。

这说明，张载的《正蒙》并不仅仅是为了清算"三教"的历史旧账，更重要的还在于其现实关怀，在于为现实的儒学复兴"造道"。所以说，正是为儒学的"造道"关怀，才将《正蒙》不得不作的原因从历史引向了现实。

## 二　"造道"关怀

关于《正蒙》的"造道"关怀，张载曾明确指出："吾之作是书也，譬之枯株，根本枝叶，莫不悉备，充荣之者，其在人功而已。又如晬盘示儿，百物俱在，顾取者如何尔。"① 这说明，从历史的因缘看，张载著《正蒙》主要是为了与佛老"较是非，计得失"——"奋一朝之辩"；但从深层或更根本的原因来看，则主要是为刚刚崛起的理学"造道"——其所谓"根本枝叶，莫不悉备，充荣之者，其在人功而已"以及"晬盘示儿，百物俱在，顾取者如何"的比喻都清楚地表明了这一点。结合张载的"四句教"——"为天地立志（心），为生民立道（命），为去（往）圣继绝学，为万世开太平"② 的志向，应当说《正蒙》不仅为宋明理学种下了一棵根深叶茂的大树，而且确实为儒学的发展开辟了一种"稽天穷地"的广阔前景。

那么，张载的"造道"关怀主要表现在哪些方面呢？从根本上说，主要也就表现在"天道性命相贯通"一点上。因为这一点不仅从根本上区别于佛老，而且从根本上有别于汉唐儒学；反过来看，佛老的荒谬与汉唐儒学的不足主要也就在于"体用殊绝"以及由此所表现的"略知体虚空为性，不知本天道为用"③ 这一根本性的"不知"上。所以，张载的"造道"关怀首先就表现为对佛老与汉唐儒学的双向批判：

若谓虚能生气，则虚无穷，气有限，体用殊绝，入老氏"有生于

---

① （宋）苏昞：《正蒙·苏昞序》，《张载集》，第 3 页。
② 张载：《语录》中，《张载集》，第 320 页。
③ 张载：《正蒙·太和》，《张载集》，第 8 页。

无"自然之论,不识所谓有无混一之常;若谓万象为太虚中所见之物,则物与虚不相资,形自形,性自性,形性、天人不相待而有,陷于浮屠以山河大地为见病之说。此道不明,正由懵者略知体虚空为性,不知本天道为用,反以人见之小因缘天地。明有不尽,则诬世界乾坤为幻化。①

在这里,张载双向批判的依据主要就在于其对天道体用的重新理解,他明确指出:"太虚无形,气之本体,其聚其散,变化之客形尔;至静无感,性之渊源,有识有知,物交之客感尔。客感客形与无感无形,惟尽性者一之。"②

显然,在张载看来,如果将太虚与气、本体与万象理解为"本源"与"派生"的关系,最后必然会陷于道家的"有生于无",从而"不识所谓有无混一之常";但如果将万象理解为"无自性"的因缘起现,而视其本体只是所谓"空",则又必然会陷于浮屠的"形性、天人不相待而有",从而又将客观的山河大地仅仅归结为人之"见病",以至于"诬世界乾坤为幻化"。张载这里虽然是以对"此道不明"的世儒时论——所谓汉唐儒学的宋代表现来分析其如果不陷于道家的窠臼,也就必然会陷于佛教巢穴之理论指向的,但如果从深层来看,则张载正是借此既批评了道家的"有生于无"——"不识所谓有无混一之常",同时又批评了佛教的"形性、天人不相待而有"。而所有这些毛病,在张载看来,其实都是一个形上与形下的悬隔——"体用殊绝"的问题。正因为体用殊绝,所以表现于道家,就是否认太虚本体对万象的超越性以及其与万象的同时共在,从而将二者理解为同一层面上之前后"相生"的关系;表现在佛教,则是"形性、天人不相待而有",从而又将山河大地仅仅归结为人之"见病";而表现于世儒时论,则又是"略知体虚空为性,不知本天道为用",因而流荡失据,"语天道性命者,不罔于梦幻恍惚,则定以'有生于无',为穷高极微之论"③。

---

① 张载:《正蒙·太和》,《张载集》,第8页。
② 张载:《正蒙·太和》,《张载集》,第7页。
③ 张载:《正蒙·太和》,《张载集》,第8页。

由此可见，从佛老二教到汉唐儒学乃至当时的世儒时论都构成了张载的批判对象，而张载也就借助儒家天人合一之体用不二传统，在对佛老与汉唐儒学包括所谓世儒时论的双向批判中，论证了儒家天道性命相贯通的天道观基础。

从天道观到人生论，儒家的"天道性命相贯通"也就由本体与现象的不二落实为人生修养中的诚、明两进。张载指出：

> 天人异用，不足以言诚；天人异知，不足以尽明。所谓诚明者，性与天道不见乎小大之别也。
>
> 义命合一存乎理，仁智合一存乎圣，动静合一存乎神，阴阳合一存乎道，性与天道合一存乎诚。[1]

从人生修养来看，"诚"就是天人合一的逻辑枢纽：正是通过"诚"，才能达到"性与天道不见乎小大之别"的境地。但是，"诚"为何能担当这一重任呢？这是因为，"诚"以"性"为基，而"性"则是天所命于人者，所以张载说："性于人无不善，系其善反不善反而已"[2]；"形而后有气质之性，善反之则天地之性存焉。故气质之性，君子有弗性者焉"[3]。很明显，在张载看来，人虽然具有双重人性，但只有天地之性才是人之为人的本体、本根之性；而以天地之性为人性，就不能不"大其心"，不能不"体天下之物"，从而也就不能不超越见闻的桎梏而以穷神知化为指向。这样，从"大其心""穷其理"到"尽其性"，也就成为一条以天地之性为基、由穷理而尽性——由明而诚的超越上达之路。

这一由明而诚、诚明两进的极致，就是乾父坤母、民胞物与。所以，在《正蒙》的最后一篇，张载专门以其早就形成的"西铭"揭示了人生的最高理想。在这一理想中，就个体而言，可以说是"天地之塞，吾其体；天地之帅，吾其性"[4]，即所谓乾父坤母、"混然中处"的大我气象；而就

---

① 张载：《正蒙·诚明》，《张载集》，第20页。
② 张载：《正蒙·诚明》，《张载集》，第22页。
③ 张载：《正蒙·诚明》，《张载集》，第23页。
④ 张载：《正蒙·乾称》，《张载集》，第62页。

人伦群体而言，则是"大君者，吾父母宗子；其大臣，宗子之家相也。尊高年，所以长其长；慈孤弱，所以幼吾幼"①，显然，这就是民胞物与、万物一体之仁。在这一境界中，人生所有的际遇，包括所谓横逆，也都将成为人的进身修养之资，所以他又说："富贵福泽，将厚吾之生也；贫贱忧戚，庸玉汝于成也。存，吾顺事，没，吾宁也。"② 对于当时刚刚崛起的理学来说，这无疑既是一种超越的指向，同时也是儒家自古以来孜孜以求并念念守护的价值理想；而这一理想，也就建立在其理论体系之体用不二与人生修养之明、诚两进的基础上。

所以，当《正蒙》以"西铭"为其整个体系的归结时，确实表现了张载为理学所开创的稽天穷地而又万物一体的人伦理想。

说《正蒙》是张载的造道之作，这当然是没有问题的，因为张载的时代正是一个"学统四起"的时代，而《正蒙》的内容——无论是其对佛老的批判还是对汉唐儒学的纠偏以及其对儒家原始经典的重新解读也都充分证明了这一点。但如果《正蒙》仅仅是所谓"造道"之作，那么张载其实既可以开始于其思想成熟后的任何时期，也可以采取古人所常用的任何方式，但张载之著《正蒙》，时间上则是其一生中的最后七年，具体形式则采取了"当自立说"的方式；至于其当时的具体情况，则正如吕大临所描述的："终日危坐一室，左右简编，俯而读，仰而思，有得则识之，或中夜起坐，取烛以书……"③ 真所谓"志道精思，未始须臾息，也未尝须臾忘也"④。这样一种精神，确实是"有苦心极力之象"⑤；而以近七年的时光聚精于《正蒙》的写作，也不纯粹是所谓理论上的"造道"就能够完全说明的。如果我们将这一时段对应于北宋的朝廷政治并与张载当时的具体境遇联系起来，那么其作《正蒙》的现实机缘以及其与王安石变法的关系也就立刻浮现。而这一点，实际上正是《正蒙》不得不作的具体助缘或现实促成之因。

---

① 张载：《正蒙·乾称》，《张载集》，第 62 页。
② 张载：《正蒙·乾称》，《张载集》，第 63 页。
③ 吕大临：《横渠先生行状》，《张载集》，第 383 页。
④ 吕大临：《横渠先生行状》，《张载集》，第 383 页。
⑤ 程颐：《答横渠先生书》，《河南程氏文集》卷 9，《二程集》，中华书局，1981，第596 页。

# 三　《正蒙》与熙宁变法

把《正蒙》这种"造道"性的文字与作为"新政"的熙宁变法联系起来并不是笔者的立心求异，而恰恰是儒家自孔孟以来的传统；相反，那种完全脱离现实的所谓纯理论探讨其实才是真正背离儒学传统的。具体到张载来说，其对佛老的批判、对汉唐儒学的纠偏以及其对世儒时论的批评无疑也首先是从现实的角度着眼的，甚至也可以说主要就是针对当时的现实而言的；而从其根本指向上看，则最后必然要落实为人间秩序的重建。所以，从与熙宁变法关系的角度来理解张载的"造道"活动，也就是从其根本指向包括现实关怀与主体境遇的角度来揭示《正蒙》一书的具体形成，这可能才更接近张载著《正蒙》的发生学实际。

分析《正蒙》与熙宁变法的关系实际上也就是分析张载和王安石的关系，并通过熙宁变法揭示后者对张载"造道"的影响。总的来说，他们年岁相近（王安石小张载 1 岁），同朝为官，不仅都从地方受荐入朝，而且从思想倾向上说，他们还都是"孟子升格运动"①的积极推动者。就是说，他们都是当时儒学复兴运动的积极倡导者。如此说来，他们理应成为新政与变法之坚定的同盟。但是，恰恰是这一系列的"同"却蕴含着其相互的一种根本性的"异"，从而也就蕴含着《正蒙》不得不作的现实推动力。

熙宁（1068~1077 年）初，刚登基的宋神宗欲有所作为，于是一大批较有政声的地方官员受荐入朝。王安石因为仁宗年间的《上仁宗皇帝言事书》有较大影响，故被召为翰林学士兼侍讲，又因为神宗的特别赏识，所以很快拜参知政事。这样一来，王安石实际上也就成为变法的最高主持了，且与神宗皇帝达成了同心一德的共识。在这种条件下，张载受荐入朝，同样是为了共襄新政大计。因而，当宋神宗以"治道"为问时，张载就对以"为政不法三代者，终苟道也"②。张载的这一回答，不仅合于神宗当时的自我期许，而且与王安石为神宗所树立的"以尧舜为期"的理想完

---

① 潘富恩、徐洪兴：《中国理学》第一卷，东方出版中心，2002，第 25~31 页。
② 《宋史·张载传》，《张载集》，第 386 页。

全一致。所以，仅从这一点来看，此时的张载可以说是帝、相共悦，不仅神宗表示"将大用"，而且王安石也明确表示"新政之更"要借重于张载。

但是，虽然熙宁君臣共以"复三代"相号召，可其对"三代"的理解又是完全不同的。王安石虽然以伊尹、周公为期，但其变法实际上却集中在财政问题上，而这正是张载所委婉批评的"苟道"；而张载在"徐观旬月"之后，也发现不仅王安石变法的思想路线是所谓"苟道"，而且其为人性格也显得过于刚愎，很难共事。所以，就在对其具体任命之前，王安石与张载展开了如下一段对话：

> 他日见执政，执政尝语曰："新政之更，惧不能任事，求助于子何如？"
>
> 先生对曰："朝廷将大有为，天下之士愿与下风。若与人为善，则孰敢不尽！如教玉人追琢，则人亦故有不能。"
>
> 执政默然……①

这一对话不仅批评了王安石的性格，而且实际上批评了其变法的思想路线与用人路线，包括其推行新法之过于"狷急"、强人所难的方式。当然，这一对话也就决定了张载很难得到重用。所以，紧接着的任命就是"校书崇文"这样的闲职，"未得谢，复命案狱浙东。或有为之言曰：'张载以道德进，不能使之治狱。'执政曰：'淑问如皋陶，犹且献囚，此庸何伤！'②实际上，这等于有意给张载穿小鞋。适逢作为监察御史里行的张戬（张载弟）"累章论王安石乱法，乞罢条例司及追还常平使者"③等，也等于明确地与王安石唱对台戏，因而立即受到了"出知公安县"的处分。及张载狱成还朝，见到这一情况，愈益不安，于是亟辞西归。

从这一经历可以看出，张载本来是作为新政的赞助者入朝的，但由于他和王安石在变法路线上的分歧，所以很快就退出了"新政"，其中的关键，主要在于他和王安石对新政的理解不同。王安石虽然也以"复三代"

---

① 吕大临：《横渠先生行状》，《张载集》，第382页。
② 吕大临：《横渠先生行状》，《张载集》，第383页。
③ 《宋史·张戬传》，《二十五史》卷10，中国文史出版社，2002，第2297页。

相号召，并为神宗许下"以尧舜自期"的目标，但其入手则主要集中在"理财"上；张载虽然并不反对"理财"，但在他看来，如果新政集中于理财或仅仅从理财出发，那就不仅是医头医脚的"苟道"，而且对于真正的尧舜之道来说，也无异于挂羊头卖狗肉——一种莫大的讽刺。① 这一分歧，其实在张载对神宗"为政不法三代者，终苟道也"的答问中，就已经表现出来了；而其与王安石"教玉人追琢"的对话，则明确表示了一种难以合作的态度。

张载与王安石的不合作以及熙宁变法对他的影响主要表现在其退隐之后。回到关中，张载似乎过起了隐士般的生活："土床烟足纩衾暖，瓦釜泉干豆粥新，万事不思温饱外，漫然清世一闲人。"② 自然，这里也许表现着某些自嘲心理，也不乏自我安慰的意味。但正是在这"万事不思"之外，张载才真正展开了其"造道"追求——其《正蒙》的撰写，所谓"终日危坐一室，左右简编，俯而读，仰而思，有得则识之，或中夜起坐，取烛以书"，正是张载当时精神状态的写照，而与这一活动相应的，则正是轰轰烈烈并席卷全国的熙宁变法；至于所谓"造道"，实际上也就是专门从学理的角度，完全依据自己对儒家精神的理解、对新政的构想所进行的另一种"变法"。至于其"为万世开太平"的志向，则不仅表现在《正蒙》一书的撰写中，同时更表现在其当时的几项重要作为以及其对变法的种种批评上——张载正是要以其"天道性命相贯通"的"稽天穷地之思"，来反衬熙宁变法医头医脚的"苟道"。

张载的这一用心主要表现在其退隐之后所从事的几项志业上。在张载一生中的最后七年，他实际上主要干了三件大事。

第一，以"造道"的精神发奋著《正蒙》，这正表现了张载与熙宁变法的激反与对着干的精神；而《正蒙》其实也可以说是张载依据自己对儒家精神的理解所展开的另一种"新政"或"变法"。关于这一点，作为其同朝为官的弟子——范育其实是看得很清楚的，所以他在《正蒙序》的一开篇就明确指出：

---

① 关于王安石变法之集中于"理财"以及道学集团（关学、洛学）与他的分歧和对他的批评，请参见李存山《王安石变法的再评价》，《博览群书》2006 年第 9 期。

② 张载：《杂诗·土床》，《张载集》，第 369 页。

子张子校书崇文，未伸其志，退而寓于太白之阴，横渠之阳，潜心天地，参圣学之源，七年而道益明，德益尊，著《正蒙书》数万言……①

作为与张载一同任职"崇文"的弟子，范育显然深知《正蒙》是张载"校书崇文"而又"未伸其志"的产物，所以其《序》一起始就明确点明了这一点。由于当时不少的新党还位居枢要，所以范育不能说得太明确。但从其"泣血受书，三年不能为一辞"②的悲愤以及其末尾对《孟子》的再三致意，也就可以看出他是有意以孟子一生的不遇来述说张载著《正蒙》之具体心态的；至于"七年而道益明，德益尊，著《正蒙书》数万言"云云，则正标志着张载依据儒家的学理和精神对新政的探讨。所以，仅从这一点来看，《正蒙》与熙宁变法的对反以及张载著《正蒙》的具体心态就是非常清楚的。

第二，"先生慨然有意三代之治……尝曰：'仁政必自经界始。贫富不均，教养无法，虽欲言治，皆苟而已。世之病难行者，未始不以夺富人之田为辞，然兹法之行，悦之者众，苟处之有术，期已数年不刑一人而可复，所病者特上未之行尔'……方与学者议古之法，共买田一方，画为数井，上不失公家之赋役，退以其私正经界，分宅里，立敛法，广储蓄，兴学校，成礼俗，救灾恤患，敦本抑末，足以推先王之遗法，明当今之可行。"③这就是明确地与熙宁变法对着干。所不同的是，王安石是试图从理财入手以达到富国强兵的目的，而张载则认为所有的新政都必须从"正经界"做起，其批评熙宁变法的"苟道"，其实也正是以此"正经界"为标准的。当然，这一点也可以说是张载对立足于道德、出发于经界的万世太平之道的具体探索，所以他实际上是怀着"纵不能行之天下，犹可验之一乡"④的精神来从事的。这无疑可以说是张载关于新政、变法的另一种试点，而其在《经学理窟》中对"井田""经界"的具体谋划与实践步骤的

---

① （宋）范育：《正蒙·范育序》，《张载集》，第4页。
② （宋）范育：《正蒙·范育序》，《张载集》，第6页。
③ 吕大临：《横渠先生行状》，《张载集》，第384页。
④ 吕大临：《横渠先生行状》，《张载集》，第384页。

详细讨论，也正可以视为其关于新政试点的文字记录。

第三，在张载的指导下，由其弟子三吕发起并在蓝田推行《吕氏乡约》，其内容包括"德业相励，过失相规，礼俗相交，患难相恤"①等方面的内容，这一举措既是对道德礼教的推广，同时也是对社会风俗的激扬与提升，可以说是其"正经界"的同步配套措施。所以在后来的"洛阳议论"中，张载就自豪地介绍说"关中学者用礼渐成俗"，并以此批评二程的"规矩太宽"②；而他所反复告诫学者的"知礼成性变化气质之道"③，实际上也正是以对《吕氏乡约》之先行实践为基础的。这样，如果我们将这三点连成一线来把握，也就可以看出张载是在与王安石的熙宁变法对着干；所谓"纵不能行之天下，犹可验之一乡"的预期，所谓"治天下不由井地，终无由得平"④的批评，实际上也都明显地表露了张载的具体用意。总之，张载退隐后的这几大举措，处处都体现着其与熙宁变法的对反，也处处都表现着张载对立足于道德、出发于经界的万世太平之道的具体探索。

当然，作为理论探讨性的著作，《正蒙》在形式上与现实政治似乎并无瓜葛，但如果我们将其置于形成和发生的具体过程中，则完全可以看出其与现实政治的密切关联以及熙宁变法对它之形成的推动与促进作用。所以，从一定意义上说，如果没有熙宁变法中的受排挤和靠边站，可能也就不会有《正蒙》，起码不会是如此这般地作；另外，即使是作为"造道之言"，《正蒙》其实也并不是张载离群索居、闭门造车的产物，而是首先蕴含着他对熙宁变法纠偏、抗衡与补弊的关怀。至于小程批评《正蒙》的"有苦心极力之象，而无宽裕温厚之气"⑤，如果将其放在与熙宁变法相激反的环境中，则小程所不理解的"急迫"，自然也就不难理解了。

---

① 吕大临等：《蓝田吕氏遗著辑校》，陈俊民辑校，中华书局，1993，第 563、565 页。
② 程颢、程颐：《河南程氏遗书》卷 10，《二程集》，第 114 页。
③ 吕大临：《横渠先生行状》，《张载集》，第 383 页。
④ 张载：《经学理窟·周礼》，《张载集》，第 248 页。
⑤ 程颐：《答横渠先生书》，《河南程氏文集》卷 9，《二程集》，第 596 页。

# 四　几点反思

《正蒙》与熙宁变法，作为对同一时代社会问题的不同反应，除了其政治层面的"变法"与理论层面的"造道"这种不同的表现方式外，仅就其对当时社会问题的看法而言，也确实存在不小的分歧。而这一分歧，既是张载辞官以退出新政的原因，当然也是后来变法失败而王安石再次罢相的原因。作为重大的社会历史事件，如果说熙宁变法本身就源于宋代的社会现实，因而具有独立自足的性质——仅变法本身就足以从社会运动的各个角度和各种层面进行独立的分析和研究，那么，与熙宁变法具有激反性质的《正蒙》则并不能仅仅从理论创造的角度来理解，它不仅需要当时"三教"关系之消长、对汉唐儒学之纠偏以及理学崛起之"造道"需求来说明，而且由于《正蒙》撰写的特殊背景，因而也需要张载受变法排挤的激反并对变法的批评和纠偏来说明。而张载与王安石在新政问题上的不合作以及其与"变法"的对着干，也从一个侧面表现出了道学集团对于现实政治的关注以及其与王安石新学的分歧。因此，对于《正蒙》，切不可将其仅仅视为与现实全然无关的纯理论著作。

正出于这一原因，所以对《正蒙》的研究也就不能脱离熙宁变法这一重大的社会历史背景。但在过去"两军对战"的年代，由于王安石被列宁称为"中国十一世纪时的改革家"[①]，这就使其成为双重的正面典范——哲学上的唯物主义与推动社会进步的改革力量；而张载又被公认为"中国十一世纪唯物主义哲学家"，亦即被视为哲学方面的正面标准；于是张载与王安石在新政问题上的分歧，也就被人们故意地视而不见或尽量地作简化处理：要么认为二人主要是性格上的分歧（其实他们的性格极为一致，张载的"刚毅"与王安石的"狠愎"其实只是同一性格的两个不同侧面）；要么认为张载实际上并不反对变法。总之，这是尽量弥合推动社会进步的改革力量与哲学上的"唯物主义"之间的不协调性。但这样一来，对王安

---

① 关于列宁这一说法的原意及其"误引"在中国学界所引起的"扬王（安石）抑范（仲淹）"方面的"定调"作用，请参见李存山《关于列宁评价王安石的一个误引》，《光明日报》2004 年 8 月 10 日，史学版。

石政治上的变法与张载哲学上的"造道"实际上也就形成了一种双向遮蔽。王安石变法固然可以从唯物史观的角度做出进步性的评价，而张载的"造道"尽管也是一种"唯物主义"哲学，实际上却又仅仅成为一种闭门造车的纯理论活动，其价值、意义似乎也就仅仅表现在其辟佛排老的"唯物主义"立场上了。

从上面的比较可以看出，虽然两人哲学上都属于"唯物主义"，也都可以视为"中小地主阶级"的代表，并且都坚持谋求社会的长治久安之道，但由于他们在新政问题上具有完全不同的出发点（道德与功利）和不同的入手（经界与财政），因而他们之间仍然可以表现出不可调和的对立；而对于变法来说，这一对立实际上也就起着功败垂成的制约作用。

改革开放以来，人们开始冲破教条化的"两军对战"模式，并试图从理论自身的角度研究哲学史的发展，这当然是一种进步，说明哲学史的研究已经开始关注理论本身的发展逻辑了。但这种单纯关注理论发展的研究模式又带来了另一种弊端，即将历史上的哲学家全然视为纯粹的理论创造者，他们似乎没有时代、没有现实关怀，甚至也没有现实人生中的种种苦恼，有的只是一味地进行纯理论的建构和纯逻辑的推演。这就走向另一个极端了，似乎哲学家一生的任务也就仅仅在于理论问题的解决。如果说前者的弊端在于教条化地运用了"唯物主义"和社会进步观念，那么后者的弊端则使历史上的哲学家全然成了一种"无人身的理性"。这同样脱离了中国哲学发展的实际。实际情况是：哲学家固然要从事理论创造，而理论创造又不能不从前人的理论格局和理论问题出发，而这种出发的直接动因则在于现实社会，在于现实社会所提供的对前人理论的理解背景与诠释氛围。从这个角度看，虽然张载很早就形成了"当自立说"的"造道"宏愿，但这一宏愿只有在熙宁变法的激发与打击下才变成现实——从一定意义上说，《正蒙》其实也就是张载以理论的方式所建构的"新政"、以学理探讨的方式所展开的"变法"。所以，对于《正蒙》来说，熙宁变法的激发作用以及其所提供的精神动力是绝对不能忽视的。

最重要的是，这种不同理解实际上首先涉及对理学性质的认识以及其社会作用的评价问题。自清儒颜元、戴震以来，他们出于自己反理学的需要，或者将理学家描述为"四肢荒而爪牙废"的"冬烘先生"，或者将理学家打扮成不近人情、只会唱道德高调的所谓"伪道学"。自此以后，空疏无用的道德高调似乎也就成为理学家的代名词了；而仅仅从理论的角度来研究理学，似乎也就正好成为一种对症下药式的研究了。实际上，这正是以讹传讹的表现，从历史的角度看，空疏无用的"伪道学"当然不能说绝对没有，但绝不是理学的主流，理学自形成起就具有强烈的关注现实、关注政治的品格。从最具有"烟霞气"但"不辞小官"的周敦颐一直到张载、大程，都积极地关注现实、参与政治，而张、程二位甚至也都是因为在地方的政绩才进入朝廷的。

具体到张载来说，从其早年"欲结客取洮西之地"① 到其中年的治理地方，再到其晚年与新政的对着干和对"万世太平"之道的具体探索，也就清晰地呈现出了一条理学家积极关注现实、参与政治的人生轨迹。只是由于政治资源的唯一性与垄断性，所以最后才不得不"退而寓于太白之阴，横渠之阳，潜心天地，参圣学之源"，从而也才有了《正蒙》的撰写。所以说，《正蒙》固然是张载的"造道之言"，但对其本人来说，却不过是张载退求其次的产物和表现。

即使到了南宋，虽然理学家已经明显地表现出了一种"内敛气象"，但从朱子到象山，也都不是书斋里的巨人，而首先是干练的政府官员——朱子之"巡按浙东"、象山之"知荆门"，都充分表现出了理学家治世能臣的品格。而对张载来说，其著《正蒙》之现实因缘，说明他的本意或首要关怀并不在于著述，只有在从政之路被堵死后，才不得不退求其次。但即使如此，其理论上的"造道"也仍然包含着对现实政治的纠偏与补弊关怀，所以才有"根本枝叶，莫不悉备"一说。这说明，对于宋明理学的研究，我们并不能仅仅局限于理论、学理的层面来理解，还必须将其还原到具体形成与实际发生的过程中，才能准确把握其本真面目，从而也才能更深刻地理解其性质和作用。这就是张载著《正蒙》所给予我们的特殊启示。

---

① 《宋史·张载传》，《张载集》，第 385 页。

# 中国传统经典诠释与中国哲学史研究[*]

## ——以儒家为中心的考察

韩 星[**]

**摘 要** 本文从经典诠释的视角，以儒家为中心，思考在中国传统经典诠释的基础上推进中国哲学史研究的深化。近代以来的中国哲学史研究走上了"以西释中"的西化误区。本文认为应在确立中国文化主体地位的前提下，立足于中国传统，以经学为中国哲学建构的主体，在经学的基础上深化中国哲学史的研究，以子学、玄学、道学、佛学为多元辅助，借鉴西方哲学的话语体系来诠释和表述中国传统思想，使中国哲学史具有西方哲学的外貌而其实质却仍是中国传统思想本身，以实现经学模式向哲学模式的非断裂性转换，推动中国哲学史研究的不断发展完善。

**关键词** 中国传统 儒家 经学 经典诠释 中国哲学史

20世纪以来，随着人们对中国哲学史研究的深入反思，特别是近十年来诠释学在我国的译介和传播，以诠释学为背景、以中国传统经典诠释为基础的中国传统哲学反思和当代中国哲学史建设正悄然展开。越来越多的学者重视中国古代在经学基础上讲哲学的传统，从经典诠释的视角梳理、讨论、推动中国哲学史研究目前正在形成一个新热点、新方向，并逐渐成为当代中国哲学研究领域多元格局中的重要势力之一。

---

   * 原载《现代哲学》2016 年第 6 期，有删节，本文是未删节版。

  ** 韩星，中国人民大学国学院教授，博士研究生导师。

# 一　近代以来中国哲学史研究的反思

近代以来，在中国文化丧失主体性，中国学术传统割断的同时，我们自觉不自觉地被西化思潮主宰，引进移植西方学术分类和研究范式，这一点在中国哲学史研究方面特别明显。在中国传统文化中，学术分类以经、子、史、集为主体，没有近现代意义上的文、史、哲等学科的划分，其中经学独居学术研究和文化传承的主体地位，决定了中国古代学术思想的基本面貌和内在精神。在中国几千年的思想史上，无数圣哲睿智的探索与思考，提出了各种各样的思想观点，有着丰富的哲学内容，但"中国哲学"作为一个独立的学科门类的建立，则是晚近受到西方影响以后的事情。20世纪初，留洋的中国学者以胡适和冯友兰为代表，引进西方哲学研究范式，按照西方哲学的概念系统梳理中国的文献典籍，形成了中国哲学史这门学科。此后，中国哲学史研究就走上"以西释中"的西化误区，至今难以回归。具体分析这种西化误区，主要有以下几个方面。

第一，马克思主义教条化对中国哲学史的消极影响，集中体现在思维方式上。1949年以后，中国大陆政治运动一个接一个，学术研究被政治绑架，中国哲学史研究也不能幸免。20世纪五六十年代，中国大陆各方面受苏联影响，中国哲学史研究接纳了日丹诺夫的哲学史定义，即认为哲学史是"唯物主义与唯心主义斗争的历史"，唯物主义与唯心主义之间只有斗争性、没有同一性，并以此指导以后的中国哲学史研究。这无疑是一种形而上学的绝对化，进一步形成了对马克思主义的教条化以及以这种教条化的思维方式进行学术研究的倾向，在中国哲学史研究中集中体现为"对子论"，即在中国哲学史中把中国古代哲学家、思想家分成唯物主义与唯心主义两大阵营，以唯物/唯心、辩证法/形而上学、无神论/有神论、进步/保守、革命/反动等"二分法"分析他们的思想，这实际上就是一种典型的二元对立思维模式。1949年以后，中国哲学史研究的主流就是以这种思维模式来剪裁历史悠久、丰富多彩的中国古代哲学。由任继愈主编的四卷本《中国哲学史》（其中前三册"文革"前出版，第四册于1979年出版）可以说是1949年以后这种中国哲学史研究的"典范"。这套书的主体构架是社会历史五阶段论，这是中国马克思主义者公认的历史观。作者以这种历史观分篇展开论述，以社会经济发展、阶级斗争和思想斗争的关系为背景，以唯物论和唯心论的对立斗争为主线，将中国古代哲学家分成两大阵营进行评判。儒家学派中荀子、王充、王廷相、罗钦顺、王夫之等人因为具有唯物论或无神论倾向而得到较高的评价，这主要体现在自然观和认识论方面。对于儒家传统的主要代表人物，如孔子、孟子、董仲舒、韩愈、二程、朱熹、陆九渊、王守仁等人，则因他们具有唯心主义或具有唯心主义倾向而遭到贬斥，被整体性否定，只在某些局部略有肯定。这套书在大陆成为大学文科教材，对大陆当代学术思想有着广泛而持久的影响。后来，以这套教材的基础改写的《中国哲学史简编》，发行量很大，至今人民出版社仍在继续重印这套教材。

第二，唯科学主义。唯科学主义（scientism）指科学界的一种思想倾向，指试图把科学技术当成整个哲学的基础，并确信它能解决一切问题的哲学观点。在科学技术的整体中，唯科学主义又把自然科学奉为圭臬，把自然科学的思维方法简单地推论到社会生活中来。例如唯科学主义对达尔文的生物进化论特别钟情，并把它运用到人类社会，形成了社会达尔文主义，认为人类社会和生物有机体相似，社会与其成员的关系有如生物个体与其细胞的关系，并根据自然界"食物链"现象提出弱肉强食、物竞天择、适者生存等一系列观点，直接造成了把人类社会发展等同于自然发展、自然进化混同于人类进步、工具理性取代价值理性的倾向。唯科学主义渗透到社会文化的各个领域，并在 20 世纪 20~40 年代一度居于中国学术研究和社会思潮的主导地位，当时真有压倒一切之势。胡适曾说："近三十年来，有一个名词在国内几乎做到了无上尊严的地位；无论懂与不懂的人，无论守旧和维新的人，都不敢公然对它表示轻视或戏侮的态度。那个名词就是'科学'。这样几乎全国一致的崇信，究竟有无价值，那是另一问题。我们至少可以说，自从中国讲变法维新以来，没有一个自命为新人物的人敢公然毁谤'科学'的。"[1] 张君劢评论："盖二三十年来，吾国学界之中心思想，则曰科学万能。教科书之所传授者，科学也。耳目之所

① 胡适：《科学与人生观·序二》（一），辽宁教育出版社，1998，第 9 页。

接触——电灯、电话、自来水——科学也。乃至遇有学术之名，或以 ics 或 logy 结尾者，无不以科学名之。一言及于科学，若临以雷霆万钧之力，唯唯称是，莫敢有异言。"① 丁文江在科玄论战中把科学当成普遍实用的工具，宣扬科学万能论。他说："科学的目的是要摒除个人主观的成见——人生观最大的障碍——求人人所能共认的真理。科学的方法是辨别事实的真伪，把事实取出来详细的分类，然后求他们的秩序关系，想一种最简单明了的话来概括他。所以科学的万能，科学的普遍，科学的贯通，不在他的材料，在他的方法。"② 其实，唯科学主义是 20 世纪中国一种具有普遍性又比较分散的思潮，各家各派或多或少都有一定的唯科学主义思想，如自由主义者、西化派、马克思主义派等都不乏这种色彩的人；而同一人物，在不同思想层面或者不同历史时期往往既是某一思想派别的成员，又是唯科学主义思想的拥护者。唯科学主义对现代中国思想文化的宰制导致中国经典诠释的价值基础——人文精神——的失落，这已是不争的事实。当然，我们不应否定科学精神、科学研究方法对经典诠释的积极意义，但这个意义主要是一种工具意义，而不是价值意义，或者说经典提供价值观，科学给予论证。

第三，哲学观上的"西方中心主义"与中国哲学史研究的西化模式。"西方中心主义"是近代以来在西方逐渐形成的一种以西方文明为中心的意识，他们把西方文化看成世界上比其他任何民族和地区都先进的文化，是能够代表人类社会发展方向的、应该普及到全世界的文明形态。如果有哪些文化或文明要进行抵抗，他们就认为这都是野蛮、落后的表现，应该通过政治打压、军事侵略、文化征服来强制推行。"西方中心主义"近代以来许多中国人的思想有很大影响，很多中国人自觉不自觉地接受了这种观念，对自己的民族文化产生了自卑感，形成了民族文化虚无主义和对外来文化的盲目崇拜。这种盲目崇拜的实质，就是抛弃民族文化的固有根基，试图以外来文化取代本民族文化。借用牟宗三先生的话来说就是："这个时代本是西方文化当令的时代，人们皆一切以西方为标准。这不但

① 张君劢：《再论人生观与科学并答丁在君》，前揭书，第 57 页。
② 姜义华主编《胡适学术文集·哲学与文化》，中华书局，2001，第 307 页。

西方人自视是如此，民国以来，中国的知识分子一般说来，亦无不如此……说宗教，以基督教为标准，中国儒释道根本没有地位。说哲学，中国没有西方式的哲学，所以人们也就认为中国根本没有哲学。这样看来，中国文化当真是一无所有了。"① 对外来文化的盲目崇拜，1949 年以前在中国主要表现为欧美中心论的倾向，1949 年后则表现为苏俄中心论的倾向。这两种不同表现形式的西方中心主义，都是五四运动那股民族文化虚无主义的继续，既没有真正地理解西方文化，也没有在反思中真正理解自己的民族文化，其所导致的可以说是双重的恶果。

在"西方中心主义"的背景下，20 世纪以来的中国哲学史研究主要采取了西化模式。20 世纪中国哲学史研究范式转换的代表作是胡适的《中国哲学史大纲》和冯友兰的《中国哲学史》，二者都借鉴了西方哲学对哲学概念、范畴的界定以及对中国哲学学科边界的界定，借鉴了西方哲学的哲学方法、哲学体系，简而言之，就是用西方哲学的范式来处理、整理中国哲学的材料，形成了取代中国古代经学、子学传统的新的学术范式。

在传统中国，经学是所有学术的主体，其他一切学术都围绕经学，是经学的辅助。但是，近代以来经学式微，西学东渐，学界在寻求新的学术范式。西方哲学引进的目的本来是要建立中国哲学史学科，那么怎么处理与传统学术体系的关系，就成为当时哲学史家需要探索的重大学术问题之一。在胡适之前讲中国哲学史的学者对这个问题的认识还不是很清楚。陈黻宸就认为西方哲学就是古代的道术，而在中国，儒学（术）则是哲学的极致。后来谢无量的《中国哲学史》仍然把哲学混同和隶属于经学，也认为道术即哲学，儒学即哲学。胡适对这种"经学与哲学的疆界不明"的毛病进行了批评，强调"经学与哲学究竟不同：经学家只要寻出古典经典的原来意义；哲学家却不应该限于这种历史的考据，应该独立地发挥自己的见解，建立自己的系统"，因此，"经学家来讲哲学，哲学便不能不费许多心思力气去讨论许多无用的问题，并且不容易脱离传统思想的束缚；哲学家来讲古经，也决不会破除主观的成见，所以往往容易把自己的见解读到

---

① 牟宗三：《中国哲学的特质》，上海古籍出版社，1998，第 1 页。

古书里去"，进而提出："经学与哲学合之则两伤，分之则两收其益。"① 现在看来，胡适把哲学与经学相分离的认识也是走向了另一个极端，实际上他的哲学史写作是抛开了经学传统的，纯粹以子学的眼光来写作中国哲学史，这就挖去了中国哲学史的"根"。失根的中国哲学史就失去了中国文化的主体性，必然走到依傍西方哲学，乃至走到西方哲学附庸的道路上去。

胡适在《中国哲学史大纲》卷上的"导言"中对哲学下了这样一个定义："凡研究人生中切要的问题，从根本上着想，要寻一个根本的解决：这种学问叫做哲学。"② 蔡元培在给胡适《中国哲学史大纲》写的序中说，对于古代学术的叙述形式有两种：一是平行法，二是系统法。所谓系统法就是按照哲学思想发展变化的历史过程，以时间顺序梳理其演进的脉络。对此，胡适说："若有人把种种哲学问题的种种研究方法和种种解决方法，都依着年代的先后和学派的系统——记叙下，便成了哲学史。"③ 这种系统法是胡适从西方哲学史那里学来的，其《中国哲学史大纲》就是用系统法写成的中国哲学的发展演变史。这种哲学史是在"不能不依傍西洋人的哲学史"④ 的情况下，按照西方哲学的价值体系、观念系统、逻辑构架、问题意识及其话语系统对中国文化传统加以剪裁、演绎、梳理、编排之后，"以西释中"写成的，并且成为后来中国哲学史写作的基本范式。

此外，胡适的中国哲学史还有一种方法论化约倾向。就是在处理中国哲学史的问题时，他往往把"名学方法"看成哲学史的中心问题，不仅名家的名学，甚至老子、孔子和墨子的中心观念都要归到"名学"之下，才能构成他所说的哲学史发展的"内的线索"。"内的线索"是一种哲学方法，即西方哲学的逻辑 Logic⑤。胡适的《中国哲学史大纲》以化约主义的方式对传统哲学中的许多问题进行简化，他把许多散见于各种脉络里的思想陈述抽离出来，进行系统梳理。化约主义的方式往往会脱离著作文本发

---

① 姜义华主编《胡适学术文集·中国哲学史》下册，中华书局，1991，第 1071~1072 页。
② 姜义华主编《胡适学术文集·中国哲学史》上册，中华书局，1991，第 8 页。
③ 姜义华主编《胡适学术文集·中国哲学史》上册，第 9 页。
④ 姜义华主编《胡适学术文集·中国哲学史》上册，第 1 页。
⑤ 姜义华主编《胡适学术文集·中国哲学史》上册，第 522 页。

生的历史时代，把其所体现的原有思想体系进行简单化处理，造成对哲学史的主观建构，远离了中国文化本身的思想脉络。胡适"以西释中"的中国哲学史范式在失根的情况下就不可能很好地把握中国哲学固有的特点，甚至失去中国哲学的基本精神。陈寅恪在《冯友兰中国哲学史上册审查报告》中就指出这一点："今日之谈中国古代哲学者，大抵即谈其今日自身之哲学者也；所著之中国哲学史者，即其今日自身之哲学史者也。其言论愈有条理系统，则去古人学说之真相愈远；此弊至今日之谈墨学而极矣。"① 这段话显然是针对胡适的中国哲学史研究而说的。

　　冯友兰写作《中国哲学史》时面临的问题仍然是怎么处理哲学与经学的关系问题，而他更强烈地感受到了那个时代西学对中学的冲击。他说："西洋学说之初东来，中国人如康有为之徒，仍以之附会于经学，仍欲以旧瓶装此绝新之酒。然旧瓶范围之扩张，已达极点，新酒又至多至新，故终为所撑破。"② 在他看来，近代学者旧瓶装新酒已经行不通了，"旧瓶"也得换成"新瓶"，即中国哲学史必须与经学分离而独立，以西方哲学为蓝本来建立中国哲学史的学术范式。冯友兰受西方新实在论影响，强调在理性限度内来进行哲学史研究与写作。他认为，"中国哲学家的哲学，虽无形式上的系统，但如谓中国哲学家的哲学无实质上的系统，则即等于谓中国哲学家之哲学不成东西，中国无哲学"；"中国哲学家之哲学之形式上的系统虽不如西洋哲学家，但实质上的系统，则同有之"；因此，"讲哲学史之一要义，即是要在形式上无系统之哲学中，找出其实质的系统"③。这就是说，中国哲学有实质系统而缺乏形式系统，而形式系统主要指哲学逻辑体系的建构，这方面要以西方哲学为典范。因此，他说："西洋哲学之形式上的系统，实是整理中国哲学之模范。"④ 这就提出了以西方哲学的逻辑体系为典范来整理中国哲学的学术思路。他认为，哲学本来是西方来的概念，要了解其意义，不能只凭定义，而是要知道西方哲学一般的内容。

---

① 陈寅恪：《冯友兰中国哲学史上册审查报告》，《金明馆丛稿二编》，上海古籍出版社，1980，第 247 页。
② 冯友兰：《中国哲学史》下册，华东师范大学出版社，2000，第 5~6 页。
③ 冯友兰：《中国哲学史》上册，华东师范大学出版社，2000，第 10 页。
④ 冯友兰：《怎样研究中国哲学史》，载《出版周刊》，上海商务印书馆，1936。

如西方从古希腊就把哲学分成物理学、伦理学与论理学三大部分，柏拉图以后一般又分为宇宙论、人生论、知识论。中国人要研究自己的哲学史，就应对中国历史上出现的思想以上述类型进行分类整理。

胡适、冯友兰的共同点，就是以西学为衡量中学的标准。胡适说："我做这部哲学史的最大奢望，在于把各家的哲学融会贯通，要使他们各成有头绪条理的学说。我所用的比较参证材料，便是西洋的哲学……我们若想贯通整理中国哲学史的史料，不可不借用别系的哲学，作一种解释演述的工具。"① 冯友兰说："哲学本一西洋名词。今讲中国哲学史，其主要工作之一，即是就中国历史上各种学问中，将其可以西洋所谓哲学名之者，选出而叙述之。"② 金岳霖在审查冯友兰《中国哲学史》的报告中提出："所谓中国哲学史是中国哲学的史呢？还是在中国的哲学史呢？"③ 这是个非常重要的问题。前者是指具有独立性的中国哲学史，后者则是指以西方哲学为标准对中国固有思想文化进行剪裁、重构的哲学史。当时所谓中国哲学，就是这种"在中国的哲学史"，即作为西方哲学史翻版的"中国哲学史"。显然，这种对于"中国哲学"的理解是以西方哲学为依据的。这种哲学观上的西方中心论，在西方哲学作为唯一强势话语的理论背景下，为了与西方哲学进行平等对话，争取"中国哲学"学科的生存地位，是有其历史的合理性的。

胡、冯以后，中国哲学史研究的各派学者，无论是传统派、自由派，还是马克思主义派，都或多或少地把这种具有西学底色的"中国哲学"研究范式作为中国哲学史研究的普遍模式。张岱年与胡适、冯友兰相似，也认为中国古代哲学的特点之一是经学与哲学的结合，这实际上是把哲学束缚于经学之中。中国哲学史要独立于经学，就要以西方哲学为标准。他认为，"区别哲学与非哲学，实在是以西洋哲学为标准，在现代知识情形下，这是不得不然的"④。当然，他自己在后来的研究中也有意识地对胡、冯的

---

① 胡适：《中国哲学史大纲卷上·导言》，姜义华主编《胡适学术文集·中国哲学史》上册，第28页。
② 冯友兰：《中国哲学小史》，中国人民大学出版社，2005，序第3页。
③ 冯友兰：《中国哲学史》下册，第436页。
④ 张岱年：《中国哲学大纲》，中国社会科学出版社，1982，自序第17~18页。

偏向加以纠正，他说撰写《中国哲学大纲》的目的"是要寻出整个中国哲学的条理系统"，而"求中国哲学系统，又最忌以西洋哲学的模式来套，而应常细心考察中国哲学之固有脉络"①。通过写《中国哲学大纲》，他自觉地探讨了"中国哲学之特色"，即认为"合知行""一天人""同真善"是中国哲学的主要特点，"重人生而不重知论""重了悟而不重论证""既非依附科学亦不依附宗教"是中国哲学的次要特点，并强调《中国哲学大纲》是"中国系的一般哲学"②，这就是在以西方哲学话语为主的情况下探索中国哲学特殊的哲学体系和特色。

这样，中国思想的资源确实被哲学化、理性化和系统化了，但传统思想资源中具有的中国特色的哲学观念，如天人关系、古今之变、心性修养、道德人格等命题，则很不容易在西方以逻各斯为主的系统中找到恰当的解释与合理的安排。中国传统哲学所关注的历史，一是知识性的历史；二是存在性的历史，即通过经典的诠释以开显当下生命存在的意义，这也就是"道"。后一方面具有奠基性的作用。困扰中国哲学研究的大问题正是出在知识性层面上，从西方借用来的诠释框架和原则，跟传统经典文献和史事是相互外在的关系，诠释者、诠释对象和诠释框架成为相互分离的三个方面。研究者未能由历史生命的连续性出发，选择切合中国传统思想的内在理论原则，将使其研究仅仅关注于"知识性的哲学史"一极，脱离了传统的人文教养，脱离了传统学术的历史精神，在简单套用所谓本体论、认识论、价值论、理性主义、非理性主义，甚或唯物论与唯心论、辩证法与形而上学等概念模式来筛选、分析、重构中国传统哲学思想时，实质上已将一种作为生命整体的文化、学术精神从其活的历史连续性中抽离出来，蜕化为一种形式性的、抽象的语词，导致其思想性、哲理性的缺乏，亦失却其真实性和客观性的意义。③

中国哲学史研究进入 21 世纪遇到了新的困境和挑战，正如有学人所说："该想的都想到了，该说的也都说了，但除了古人头上不断变换的帽

---

① 张岱年：《中国哲学大纲》，中国社会科学出版社，1982，自序第 18~19 页。
② 张岱年：《中国哲学大纲》，序论第 3 页。
③ 李景林：《知识性的哲学史与存在性的哲学史——兼谈中国哲学的合法性问题》，《河北大学学报》2004 年第 4 期。

子和其位置的几度升降之外，我们究竟得到了什么？关键是我们无法用中国的原料、西方的调味品，再加上现代性的厨艺，配制出适合当代中国人口味的精神大餐，更遑论几代人梦寐以求的民族精神之盛宴。"① 在这种情况下就出现了中国哲学合法性危机的讨论，迫使我们反思 20 世纪以来中国哲学史研究的学术史。今天所谓"中国哲学"的"合法性"问题，仍然探讨的是相对于"西方哲学"而言"中国哲学"作为一个学科概念是否成立，为什么能够成立等问题，与中国哲学史界仍然以西方哲学为标准衡量中国哲学，按照西方哲学的概念、范畴、方法和理论梳理中国古代思想资源的学术活动有关。20 世纪以来我们不顾中国哲学的特殊性，强制性地将其纳入西方哲学的框架系统，不只会产生合法性危机的问题，而且使中国哲学丧失了作为中国哲学的精髓和神韵，这几乎已经成了人们的共识。②这种对中国哲学的解释可以说是"以西释中""汉话胡说"。中国思想经历了 2000 多年的"以中释中""汉话汉说"，20 世纪初进入"以中释中""汉话西说"阶段。在西方的哲学范式中，中国古代哲学不得不削足适履甚至被肢解扭曲，正是中国哲学西化的表征之一。针对此一问题，近年来又有人倡导回到"以中释中""汉话汉说"阶段。笔者认为，在今天要完全回到"以中释中""汉话汉说"的时代，似乎是不可能的，也没有必要。其实，中国哲学史的研究形成于 20 世纪中西古今文化冲突、交流、融会的历史时期，已经不可能完全脱离既有的话语环境。我们今天已经处在一个中西不可分割的对话的时代，不可能完全离开西方哲学谈中国哲学，既不能完全"胡说"，也不能完全"汉说"，而是应该在继承批判百年来哲学发展成就的基础上，对"以中释中""汉话汉说"的矫枉过正进行反思和调正，深入发掘中国传统经典的思想精华，在重新确立中国文化、中国哲学主体性基础上中西会通，整合中西，构建新的中国哲学形态，推进中国哲学史研究。

---

① 景海峰：《中国哲学面临的挑战和身份重建》，《深圳大学学报》（人文社会科学版）2003年第 5 期。

② 张志伟：《中国哲学还是中国思想——也谈中国哲学的合法性危机》，《中国人民大学学报》2003 年第 2 期。

# 二　以儒家为中心的中国经典诠释传统

什么是经典？《现代汉语词典》认为"经典"有三个基本含义，即"传统的具有权威性的著作""各宗教宣扬教义的根本性著作""著作具有权威性"。① 其他的语言工具书和百科全书的解释也基本上把"经典"一词的指称对象归结为典范著作和宗教经典。现在大家常说的经典一般是指具有原创性、奠基性、典范性、权威性，经过历史选择与考验，经久不衰的，在相关领域中最有价值的著作，后人尊敬它，称之为经典。

其实，"经典"一词古已有之。如果从广义看，先秦以来诸子百家都有他们各自的经典，儒家先有《六经》，后有《四书》，再后来发展到《十三经》；道家的《老子》《庄子》《列子》；墨家的《墨子》；兵家的《孙子兵法》；法家的《韩非子》；佛家的《心经》《金刚经》《坛经》；医家的《黄帝内经》；史家的《史记》，这些属于经典之作。如果从狭义看，自汉武帝"罢黜百家，独尊儒术"之后，一般所说的"经典"就专指儒家经典而言。这是由于秦汉以后儒家成为中国文化的主流，儒家经典相应地也就成为中国文化的代表性经典。

中国古代经典形成于中国历史的轴心时代。以儒家为例，孔子对上古三代流传下来的政治、文化史料进行了整理和研究，编撰成《礼》《乐》《诗》《书》《易》《春秋》作为教材教育弟子，这就是所谓"六艺"。司马迁在《史记·孔子世家》中曾说："孔子以《诗》、《书》、《礼》、《乐》教弟子，身通'六艺'者七十二人。"这"六艺"后来被儒家学者尊为"六经"，不但成为儒家，也是中国传统文化的基本经典。

"六经"当然不仅仅是教材，其实孔子在长期的学习和研究过程中对"六经"进行了创造性的诠释。如前所说，六经本来是上古三代政治、文化史料的汇编，《庄子·逍遥游》引老子的话说："夫六经，先王之陈迹也。"也就是说，孔子重视的六经是古代先王留下来的遗迹。章学诚也说：

---

① 《现代汉语词典》，商务印书馆，1983，第 598 页。

"六经皆史也。古人不著书，古人未尝离事而言理，六经皆先王之政典也。"① 这是说六经都是历史资料，原本只是古代先王政教典籍。"六经皆史"的观点尽管不是章氏首先提出的②，但他在一定程度上说出了一个历史事实，让人们重新认识到六经的本来面目。

但是，六经的本来面目是古代文献资料，却蕴含着丰富的思想资源。孔子整理六经是发明先王之大义，也表述一己之思想，这就是揭示其思想资源，目的就是让后人明白其中蕴含的修身、齐家、治国平天下的道理。对于孔子整理六经，诠释典籍的历史作用，清末学者皮锡瑞有深刻的评述："读孔子所作之经，当知孔子作六经之旨。孔子有帝王之德而无帝王之位，晚年知道之不行，退而删定六经，以教万世。其微言大义实可为万世之准则。后之为人君者，必遵孔子之教，乃足以治一国；所谓'循之则治，违之则乱'。后之为士大夫者，亦必遵孔子之教，乃足以治一身；所谓'君子修之吉，小人悖之凶'。此万世之公言，非一人之私论也。孔子之教何在？即在所作六经之内。故孔子为万世师表，六经即万世教科书。"③ 也就是说，孔子整理六经，挖掘其中的微言大义，形成了儒家思想体系，而其核心是修身、齐家、治国平天下的一套价值观，足以为万世修己治人的准则。因此，六经就成为后世上至帝王将相下至平民百姓的教科书，同时孔子本人也成为万世师表，对中国历史文化产生了深远的影响。具体说，孔子诠释六经的意义有以下几方面。

第一，从道统角度来看，孔子通过对六经的诠释揭示了六经所蕴含的道统思想，使上古三代的历史超越了时间的局限，成为儒者的社会理想和精神信仰。孔子生长在一个礼崩乐坏、天下无道的时代，他对道有了自觉的意识，这就是通过对礼乐文化的历史反思来"悟道"的，所体悟出来的是历史之道、人文之道。孔子苦心孤诣要找回的"道"，就是指儒家孜孜以求的古者先王之道，是尧舜禹汤文武周公一脉相承的文化传统，它代表着儒家文化的核心价值和最高理想。孔子的"道"自然是承继春秋以来中

---

① （清）章学诚：《文史通义》，辽宁教育出版社，1998，第1页。
② 详见蒋国保《章学诚"六经皆史"说新论》，《华东师范大学学报》（哲学社会科学版）2007年第6期。
③ 皮锡瑞：《经学历史》，周予同注释，中华书局，2008，第1~2页。

国文化由天道转到人道的这一历史趋势而进一步探讨的，其传统资源主要是礼乐文化，其价值指向基本上是人文精神，其归宿大体上是社会政治秩序的重建。①

第二，从学统来说，孔子通过对上古历史文化文献的整理和诠释，集古帝王圣贤之学之大成，遂成一家之学，形成了儒家学派。熊十力说："儒学以孔子为宗师，孔子哲学之根本大典，首推《易传》。而《易》则远绍羲皇。《诗》、《书》执礼，皆所雅言，《论语》识之。《春秋》因鲁史而立义，孟子称之。《中庸》云仲尼祖述尧、舜，宪章文、武。孟子言孔子集尧、舜以来之大成，此皆实录。古代圣帝明王立身行己之至德要道，与其平治天下之大经大法，孔子皆融会贯穿之，以造成伟大之学派。孔子自言'好古敏求'，又曰'述而不作'，曰'温故知新'。盖其所承接者既远且大，其所吸取者既厚且深。故其手定六经，悉因旧籍，而寓以一己之新意，名述而实创。是故儒学渊源，本远自历代圣明。而儒学完成，则又确始于孔子。"② 这就是说，以孔子为宗师的儒家思想是通过孔子和后儒对古代文化典籍的整理和诠释形成的，而这些文化典籍所代表的中国古代文化又是通过和依赖于孔子和后儒的诠释不断发扬光大的。这就是儒家一脉相承，代代相传，延续至今的学统。

第三，从诠释学角度来看，孔子通过对上古三代史籍的诠释，使史上升为经，成为一种具有绝对的道德价值评判的理想世界。上古三代政典到了周公制礼作乐特为详备，可谓集大成者。章学诚说："周公成文、武之德，适当帝全王备，殷因夏监，至于无可复加之际，故得藉为制作典章，而以周道集古圣之成，斯乃所谓集大成也……周公集羲、轩、尧、舜以来之大成。"③ 但是，孟子也说孔子是一个集大成的圣人，怎么来理解？其实，周公是集上古以来礼乐制度之大成，而孔子则是集上古以来思想学术之大成。《传习录上》说："周公制礼作乐以文天下，皆圣人所能为，尧、舜何不尽为之而待于周公？孔子删述《六经》以诏万世，亦圣人所能为，

---

① 韩星：《孔学述论》，陕西师范大学出版社，2008，第 1~2 页。
② 熊十力：《熊十力别集·读经示要》，中国人民大学出版社，2009，第 136 页。
③ 章学诚：《文史通义》，第 34 页。

周公何不先为之而有待于孔子？是知圣人遇此时，方有此事。"① 王阳明认为周公、孔子在不同的时代能够与时偕行，有各自不同的作为。牟宗三比较周公与孔子说："周公之制礼是随军事之扩张、政治之运用，而创发形下之形式。此种创造是广度之外被，是现实之组织。而孔子之创造，则是就现实之组织而为深度之上升。此不是周公的'据事制范'，而是'摄事归心'。是以非广被之现实之文，而是反身而上提之形上的仁义之理。……现实的周文以及前此圣王之用心及累积，一经孔子勘破，乃统体是道。是以孔子之点醒乃是形式之涌现，典型之成立。孔子以前，此典型隐而不彰；孔子以后，只是此典型之继体。"② "此典型"即指孔子的思想体系。

现在，我们重建中国诠释学，拓展包括中国哲学史研究在内的学术领域，就要回归元典，返本开新。为什么呢？这是由经典本身的特质与品性要求决定的。第一，经典必须具有原创性。它是通过把百姓日用而不知的东西进行自觉的定型化、规范化而提升出来的。第二，经典具有自己的开放性和发展性。它并不是固定化的死的文本，而是可以不断衍生的。第三，经典包含一定的核心价值观。这主要体现在实践层面、制度层面，而不仅仅限于观念。第四，经典不是指文本，而是着重于文本之中、文本背后所蕴含的原典性、基础性意义。这种意义具有自己的张力结构，它是所有历史行动的动力源。③ "这些典籍成书久远，又经过众手修订、筛选，虽然文字简约，却保存了大量社会史、思想史的原始资料，蕴含丰富，珍藏着各民族跨入文明社会前后所积淀的精神财富……元典作为'文本'，具有广阔的'不确定域'，经由历代解释者和阅读者的'具体化'和'重建'，构筑起愈益广大深厚的学说体系，方成为'高山仰止，景行行止'的圣书。即使在元典得以产生的经济基础、社会结构发生深刻异动的后世，元典因其内在精神的超越性和历代解释者的不断'重建'，而具有'历时愈久却光辉愈显'的不朽性。"④ 儒家经典的这些特性，使在以儒家为代表的中国经典诠释史上，思想的创新往往是通过回归元典，返本开

---

① 吴光等编校《王阳明全集》上，上海古籍出版社，2011，第14页。
② 牟宗三：《历史哲学》，广西师范大学出版社，2007，第88页。
③ 余敦康：《中国诠释学是一座桥》，《光明日报》2002年9月26日。
④ 冯天瑜：《中华元典精神》，武汉大学出版社，2006，第7~8页。

新，即对经典的创造性诠释推进思想文化的更新发展，这似乎已经成为中国思想史、中国哲学史上一个普遍性的规律。正如有学者所论：

> 回归原典，返本开新。这是古代思想文化发展的一个带有普遍性的规律。从中国思想史来看，每一次新的思潮都表现为对先前思潮的一种矫正，表现为一种向原典的回归，比如说，汉代经学的兴起表现为由先秦以来的百家之学向儒家六经的回归；而宋明理学创"道统"之说，摆落汉唐的名物训诂之学，直接孔孟的"性与天道"的心传；清初的经世致用之学的兴起、乾嘉汉学的兴起、晚清今文经学的兴起都有类似的情形。[①]

从今天诠释学的角度来看，中国古代虽然没有系统的成体系的经典诠释学的理论建构，但确实有悠久的经典诠释历史和诠释实践，形成了独特的经典诠释传统，形成了诸多有价值的，可以与西方诠释学相媲美的诠释方法和理论，只是没有有意识地概括、总结、提炼、升华，形成一门相对独立的边缘学科。

述而不作，信而好古。这是《论语·述而》载孔子所说，其字面意思是仅传述既有内容而不进行创作。但事实上，孔子一生对上古三代文献的整理研究在其传述中包含了创作的意涵。也就是说，孔子虽采取了"述"的形式，但有着"作"的内容。因此，也可以把这种经典诠释方式称作"以述为作，述中有作"，正如马宗霍所说："孔子于六艺，既有述有作，作固手定，述亦笔削，其间择改因革，大有经营，则亦自与泛言传述有别。"[②] 孔子开创的这一传统对日后中国经典诠释产生了重要影响。在一定意义上，"述而不作"成为中国经典诠释的基本形式特征。换言之，孔子之后，通过"传先王（贤）之旧"而进行传述和创作成为中国经典诠释的基本形态。"述而不作"的学术思路，与老子的"不破不立"比较可能是一种更好的诠释方式。

---

① 姜广辉：《新思想史：整合经学与子学》，《新哲学》，大象出版社，2003，第 109 ~ 110 页。
② 马宗霍：《中国经学史》，上海书店，1984，第 10 页。

　　"信而好古"体现了孔子对古代文化的认同和爱好，是珍视历史文化遗产的基本态度。当然，不能把"信"理解成盲目的信从，事实上孔子在具体学术活动中是注重考察、辨析的，如他教育子路说："知之为知之，不知为不知，是知也。"教育子张说："多闻阙疑""多见阙殆"（《论语·为政》）。因此，"信"更有"考信"的意识。"考信"，因考而信。这里都含有"科学精神"，可以为我们今天的哲学史研究所借鉴。

　　知人论世，以意逆志。"知人论世"出于《孟子·万章下》："颂其诗，读其书，不知其人，可乎？是以论其世也，是尚友也。"从诠释学的角度是说研习古代经典要全面了解经典作者所生活的环境和时代，深入探究其生平和为人，要穿越历史的隧道与作者做朋友，交谈对话，从而更好地理解经典的价值和意义。孟子的这一诠释学方法对后世的经典诠释产生了深远的影响，为历代学人自觉或不自觉地遵循。清代章学诚在《文史通义》中说："不知古人之世，不可妄论古人文辞也；知其世矣，不知古人之身处，亦不可以遽论其文也。"① "以意逆志"出于《孟子·万章上》："故说《诗》者，不以文害辞，不以辞害志；以意逆志，是为得之。"这里的"意"怎么理解？是"文辞之意"还是"读者之意"，历来各有其说。有人认为，"以意逆志"是以文辞之意去理解诗人之志。如清代吴淇在《六朝诗选定论缘起》中说："以古人之意求古人之志，乃就诗论诗。"有人不同意这种说法，认为"以意逆志"应该是以读者之意理解诗人之志，如宋代朱熹《孟子集注》云："当以己意迎取作者之志，乃可得之。"其实，上述两种观点都有片面性。诠释是一种精神性的沟通活动。诠释者在诠释经典时，从文辞进入是肯定的，但是不可能完全按照文辞之意去理解，很多时候往往渗进自己的观点。因此，把"以意逆志"看成按照文辞之意去逆作者之志是不确切的。那么，将"以意逆志"的"意"理解为读者之意，也似有不妥。如果这样，诠释者就可能撇开经典的原意，任凭自己的主观理解去解释，容易陷入主观主义的泥淖。"以意逆志"的"意"应该包含双重的内容，既是文辞之意，又有诠释者之意，强调诠释者在文辞之意的基础上要有自己的识见和悟性，在诠释活动中把两者结合起

---

　　①　章学诚：《文史通义》，第56页。

来，才能更好地探究、追溯的经典的本意、深意，实现对经典的创造性诠释。

书不尽言，言不尽意。这是《周易·系辞》引孔子的话说："书不尽言，言不尽意。"孔子提出了经典诠释中言不尽意的现象，同时也提出了面对这种困惑的迷茫："然则圣人之意，其不可见之乎？"他还提出了面对这个矛盾的解决办法："圣人立象以尽意，设卦以尽情伪，系辞焉以尽其言，变而通之以尽利，鼓之舞之以尽神。"这是关于经典、语言文字与其所表达的意义内涵之间复杂关系的诠释学命题。既然经典的语言文字只是尽可能简略地记录圣人的思想，那就不可能完满地表达圣人的思想，这样，后人在阅读和研究中就会出现不能充分理解圣人思想的问题。怎么办？以《周易》为例，圣人采取了立象、设卦、系辞、变通、鼓舞等办法，尽可能全面地传达其意。这说明，对《周易》的诠释不能仅仅从语言文字上字面理解，必须超越经典的语言文字的局限，体悟和把握圣人的思想精髓。庄子就言意关系也提出了自己的诠释。他是这样说的：

《秋水篇》中说："可以言论者，物之粗也；可以意致者，物之精也；言之所不能论，意之所不能察致者，不期精粗焉。"

《天道篇》中说："语之所贵者，意也。意有所随；意之所随者，不可言传也。"

《外物篇》中说："荃者所以在鱼，得鱼而忘荃；蹄者所以在兔，得兔而忘蹄；言者所以在意，得意而忘言。"

从以上论述，我们可以看到庄子主要表达了以下三个要点：（1）言只能表达物之粗，而意却能致物之精，故言不尽意。（2）言的重要在于表达意，而意又与道相关。道是不可言传的，因此，言只能得之于表。（3）言意相较，意比言更重要，因此，得意便可忘言。"得意忘言"可以说是对"言不尽意"的说明和发挥，这当然是站在道家的理路上，强调"得意忘言"是观照"道"的最高境界。王弼针对治《易》者在契会、解读《易》的过程中应当如何对待"言""象""意"三者的关系问题作了如下的论阐："故言者所以明象，得象而忘言；象者所以存意，得意而忘象。犹蹄者所以在兔，得兔而忘蹄；筌者所以在鱼，得鱼而忘筌也。然则，言者，象之蹄也；象者，意之筌也。"提出了"得意忘言"的玄学方法，而开一代新风。这似乎是直接受启于《庄子》，其实是又回到了《易传·系辞》，但强调的则是如何得道，是老子在大道无象的逻辑理路上的继续推进。郭象继之而有"寄言出意"之说，其《庄子注》的第一条注释说："鹏鲲之实，吾所未能详也。夫庄子之大意，在乎逍遥放达，无为而自得，故极大小之致，以明性分之适。宜要其会归，而遗其所寄，不足事事曲与生说，自不害其弘旨，皆可略之耳。"

六经注我，我注六经。《象山集·语录》中陆九渊说了这样一句话："或问先生：何不著书？对曰：六经注我，我注六经。"历来对"六经注我，我注六经"两句话多是浅层次的理解，并且常常把二者对立起来，向两个极端发挥，以至于似乎二者是不能相容的。其实，陆九渊的"六经注我"是指自己继承孔孟之道的解经方法，"我注六经"是指借六经阐发自己的思想的解经方法。二者在陆九渊本人并无矛盾扞格，而是相辅相成，相互促进的。当然，二者在陆九渊的诠释理论中也不是半斤八两、绝对平分的，陆九渊作为心学家虽然也承认"六经"的权威地位，却更注重道德践履，强调"自得、自成、自道，不倚师友载藉"[1]，形成了"收拾精神，自作主宰"[2] 的诠释学风格，自然会倾向于"我注六经"，甚至提出了"六经皆我注脚"狂语，说："学苟知本，六经皆我注脚。"[3] 在陆著中，"本"往往指称"道"，宋史象山本传干脆就作"学苟知道"，这说明他的"狂语"是有前提的，这就是儒家的道。

汉唐经学发展到中唐以后发生了转向，经历了由章句训诂之学向义理之学的转换，形成了宋学与汉学两派。汉学专事训诂名物、传注疏释，以训诂考证、字句解释为主，其极端是"六经注我"；宋儒治经重在阐发儒家经典中的大义和道理，讲究天道性命之学，其极端是"我注六经"。汉学、宋学诠释经典各有所长，也各有所偏，理想的应该是二者的结合。清儒戴震说："圣人之道在六经，汉儒得其制数，失其义理；宋儒得其义理，

---

① 《陆九渊集》卷三十五《语录》。
② 《陆九渊集》卷三十五《语录》。
③ 《陆九渊集》卷三十四《语录》。

失其制数。"① 但事实上二者结合不是那么容易，戴震的诠释也未尽是制数与义理结合的，他的名著《孟子字义疏证》，就主要是从文字训诂上对《孟子》一书的注释，试图发挥出义理来，但实际上他的发挥与孟子的意思距离很大。

在这样一些古代经典诠释方法和理论的基础上现代学人又在中西（外）文化冲突、交流、融会的时代背景下有新的阐发和创获，形成了一些新的诠释学方法和理论，如傅伟勋的"创造的诠释学"、成中英的本体诠释学、牟宗三的哲学诠释学、黄俊杰以孟子为中心的经典诠释学、汤一介创建"中国解释学"的构想等，这些都为我们研究中国哲学史提供了非常有价值的方法论，积累了丰富的经典诠释经验，对于中国古代思想文化的发展，对于中国古代社会核心价值观念体系构建和中华民族精神家园的建设起了极为重要的基础性作用。在中国传统文化走向复兴的今天，需要总结概括中国传统经典诠释的学术思想成果，这不仅对建构属于我们自己的中国诠释学，而且对中国哲学史的研究也有重要的启示和借鉴。因此，我们努力的方向应该是从我们的古圣先贤那里寻找智慧，从中国古代的典籍里面去寻找出路，使这些经典传统对我们的现实人生提供精神支撑，对我们的学术研究提供义理根据。

## 三　在传统经学的基础上深化中国哲学史研究

既然不能延续这种以西方哲学的概念、方法和理论框架梳理中国哲学的路子，那么是否可以考虑以中国传统的经典诠释方式来研究中国哲学？笔者想可以。

在经学的基础上，深化中国哲学史的研究要处理好近代以来困扰中国哲学史界的经学与哲学的关系。经学与哲学的关系的困惑源于近代以来的诸子复兴思潮。近代诸子复兴思潮把孔子与诸子、经学与子学平等看待。其实，在中国思想史上，经学与子学的关系是源流本末关系。《汉书·艺文志·诸子略》评述："诸子十家，其可观者九家而已。皆起

---

① 《戴震文集·与方希原书》。

于王道既微，诸侯力政，时君世主，好恶殊方。是以九家之术，蜂出并作，各引一端，崇其所善，以此驰说，取合诸侯……今异家者各推所长，穷知究虑，以明其指。虽有蔽短，合其要归，亦六经之支与流裔。""儒家者流……游文于六艺之中，留意于仁义之际。祖述尧、舜，宪章文、武，宗师仲尼，以重其言，于道最为高。"显然，诸子是"《六经》之支与流裔"，就是说，以六经为基础形成的"儒家与诸子的关系是以儒家为源，以诸子为流，以儒家为体，以诸子为用，以儒家为本，以诸子为末"①。但是，近代以来出现了讲中国哲学史以子学为主，摆脱经学的"失根"现象，使中国哲学史几乎成了无源之水、无本之木，造成了中国哲学合法性的危机。正如有学者所指出的："在中国古代两千多年的历史中，经学一直是社会的指导思想，自《庄子·天下篇》、《汉书·艺文志》以及后世关于经、史、子、集的文献分类等等，有关传统的思想文化的陈述都是以经学为纲统合子学的。后世无论多么伟大的思想家，其影响都是无法与儒家六经相比的。而两千年间的一般知识分子可以不读诸子百家之书，但很少有不学儒家经典的。若一部中国思想史（或哲学史）著作不包括经学的内容，你能说它是信史吗？即以子学而言，中国思想家（哲学家）的问题意识，多是从经学衍生出来的，许多哲学命题所讨论的正是经学中的问题，你如果不懂经学，如何能正确的理解那些命题呢？所以我认为，如果一位中国思想史（或哲学史）教授不懂经学，那他就没有资格讲授中国思想史或中国哲学史。……一部中国思想史或中国哲学史著作，若没有经学思想的内容，就等于没有了文化的根基和价值的本原，那岂不成了无源之水、无本之木？"②

从经典诠释与中国哲学史的关系上说，中国古代哲学就是在经典诠释的沃土中萌发生长的，整个中国经学史几乎可与中国哲学史相终始。中国古代哲学家往往通过经典诠释来建构自己的哲学体系，形成了不同于西方的哲学传统。中国哲学史上许多哲学家对具有原创性经典的注释如果具备

---

① 韩星：《儒经与中国文化》，《中和学刊》第一辑，陕西师范大学出版社，2008，第27页。

② 姜广辉：《新思想史：整合经学与子学》，《新哲学》第一辑，大象出版社，2003，第91页。

了原创性，这些注释也会成为经典，如汉代为《春秋》进行注释的"春秋三传"（《公羊传》《穀梁传》《左传》），为《仪礼》解释说明的论文选集《礼记》，宋明理学中朱熹的《四书章句集注》后来成为"经典"就是例证。中国经学史上从汉人重《五经》到宋人重《四书》的经典地位的变化，不但导致了儒学基本形态的转变，也使中国文化的核心价值观发生了根本性的变化，而这些变化正显示了经典诠释的神奇力量。"从一方面看，传统中国哲学家在经典之中，温故以知新，出新解于陈编；但从另一方面看，中国哲学家又以新知观照旧籍，赋古典以新义。从这种现象来看，传统中国哲学家常常身兼哲学史家的角色，他们贯通经典与哲思，求'一贯'于'多识'，寓判教于分疏，并在经典解释之中述'事'以昭'理'，言'理'以范'事'，将中国学术之道器不二、理事圆融、主客合一的特质展现无遗。在中国经典解释传统中，经典文本与解经者的哲学建构之间，存在着既不能分割，而又互为紧张的关系。两者之所以不可分割，是因为中国哲学家常常首先是哲学史家，他们经由古圣先贤及其经典的召唤，而浸润在古典的精神世界之中，他们'回顾性地'为经典作注解，正是他们'展望性的'哲学建构工作的起点。"[1] 所以，如果"从中国哲学史的整体发展来看，思想家以经典的注释、解说作为发展、建立、表达哲学思想的契机或形式已经成为惯例，这是中国哲学的发展史与西方哲学不同的一个重要特点"[2]。因此，梳理中国古代经典诠释传统中的哲学诠释传统对于推进中国哲学史研究、建立中国诠释学，可能会有基础性的意义。

# 四　结语

今天，我们在中国经典诠释学的基础上深化中国哲学史的研究，虽然要吸收西方诠释学的模式、方法和经验，但不能再像过去那样用西方的现成的东西来削足适履地把中国的东西硬塞进去，而是要在确立中国文化主

---

[1] 黄俊杰：《论经典诠释与哲学建构之关系——以朱子对〈四书〉的解释为中心》，《南京大学学报》2007 年第 2 期。
[2] 刘笑敢：《经典诠释与体系建构——中国哲学诠释传统的成熟与特点刍议》，《中国哲学史》2002 年第 1 期。

体地位的前提下，立足中国传统，以经学为中国哲学建构的主体，以子学、玄学、道学、佛学为多元辅助，借鉴西方哲学的话语体系来诠释和表述中国传统思想，使西方哲学的术语和概念服务于揭示中国传统思想的历史脉络和基本精神，使中国哲学史具有西方哲学的外貌而其实质却仍是中国传统思想本身，以实现经学模式向哲学模式的非断裂性转换，推动中国哲学史研究的不断发展完善。

# 存在与价值：张载佛道批判的核心问题<sup>*</sup>

江求流<sup>**</sup>

**摘　要**　儒佛之辨与儒道之辨构成了张载哲学的重要内容，而对存在本源的追问与对人生价值的安顿则是其中的两个核心问题。就前者而言，佛教主张"真如缘起"，以真如本心为万物的本源，但在张载看来，这一思想实质上是以精神实体为万物的本源，不具有真理性。因此他重新肯定了儒家以气为万物本源的思想，并对其真理性进行了论证，在此基础上对道家以无为存在本源的思想进行了批判。就后一问题而言，张载敏锐地发现，佛教以"涅槃寂灭"为人生价值安顿的根本方式，并以真如缘起思想为理论基础。在张载看来，既然真如缘起思想不具有真理性，这种价值安顿方式也就缺乏理论基础。道教以长生不死、羽化登仙为人生价值的终极所在，虽然也是以气化为理论根据，但在张载看来，气聚而为物，物散而为气都具有必然性，因此，长生不死、羽化登仙并不具有理论上的可能性。张载进一步批判了涅槃寂灭、长生不死等思想所具有的消极无为特点及其对社会的消极影响，并基于气化流行的生命共同体思想，对一种"存顺没宁"的儒家式人生价值安顿方式进行了阐发。

**关键词**　张载　儒佛之辨　儒道之辨　存在本源　人生价值

真正的哲学总是离不开对时代问题的关注与思考。当代著名哲学家冯契先生曾经以夫子自道的方式指出了这一点，他说：

---

\* 本文系国家社会科学基金项目"宋代理学的佛教批判及其现代意义研究"（17XZX012）的阶段性成果。
\*\* 江求流，陕西师范大学哲学与政府管理学院讲师，现于牛津大学从事访学研究。

　　一个思想家，如果他真切地感受到时代的脉搏，看到了时代的矛盾（时代的问题），就会在他所从事的领域里（如哲学的某个领域里），形成某个或某些具体问题。这些具体的问题，使他感到苦恼、困惑，产生一种非把问题解决不可的心情。①

　　真正的哲学总是哲学家们带着那种"非把问题解决不可的心情"对"时代的问题"所进行的回答，但哲学家们所面对的问题究竟为何，则因他们所处的时代而异。张载作为中国哲学史上最为深刻的哲学家之一，他的哲学体系的诞生也同样离不开其对时代问题的思考与回答。而张载所面临的时代问题的核心是什么呢？张载的学生范育曾经对张载所面临的时代性学术背景作了如下的交代：

　　　　自孔孟没，学绝道丧千有余年，处士横议，异端间作，若浮屠、老子之书，天下共传，与《六经》并行。而其徒侈其说，以为大道精微之理，儒家之所不能谈，必取吾书为正。世之儒者亦自许曰："吾之《六经》未尝语也，孔孟未尝及也"，从而信其书，宗其道，天下靡然同风，无敢置疑于其间，况能奋一朝之辩，而与之较是非曲直乎哉！②

　　范育的这一论述表明，张载所身处的时代是一个佛道（浮屠、老子）之学占据着思想主导地位的时代，而张载的哲学正是在与佛道之学"较是非曲直"的背景下产生的。

　　当然，张载之所以要与佛道"较是非曲直"，在于他深切地认识到，佛道之学虽然擅长谈论"大道精微之理"，但它们自身的理论却存在严重的缺陷。正如范育所进一步指出的：

　　　　使二氏者真得至道之要、不二之理，则吾何为纷纷然与之辩哉？

---

① 冯契：《〈智慧说三篇〉导论》，收入《认识世界和认识自己》，《冯契文集》（增订版）第一卷，华东师范大学出版社，2015，第5页。
② 范育：《正蒙·范育序》，载《张载集》，中华书局，1987，第4~5页。

其为辩者，正欲排邪说，归至理，使万世不惑而已。①

在这一意义上，张载对佛道之学的批判，并不能简单地看作对儒学的捍卫或守护，倘若如此，这仅仅在价值立场上捍卫儒家文化而已。事实上，对张载而言，他的工作之所以是一项哲学的工作而不仅仅是一项儒学的工作，就在于他是在一般理论的层面讨论问题，是在与佛道两家谈论"道"与"理"本身的"是非曲直"。换言之，张载是在一般理论的层面与佛道之学进行真理性的讨论，而不仅仅是以儒家的立场批判佛道之学。②需要进一步追问的是，张载与佛道之学的理论讨论所涉及的核心问题是什么？

## 一 存在的本源问题

哲学总是离不开对存在的无尽追问。而存在论的首要问题在于：经验世界中的万物从何而来？正如柏格森在思考存在与虚无之间的关系时曾经提到的："任何存在的东西从何而来？如何理解它？"③ 真正意义上的哲学思考都不可避免地涉及这一问题。事实上，张载与佛道之学的理论探讨所涉及的首要问题正是这一存在论的核心问题。就儒学而言，对万物从何而来这一问题的回答，在前张载时代是以汉代的元气论为主。然而，唐代的宗密曾经从佛教的理论出发对元气论提出了严厉的的批判，他指出：

> 万灵蠢蠢，皆有其本；万物芸芸，各归其根。未有无根本而有枝末者也，况三才中之最灵，而无本源乎？……今习儒道者，只知近则乃祖乃父，传体相续，受得此身，远则混沌一气，剖为阴阳之二，二

---

① 范育：《正蒙·范育序》，载《张载集》，中华书局，1987，第 5 页。
② 张载曾经言："庄、老、浮屠为此说久矣，果畅真理乎？"（《张载集·乾称篇》，第 63 页）这里的"真理"一词，表明张载是在真理性的层面与佛道之学较是非得失，而不仅仅是立场之争。
③ 〔法〕亨利·柏格森：《创造的进化》，肖聿译，译林出版社，第 256 页。

生天地人三，三生万物，万物与人皆气为本。①

在宗密看来，元气论"于天地人物不能原之至源"②。换言之，由于元气论对天地万物从何而来这一问题的回答并没有找到天地万物的真正本源，从而并不具有真理性。当然，宗密对元气论的真正不满在于，元气论未能对人这种特殊存在者的"本源"做出恰当的回答。在宗密看来，人这一存在者的特殊性在于人具有身、心两种因素。而元气论只是回答了人的身体的来源，但未能回答人的心灵的来源问题。在他看来，"身心各有其本，二类和合方成一人"③。基于这一前提，宗密在《原人论》的"会通本末"中部分地肯定了元气论的合理性，认为就人的身体这一层面的来源言，仍然要"以气为本"④。但人的心灵的本源则是来自"无始以来""不生不灭"的"本觉真心"⑤。从而，作为同时具有身、心两种因素的存在者，人的生成过程是元气与"真心"共同作用的结果："禀气受质，气则顿具四大，渐成诸根；心则顿具四蕴，渐成诸识，十月满足，生来名人，即我等今者身心是也。"⑥ 不过，这并不意味着宗密是二元论者。实际上，宗密并不承认气在存在论上具有根本性地位。在他看来，"究实而言，心外的无别法，元气亦从心之所变"⑦。在这一意义上，只有"本觉真心"才是包括人在内的天地万物的真正根源，而在存在论的层面，也只有这种"本觉真心"才具有最为根本的地位。

宗密的上述思想实质上是以大成佛学的"真如缘起"思想为基础的。"真如缘起"中的"真如"指的是"心真如"（又被称为"众生心"或"如来藏"等），"缘起"则是说真如不守自性，忽然起念，从而幻化出生

---

① 宗密：《华严原人论》，载石峻等编《中国佛教思想资料选编》（三），中华书局，2014，第386页。
② 宗密：《华严原人论》，载石峻等编《中国佛教思想资料选编》（三），第386页。
③ 宗密：《华严原人论》，载石峻等编《中国佛教思想资料选编》（三），第393页。
④ 宗密：《华严原人论》，载石峻等编《中国佛教思想资料选编》（三），第393页。
⑤ 宗密：《华严原人论》，载石峻等编《中国佛教思想资料选编》（三），第392~393页。
⑥ 宗密：《华严原人论》，载石峻等编《中国佛教思想资料选编》（三），第392~393页。
⑦ 宗密：《华严原人论》，载石峻等编《中国佛教思想资料选编》（三），第394页。

灭变化、万象森罗的万物。① 不过，佛教的这一思想一方面，存在将此岸世界虚无化的倾向，即张载所说的"以山河大地为见病"②；另一方面，将真如本心或本觉真心作为万物的最终本源，实质上是预设了一种超验的精神实体，并以这种精神实体为创生主体。在这后一意义上，宗密对"本觉真心"的理解与黑格尔的"绝对精神"具有极大的相近之处，黑格尔在言说绝对精神时曾说："一切问题的关键在于：不仅把真实的东西或真理理解和表述为实体，而且同样理解和表述为主体。"③ 而黑格尔的上述观念又与其基督教神学的思想背景密不可分，因为在他那里，所谓真理、绝对精神与神（上帝）的实质内涵是一致的。因此，无论是以宗密为代表的大乘佛学那里的超验心体，还是基督教神学那里的神，实质上都是一种具有创生能力的精神实体。然而，正如费尔巴哈对基督教的批判所言，"世界上最矛盾、最颠倒、最荒唐的事，莫过于让自然物由一个最高最完满的精神实体产生出来"④。由此可见，宗密以及佛教的上述理解的真理性是值得商榷的。

如所周知，在张载的成学过程中，"访诸释老之书"⑤ 对其学问的形成与发展具有重要的影响。而在这一过程中，以宗密为代表的佛教思想关于万物从何而来这一根本性的哲学问题的论述以及其对儒学元气论的批判，不可能不引起张载的注意。⑥ 当然，张载并不认同佛教的上述理论，而是对其进行了严厉的批判。他说：

> 释氏不知天命而以心法起灭天地，以小缘大，以末缘本，其不能穷而谓之幻妄，真所谓疑冰者与！⑦

---

① 参见高振农先生为《大乘起信论校释》（中华书局，1992）一书所做的序。
② 《张载集·太和篇》，第 8 页。关于这一点，后文还将有进一步的分析。
③ 〔德〕黑格尔：《精神现象学》，贺麟、王玖兴译，商务印书馆，1979，序言第 10 页。
④ 〔德〕费尔巴哈：《宗教的本质》，王太庆译，商务印书馆，2010，第 20 页。
⑤ 吕大临：《横渠先生行状》，见《张载集·附录》，第 381 页。
⑥ 冯友兰先生曾经指出，宗密的《原人论》"以儒、道所见，亦是真理之一部分，此已为宋明道学立先声矣。此论中又有许多见解，可以影响宋明道学者"。冯友兰：《中国哲学史》，商务印书馆，1984，第 798 页。
⑦ 《张载集·大心篇》，中华书局，1987，第 26 页。

> 释氏妄意天性而不知范围天用，反以六根之微因缘天地。明不能尽，则诬天地日月为幻妄，蔽其用于一身之小，溺其志于虚空之大，所以语大语小，流遁失中。①

这里的"以心法起灭天地""以六根之微因缘天地"都非常明显地指向了以宗密为代表的，将心作为万物本源的佛教思想。虽然不难发现，张载将佛教思想中作为客观精神实体的真如本心或本觉真心误解为作为主体的主观意识之心，从而也将大成佛学的真如缘起思想误解为贝克莱式的感知即存在，但张载的这一批判的真正要害在于，在他看来，佛教将某种精神性的存在作为天地万物的本源是不具有真理性的。就这一点而言，张载对佛教的批判与费尔巴哈对基督教的批判具有相通之处。

基于对佛教的批判与反思，张载对万物从何而来这一问题的回答，重新回到了宗密所严厉批判过的元气论，并再次将气作为天地万物的本源。因此，在涉及万物从何而来这一存在论的核心问题是，张载给出了非常明确的回答——气化而生："天地之始，固未尝先有人也，则人固有化而生者矣。盖天地之气生之也。"② "天地之始"固然"未尝有人"，当然也未尝有人之外的其他存在物，而人与万物从何而来呢？张载的回答是"天地之气生之"。不难发现，张载将气化看作万物生成的根本方式。正是在这一意义上，他非常明确地指出："游气纷扰，合而成质者，生人、物之万殊。"③ 天地间人与万物这些云云种种、千差万别的存在者从本源上说，都是气化的产物。

如前所论，以宗密为代表的佛教思想以本觉真心这类精神实体作为本源，这种思想对于生活在理性化时代的今人而言，其"颠倒""荒唐"的特征自不待言；而对于生活在宋代这一理性化思潮已经凸显的中国前近世社会而言，也同样很难为人们的经验理性所接受。相对而言，张载以气为万物的本源，一方面具有历史的合法性，因为正如杨儒宾先生所指出的，

---

① 《张载集·大心篇》，第26页。
② 引自朱熹《诗集传》，《全书》第1册，第675页。此条不见今本《张载集》，但朱子明确指出这是张载的话。
③ 《正蒙·太和篇》，《张载集》，第9页。

对于中国古典时代的学者来说，"不管他的思想属于什么形态，只要一言及创作、变化、生成，其间总有气的元素"①；另一方面，气所具有的物质性属性，也使以气为万物的本源，比以"心"这种精神性存在为万物的本源更容易为人们的经验理性所理解。这是因为，在有形的存在物与气之间的转化，就如同"冰凝释于水"② 一样，而冰与水之间的形态转化，对人类的经验理性而言，这是非常自然的事情。特别是，对于动物、植物这些存在物而言，从气的形态转化的角度，其生灭变化更是容易理解。如张载所说：

> 动物本诸天，以呼吸为聚散之渐；植物本诸地，以阴阳升降为聚散之渐。物之初生，气日至而滋息；物生既盈，气日反而游散。至之谓神，以其伸也；反之为鬼，以其归也。③

对于张载而言，动物、植物生灭变化如此，人类虽然是一种特殊的存在，但其生灭变化与动物、植物相比并没有任何特殊性可言。不难发现，张载以气为万物的本源，不仅具有历史的合法性，更能够得到人类的经验理性的支持，因此，相对于佛教"以心为法"的思想而言，他的这一思想在今天看来，也更具合理性与说服力。

以气化作为万物生成的根本方式，必然是建立在气的本源性存在之上的。正是在这一意义上，他提出了"太虚即气"这一命题。所谓"太虚即气"就是说气无处不在，弥漫于整个宇宙空间。④ 另外，正如日本学者山

---

① 杨儒宾：《异议的意义》，台湾大学出版中心，2012，第197页。
② 《张载集·参两篇》，第9页。
③ 《张载集·动物篇》，第19页。
④ 关于"太虚即气"的具体内涵，后文将做进一步的分析。实际上，太虚在张载那里基本内涵即是宇宙空间，他有时候也用"虚空"来指代"太虚"。因此，"太虚即气"有时候也被表述为"虚空即气"（《张载集·太和篇》，第8页）而张载之所以要提出"太虚即气"或虚空即气"的命题，显然是针对那种将太虚或虚空看作空无一物的观念，而这一观念在《金刚经》的如下论述中可以看到："须菩提：'欲意云何？东方虚空可思量不？''不也，世尊'须菩提：'男、西、北方，思维上下虚空，可思量不？''不也，世尊。'"现在在这里，佛教是将东西南北、上下思维所构成的宇宙空间看作空无一物。如果明确了这一点，就不难理解张载为何要提出"太虚即气"或"虚空即气"的命题，也不难理解张载那里，"太虚"的内涵了。

井涌所指出的那样，在中国思想中，气"是生命力、活力的根源。甚至可以认为，气具有生命力和活动力"①。由于气不是亚里士多德意义上的质料化的存在②，而是内在地具有生机与活力的，从而能够流转不息，化生万物。正是在这一意义上，张载说：

> 太虚不能无气，气不能不聚而为万物，万物不能不散而为太虚。循是出入，是皆不得已而然也。③

"太虚不能无气"所要强调的正是气在存在论上的本源性的地位。而万物的生成正是建立在气的本源性存在这一前提之下的。当然，这也意味着，在最为本源的存在状态下，在气之上或之外并没有真如本心或本觉真心这类精神实体的存在。另外，"气不能不聚而为万物"，这里的"不能不"意味着一种必然性，这种必然性意味着气必然地存在不断的气化过程中，万物由此得以生生不息。因此，万物的生成都是气聚而成的，或者说是气化的产物。

不过，如所周知，命题式、定义式的言说方式并不是中国思想的惯常思维，张载之所以要如此明确地提出"太虚即气"这一命题，既是对气在存在论上的本源性地位的强调，也是对他在"访诸释老之书"的过程中所遭遇的其他相关理论的回应。如所周知，"太虚"一词首见于《庄子》，但在后庄子时代，太虚一词被儒、释、道三家广泛引用④，然而，一些学者

---

① 〔日〕小野泽精一、福永光司、山井涌编《气的思想：中国自然观与人的观念的发展》，李庆译，上海人民出版社，2007，第336页。

② 对于亚里士多德而言，由于质料本身并没有内在的生机，因此由质料所构成的万物也没有内在的活力。在他那里万物的生机与活力最终只能来源于一种外在的、超验的存在者。更为确切地说，万物都是以上帝为最后的推动者的。亚里士多德的这一理解在西方哲学传统中具有根本性的地位和影响，以至于在以继承和复活西方古典思想为志业的怀特海那里，仍然为作为"不动的推动者"的上帝保留了位置。参见亚里士多德《形而上学》，苗力田译，中国人民大学出版社，2003，第254页。另参见阿弗烈·诺夫·怀特海《过程与实在——宇宙论研究》，李步楼译，商务印书馆，2011，第516~520页。

③ 张载：《正蒙·太和篇》，《张载集》，第7页。

④ 关于这一点，可以参见刘学智《关学思想史》，西北大学出版社，2015，第77、79页；林乐昌《论张载对道家思想资源的借鉴与融通：以天道论为中心》，《哲学研究》2013年第2期。

在涉及"太虚"与气或太虚与万物之间的关系时，出现了某些在张载看来不得不加以批判的偏差。这在张载的如下的论述中可以看到：

> 若谓虚能生气，则虚无穷，气有限，体用殊绝，入老氏"有生于无"自然之论，不识所谓有无混一之常；若谓万象为太虚中所见之物，则物与虚不相资，形自形，性自性，形性、天人不相待而有，陷于浮屠以山河大地为见病之说。此道不明，正由懵者略知体虚空为性，不知本天道为用，反以人见之小因缘天地。明有不尽，则诬世界乾坤为幻化。幽明不能举其要，遂躐等妄意而然。不悟一阴一阳范围天地、通乎昼夜、三极大中之矩，遂使儒、佛、老、庄混然一涂。语天道性命者，不罔于恍惚梦幻，则定以"有生于无"，为穷高极微之论。[①]

实际上，张君房《云笈七签》指出："三气混沌，生乎太虚而立洞，因洞而立无，因无而生有，因有而立空。空无之化，虚生自然。"[②] 这可以看作"虚能生气"的代表；而"万象为太虚中所见之物"则与澄观《华严经疏钞》中的"太虚含众像"[③] 之说非常接近。而澄观与张君房作为唐宋时期佛教与道教的重要代表性人物，张载在"访诸释老之书"的过程中不可能没有注意到他们的著作。

关于张载对佛教"谓万象为太虚中所见之物"的不满，涉及张载对价值世界的守护，我们留待下一部分再处理。而"虚能生气"这一观点则涉及本部分所讨论的存在的本源问题。不难发现，如果说"虚能生气"，那么气被理解为有限的被生成之物，而虚则成了更为本源性的存在。这与张载通过对佛教的批判所确立的气本论有着根本的矛盾。另外，"虚"自身所具于的"空""无"的内涵，使"虚能生气"与老子所说的"有生于

---

① 《张载集·太和篇》，第 8 页。
② 张君房《元气论》所引用《上清洞真品》之说，载张君房编《云笈七签》中册，中央编译出版社，2017，第 624 页。
③ 澄观：《华严经疏钞》。"太虚含众像"，或"万像为太虚中所现之物"，实际上是将太虚理解为一个纯粹空间了。

无"的思想很难划清界限。实际上，正如引文所示，张载敏锐地发现，"虚能生气"正是以"有生于无"为思想根基的。然而，对张载而言，在哲学上，"虚生气"或"无生有"是无法成立的，因为虚或无是非存在（"无穷"），而气或有是存在（"有限"），二者是完全异质的，因此是"体用殊绝"的，而从理论层面看，一种存在是无法生成另一种与自身完全异质的存在的，非存在更不会转化为存在，因此，"虚生气"或"无生有"自身在理论上是无法成立的。在这里不难发现，张载通过一种理论层面的真理性探讨，指出了"虚生气"或"无生有"自身的逻辑谬误性，从而对其加以否定。通过这一否定，张载重新捍卫了"气"在存在论上的本源性地位。

不过，正如张载所发现的，老子的"有生于无"之说，很容易被人们认为是"穷高极微之论"，换言之，"有生于无"这一理论是很容易为人们的经验理性所接受的。这是因为，对人们的经验理性而言，"气聚则离明得施而有形，气不聚则离明不得施而无形"[1]，对于有形的存在物而言，它能够为人们的目光（"离明"）所察知，人们不会否认其存在的真实性；但对于无形之气而言，其存在的真实性则是可以怀疑的。在这一意义上，如果如张载所言，万物都是由气化所产生，因此是"形聚为物，形溃反原"[2]，那么，这里的"原"究竟是什么？如果它不是有形、有象的具体存在，何以知道它不是"无"？不过，张载曾经追问道：

> 气聚则离明得施而有形，气不聚则离明不得施而无形。方其聚也，安得不谓之客？方其散也，安得遽谓之无？故圣人仰观俯察，但云"知幽明之故"，不云"知有无之故"。盈天地之间者，法象而已；文理之察，非离不相观也。方其形也，有以知幽之因；方其不形也，有以知明之故。[3]

这一追问的要害在于，如果有形、有象的具体存在物能够因为其能够

---

[1] 《横渠易说》，《张载集》，第 182 页。
[2] 《张载集·乾称篇》，第 66 页。
[3] 《张载集·太和篇》，第 8 页。

凭借其为人们的目光所察知从而证明自身的存在；那么，这不过表明，视觉主宰了人们的经验认知①；但人们对事物的认识不能仅仅停留在视觉这一感官认知的层面，而一旦认识上升到理性认知的层面，如果能够对事物"推本所从来"②，就会发现，有形之物有其"因"，而无形之物亦有其"故"。对张载而言，这里的"因"或"故"实质上就是气自身在存在形态上的转换。张载曾经用"冰水之喻"来说明这种转换：

> 气之聚散于太虚，犹冰凝释于水，知太虚即气，则无无。故圣人语性与天道之极，尽于参伍之神变易而已。诸子浅妄，有有无之分，非穷理之学也。③

冰与水的差异实质上是同一存在的两种不同形态，有形之物与无形之气不过是气的两种不同的存在形态。因此，有形之物的形体的消散，不是转化为无，而不过是转变了存在形态而已。更进一步而言，那种充盈、弥漫于宇宙空间（太虚）的无形之气，甚至是气的最为恒常的存在状态；而有形之物，作为有限的存在，反而不过是气的暂时形态："太虚无形，气之本体，其聚其散，变化之客形尔。"④ 也正是基于这一理解，张载断然否定了"无"在存在论上的实在性。⑤

通过对"无"在存在论上真实性的否定，张载实际上也就否定了"虚"或"太虚"在存在论上的真实性。事实上，正如物理学上的绝对空间不过是人类理性思维的抽象物而非一个真实的存在，对于张载而言，一

---

① 王夫之指出："老庄之徒，于所不能见闻而决言之曰无，陋甚矣。"（王夫之：《张载正蒙注》，中华书局，1975，第 239 页）又说："言有无者，徇目而已。"（王夫之：《张载正蒙注》，第 14 页）正是有见于此。
② 《张载集·太和篇》，第 8 页。
③ 《张载集·太和篇》，第 8~9 页。
④ 《张载集·太和篇》，第 7 页。在这一意义上，张载还说："金铁有时而腐，山岳有时而摧，凡有形之物即易坏，惟太虚无动摇，故为至实。"张载《语录（中）》，《张载集》，第 325 页。
⑤ 杨国荣老师曾经指出："以太虚之气为本体，物只有'如何在'（聚或散）的问题，没有'是否在'（有或无）的问题：散只是'反原'于太虚，而非走向'无'。在此，对存在方式转化（如何在）的关注，取代了对存在本身的质疑（是否在），世界的实在性则由此得到了本体论上的确认。"见杨国荣《张载与理学》，《人文杂志》2008 年第 6 期。

个空洞、空无的太虚也同样只能在思维的层面存在，在存在论的意义上，太虚同样不具有实在性。因此，将"太虚即气"理解为"气充盈、弥漫于一个作为空间的太虚之中"，不如说太虚本身就是气的一种本然的存在状态，正是在这一意义上，张载甚至说"太虚无形，气之本体"[①] 或"太虚者，气之体"[②]。进一步而言，通过对太虚在存在论上的实在性的消解，气在存在论的根本性地位则得以更为牢固地建立起来，从而也为张载对佛教、道教（家）的理论批判奠定了更为坚实的基础。

## 二　价值关怀的重建及其存在论基础

值得注意的是，张载在存在论层面与佛道所进行的理论较量，并不仅仅是一种哲学思辨的兴趣，而且与张载的价值关怀密不可分。张载的学生范育曾经敏锐地发现了这一点，他说：

> 至于谈死生之际，曰"轮转不息，能脱是者则无生灭"，或曰"久生不死"，故《正蒙》辟之曰："太虚不能无气，气不能不聚而为万物，万物不能不散而为太虚。"夫为是言者，岂得已哉！[③]

在范育看来，张载对气在存在论上的根本性地位的强调以及气的聚散与万物的生灭等问题探讨与其对"生死"这一问题的思考具有密切的关联。事实上，动物与植物不会思考生死问题，因此对生死问题的追问，总是人这种特殊的存在者在进行的追问。而人之所以会对生死问题加以追问，又与人对自身如何存在、向何而在的思考密不可分。在这一意义上不难发现，对生死问题的追问，首先不是一个理论问题，而是一个价值关怀的问题。当代著名神学家保罗·蒂利希甚至将生死问题看作人的根本性、最终的价值关怀，即他所说的"终极关怀"："人最终所关怀的，是自己的存在及意义。'生，还是死'这个问题，在这一意义上是一个终极的、无

---

① 《张载集·太和篇》，第7页。
② 《张载集·乾称篇》，第66页。
③ 范育：《正蒙·范育序》，载《张载集》，第5页。

条件的、整体的和无限的关切问题。"① 在张载的学术视野中，佛道两家对终极关怀的不同理解对他自身对终极关怀的理解产生了重要的影响。正如范育所概括的，佛教认为"轮转不息，能脱是者则无生灭"实际上将摆脱轮回作为自己的终极关怀之所在；而道教则追求"久生不死"，即以"长生不死"为自己的终极关怀。然而，无论是追求摆脱轮回，还是追求长生不死，都属于广义上的价值论虚无主义②，而其典型表现则是"生活没有意义"③。当然，对于佛教、道教等宗教而言，这里的"生活没有意义"虽然不会导致彻底的意义感的丧失，但它实质上是在将人生的价值寄托于彼岸世界的同时，将此岸世界的存在价值以及人在此岸世界中生存与作为的价值虚无化。张载对此有深刻的认识，这从他对佛教的如下批判中可以清楚地看到：

> 释氏语实际，乃知道者所谓诚也，天德也。其语到实际，则以人生为幻妄，以有为为疣赘，以世界为荫浊，遂厌而不有，遗而弗存。④

张载清楚地看到，佛道两家的终极关怀所带来的客观后果，在将此岸世界虚无化的同时，消解了人生在此岸世界中的价值依托，而这将进一步导致人不再以积极有为的态度对待人生，从而也使人不再会对社会与人伦有积极的责任与担当意识。

然而，与近代以来，哲学领域中价值与存在的脱离有所不同⑤，在佛教与道教那里，其价值取向并非一种主观的价值判断，而是与其对人与万

---

① 转引自〔美〕詹姆斯·C. 利文斯顿《现代基督教思想》下册，何光沪译，四川人民出版社，1992，第 697 页。

② 美国学者凯伦·L. 卡尔曾经区分了虚无主义的多种类型，即认识论虚无主义、真理论虚无主义、形而上学或本体论虚无主义、伦理或道德虚无主义以及存在主义或价值论虚无主义。参见〔美〕凯伦·L. 卡尔《虚无主义的平庸化：20 世纪对无意义感的回应》，张红军、原学梅译，社会科学文献出版社，2016，第 26~27 页。

③ 参见〔美〕凯伦·L. 卡尔《虚无主义的平庸化：20 世纪对无意义感的回应》，第 27 页。

④ 《张载集·乾称篇》，第 64 页。

⑤ Helmut Kuhn 指出："在现代价值学说的二元论观点中，价值是被从事实或事件之中被剥离的。"参见 Helmut Kuhn, "Facts and Values in Ethics," *Philosophy and Phenomenological Research*, Vol. 2, No. 4 (Jun, 1942), pp. 501-510。

物的生成、起源等存在论问题的理解密切相关的。正如有学者指出的：

> 道教的脱胎换骨、羽化登仙之术，佛教的摆脱轮回、涅槃寂静之说，无非是以非理性的方式对人们许下有关永恒存在之"彼岸世界"的承诺。然而，这种非理性的承诺，却有着高度发达的理性基础。①

这里所说的"理性基础"的实质含义在于，无论是佛教还是道教的价值关怀背后都有其自身的理论基础，而这一理论基础又以其对存在的本源的理解为核心。就佛教而言，其之所以将摆脱轮回、涅槃寂静作为终极关怀或终极的价值追求，正与其"真如缘起"思想所达成的对存在本源问题的理解密不可分。如前所论，正如在宗密那里，一方面将真如本心与气作为身与心的各自本源，另一方面又主张气也是由真如本心幻化而成，因此，气的存在，进一步而言，身体的存在并不是真实的存在，因此，对一个人而言，只有脱离身体的存在，回归到真如本心的本来样态才是其存在的真正归宿。正是在这一存在论基础下，涅槃寂静才会成为佛教的终极价值追求。而就道教而言，其之所以将长生不死作为自身的终极关怀与价值追求，在于其在理论层面上认为长生不死具有可能性，如张君房曾经指出：

> 人之生也，禀天地之元气，为神为形，受元一之气，为液为精。天气减耗，神将散也；地气减耗，形将病也；元气减耗，命将竭也。故帝一回风之道，溯流百脉，上补泥丸，下壮元气。脑实则神全，神全则气全，气全则形全，形全则百关调于内，八邪消于外。元气实则髓凝为骨，肠化为筋，由其纯粹真精，元神元气，不离身形，故能长生矣。②

道教一方面通过一套具体的修炼方法，为长生不死提供了更具可操作

---

① 赵峰：《朱熹的终极关怀》，华东师范大学出版社，2004，第17页。
② 张君房《元气论》所引用《上清洞真品》之说，见张君房编《云笈七签》中册，第624页。

性的修炼方法，同时又将这一修炼方法建立在其对"人之生"这一存在论问题的理解之上。对张君房等道教学者而言，人之初生，禀得的天地之元气本身圆满具足，后天的生老病死实质上是元气的耗散所造成的，因此，只要通过一定的修炼方式，使耗散的元气得到补充、保全，即可实现长生不死。

然而，在张载看来，佛道两家的价值关怀虽然都有其相应的理论基础，但这种理论基础本身是否具有真理性是需要检验的。在他看来，"彼语寂灭者往而不反，徇生执有者物而不化，二者虽有间矣，以言乎失道则均焉"①。所谓"失道"即是说这两种追究关怀，作为价值追求并不具有可能性。而之所以不具有可能性，在于其背后的理论根基缺乏真理性。这是因为，一方面，如前文所论，张载通过对佛教"真如缘起"以及对道家"有生于无"两种理论的批判，重新奠定了气在存在论上的根本性地位。以气为存在的本源，意味着在气之外没有并不存在真如本心这种精神实体，从而那种以真如本心为万物本源的思想不过是佛教的思想构造而不是真实的存在。另一方面，如张载所言：

> 天地之气，虽聚散、攻取百涂，然其为理也顺而不妄。气之为物，散入无形，适得吾体；聚为有象，不失吾常。太虚不能无气，气不能不聚而为万物，万物不能不散而为太虚。循是出入，是皆不得已而然也。②

以气为万物的真正本源，万物的生死实质上不过是气的聚散。而由于无论是气的聚而为万物的过程，还是物的散而为太虚的过程，都是气自身的内在机能所决定的（即"不得已而然"），这一过程不以人的主观意志为转移。③ 因此，作为个体的人也不可能实现涅槃寂静，以一种精神实体

---

① 《张载集·太和篇》，第 7 页。

② 《张载集·太和篇》，第 7 页。

③ 当然正如美国学者葛艾儒指出的，张载所说的气化万物的过程"并没有外力或造物主参与其事，完全是系统自身自成"。换言之，这一过程也由没有任何超验的主宰者的主导。参见〔美〕葛艾儒《张载的思想》，罗立刚译，上海古籍出版社，2015，第 42 页。

的方式存在于彼岸世界之中，实现"往而不反"；也不可能以肉身不死的方式，永久地存在于此岸世界之中，实现"物而不化"①。

不难看到，张载不仅对佛道两家在价值倾向上所表现出的价值虚无主义倾向有着清醒的认识，同时也对其相应的理论基础有着充分的了解。而尤其是通过对佛道两家价值虚无主义背后所具有的理论基础的真理性的批判，使佛道两家的价值追求丧失了理论根基。当然，张载对佛道两家的价值追求及其理论基础的批判，并不能仅仅看作一种出于儒学价值立场的门户之争。事实上，正如前文所论，张载对佛道的批判，始终是站在一种超越学派立场的平台上，在儒、释、道三家之间进行一场关于真理性本身的是非得失的评判。事实上，张载在"访诸释老之书"的过程中，不可避免地对佛道两家的价值追求发生过认同，同时也对其背后的理论基础进行过虚心的学习。但他最后之所以对佛道两家的价值追求发生了动摇，实质上是对其背后的理论基础的真理性发生了怀疑。而其最后对佛道两家价值追求的抛弃，正是建立在其对佛道两家价值追求背后的理论根基的彻底否定的前提之下的。

通过对佛道两家价值追求及其理论根基的反思批判，张载实质上是在对宋代社会的价值追求进行一种重估。事实上，佛道"以人生为幻妄，以有为为疣赘"的价值虚无主义倾向在当时社会造成了重要影响，在某种程度上已经成为当时社会的主流价值观念。② 正如张载所指出的：

> 自其说炽传中国，儒者未容窥圣学门墙，已为引取，沦胥其间，指为大道。乃其俗达之天下，至善恶、知愚、男女、臧获，人人著信，使英才间气，生则溺耳目恬习之事，长则师世儒宗尚之言，遂冥然被驱，因谓圣人可不修而至，大道可不学而知。故未识圣人心，已

---

① 三浦国雄正确地指出："追求不老不死的道教却是反'自然'的宗教。"（三浦国雄：《不老不死的欲望》，载《不老不死的欲求：三浦国雄道教论集》，四川人民出版社，2017，第223页）之所以说追求不老不死是"反自然"，正在于有生必有死乃自然规律，从而具有必然性。

② 在宋代社会，由于统治阶层的提倡与引领等因素，虽然表面上是三教并立，但三教中的儒家实质上处于非常弱势的地位，因此时人有"儒门淡泊，收拾不住"的感慨。在这一意义上，佛道两家的价值追求，实质上构成了当时社会的主流价值观。

> 谓不必求其迹；未见君子志，已谓不必事其文。此人伦所以不察，庶
> 物所以不明，治所以忽，德所以乱，异言满耳，上无礼以防其伪，下
> 无学以稽其弊。①

不难看到，佛道这种价值趋向事实上不仅造成了当时社会价值观念的混乱，并在事实层面上导致社会人伦的混乱以及人们社会责任观念的淡漠。事实上，正是这种价值观念的现实社会影响构成了张载对佛道之学流行的更为直接的担忧，从而促使张载展开了一场价值重估的工作。当然，这种重估并不能仅仅停留在对社会主流价值观的批判之上，事实上，要想真正消解佛道两家的价值虚无主义对社会政治的消极影响，必须从正面重建一种积极有为的价值观念，并为这价值观念奠定理论基础，而这正构成了张载哲学的核心任务。

事实上，佛道之学虽然在社会与人伦方面表现出消极无为的面向，从而放弃了对社会与他人的责任，但就其为实现自身的价值追求而精进不已而言，它并不是无所作为，而只是为自己负责而已。② 正如有学者所指出的，佛道的这种价值追求，作为一种终极关怀，实质上是"一种典型的个体本位型终极关怀，即使它慈悲为怀，不住涅槃，也只是通过一个一个地接引的方式来普度众生，并未对人类整体生存的内在结构发生兴趣"③。而张载之所以重新回归儒家积极有为的价值追求，正在于，与佛道的这种个

---

① 《张载集·乾称篇》，第 64 页。
② 在这一意义上，佛道两家的价值虚无主义，与现代性视域下的价值虚无主义又有着明显的差异。正如孙向晨分析的，在现代社会中，当人被理解为一种原子化的个人之后，"传统所赋予人们的诸多价值都是虚妄的，传统的道德便自被转化为'个体'主观喜好，道德所依存的共同体在这里并没有显示出任何价值。个体对自我之外的任何重大价值都采取漠然置之的态度。这种个体化、内在化过程对于现代社会任何超出个体范畴的价值目标都是一种严重的消解力量，人生的全部意义都局限于自我身行，这直接导致了价值上的迷失"（参见孙向晨《"山水"的超越性与现代社会的精神危机》，《文化纵横》2017年第 2 期）。换言之，现代性意义上的价值虚无主义表现为一种价值的迷失，从而这种迷失的极端形式表现为一种完全的无意义感，即加缪所谓以"对待生活的极端冷漠"为特点的"绝对的虚无主义"（参见〔美〕凯伦·L. 卡尔《虚无主义的平庸化：20 世纪对无意义感的回应》，第 25 页）。而自杀则构成了对这种无意义感的最终回应方式。但在佛道那里，对于彼岸世界、长生不死等的追求，使在佛教徒、道教徒那里不会出现完全的无意义感，因此，也不会出现自杀这种极端现象。
③ 赵峰：《朱熹的终极关怀》，第 20 页。

体本位的终极关怀不同，儒家的价值追求实质上是一种社会本位的终极关怀。这种儒家式的终极关怀，以一种炽热的儒家情怀为基础，它激发人们"强烈的社会担当意识，推动他们积极投身于现世事务——诸如改进现世政治，维护社会秩序，普及品众教育，关心百姓疾苦，等等。他们相信，这一切都关系到人类生存与发展的终极命运，都是他们责无旁贷的责任"①。张载曾经以"为天地立志，为生民立道，为去圣继绝学，为万世开太平"② 这一为人们所熟知的名言表达了这种强烈的儒家情怀与责任意识。正如杨国荣老师所指出的：

> 这里既体现了理想的追求，又包含内在的使命意识。理想的追求以"人可以期望什么"或"人应当期望什么"的问题为指向，使命的意识则以"人应当承担什么"的自我追问为内容。在张载看来，人为天地之心，民为社会之本，往圣之学体现了文化的精神命脉，天下安平则构成了历史的目标；理想的追求就在于真正确立人在天地之中的价值主导地位，顺应生民的意愿，延续文化的命脉，实现天下的恒久安平；而人的历史使命，便在于化上述理想为社会现实。不难看到，理想与使命在更内在的层面上所体现的，是普遍的社会责任。如果说，理想从目标、方向上规定了人的责任，那么，使命则通过确认应当做什么而赋予人的责任以更具体的内容。事实上，"为天地立心，为生民立道，为去圣继绝学，为万世开太平"，便同时以形而上的方式，凸显了人的普遍的社会责任。③

对"普遍的社会责任"的强调表明，在张载看来，人生在世不能只对自己负责，对社会与人伦采取消极无为的态度，而应以积极有为的态度对待社会与人伦，从而承担起相应的责任。

---

① 赵峰：《朱熹的终极关怀》，第 21~22 页。
② 《张载集·语录（中）》，第 320 页。《宋元学案》将这四句话表述为："为天地立心，为生民立命，为往圣继绝学，为万世开太平。"见黄宗羲著、全祖望补修《宋元学案》，中华书局，1986，第 664 页。
③ 杨国荣：《理学的伦理向度：从张载到王阳明》，《伦理学研究》2009 年第 1 期。

当然，对于张载而言，当他在理论层面上确认了佛道所提供的价值追求的荒诞性之后，以一种积极有为的态度承担起对此岸世界中社会与人伦的责任，就更显得具有合理性。但张载的深刻之处在于，他更进一步从人类存在方式的特殊性上看到了这一价值取向的存在论基础。在他看来，人的存在的本质特征恰恰是一种共在，而不是一种原子化的存在。张载在《西铭》一文中对人的共在特征进行了系统的阐发，他说：

> 乾称父，坤称母；予兹藐焉，乃混然中处。故天地之塞，吾共体；天地之帅，吾其性。民吾同胞，物吾与也。大君者，吾父母宗子；其大臣，宗子之家相也。尊高年，所以长其长；慈孤弱，所以幼吾幼。圣其合德，贤其秀也。凡天下疲癃残疾、独鳏寡，皆吾兄弟之颠连而无告者也。于时保之，子之翼也；乐且不忧，纯乎孝者也。[①]

《西铭》的这一论述实质上是从气化生物这一存在论出发的。[②] 从气化的角度说，天地被理解为一个大家庭，自我与他人、人与万物共同生存于这个大家庭之中，在这一意义上，个体在存在论的意义上从来就不是原子化的存在，与他人、与万物的共在构成了个体本然的存在样态。在张载看来，既然人与他人、与万物构成了同胞与伴侣式的存在关系，尊老爱幼乃至泛爱万物就成为普遍的行为准则。[③] 而这种普遍的行为准则并不是社会规范、习俗等后天行为准则的内化，而实质上是出于人性的内在倾向。

从人性的内在倾向的角度为人在社会人伦中的普遍责任提供依据，实际上涉及张载对人性的理解。张载曾言：

---

① 《正蒙·乾称篇》，《张载集》，第 62~63 页。
② 在张载那里，天地的实质仍然是以气为内涵的。这在"天地之气"（《张载集》第 7 页），"一阴一阳范围天地"（《张载集·太和篇》，第 8 页）以及"造化所成，无一物相肖者，以是知万物虽多，其实一物；无无阴阳者，以是知天地变化，二端而已"（《张载集·参两篇》第 10 页）等表述中都可以清楚地看到。
③ 杨国荣老师指出，在《西铭》之中"充满了温情脉脉的仁道意味，人与人之间亲如同胞，尊长慈幼成为普遍的行为准则"。见杨国荣《善的历程：儒家价值体系研究》，华东师范大学出版社，2009，第 252 页。

> 感者性之神，性者感之体。（在天在人，其究一也。）惟屈伸、动静、终始之能一也，故所以妙万物而谓之神，通万物而谓之道，体万物而谓之性。[1]

在这里不难看到，人性的实质内涵在于，它是主体内在的感通能力。[2]而这种感通能力作为人的天性，具有普遍性。换言之，它是每个人都先天具有的。实际上《西铭》中的"天地之帅，吾其性"也正是要强调人性的这种普遍性。进一步而言，在张载看来，感通的具体形式则表现为爱与恶这种自然的道德情感，他说："气本之虚则湛无形，感而生则聚而有象。有象斯有对，对必反其为；有反斯有仇，仇必和而解。故爱恶之情同出于太虚。"[3] 正如孔子所言，"唯仁者能爱人，能恶人"，因而仁爱之心正是通过好恶的形式得以表达的。更进一步而言，因感通所引发的好恶，在实质的层面上触发了人们主动地承担起对他人、对社会乃至对万物的关爱与责任意义。在这一意义上，进一步指出：

> 性者，万物之一源，非有我之得私也。惟大人为能尽其道，是故立必俱立，知必周知，爱必兼爱，成不独成。彼自蔽塞而不知顺吾理者，则亦未如之何矣。[4]

"性者万物之一源，非有我之得私也"强调的是作为人性的感通能力的普遍性，而以这种感通能力为人性基础，人们即可以做到"立必俱立，知必周知，爱必兼爱，成不独成"。虽然张载在这里以"大人"这种特殊的主体立论，但这并不意味着一般人不能具备这种关爱与责任的能力。因为在张载看来，之所以会出现放弃承担社会与人伦责任的现象，毋宁是那些人对自我本性的遮蔽，即张载所说的"自蔽塞而不知顺吾理"的结果。

---

[1] 《张载集·乾称篇》，第63～64页。

[2] 张载对人性的这一理解，在朱子那里得到了系统的发挥。参见拙文《修为以复性：朱子的问题意识及其展开》，博士学位论文，华东师范大学，2015。

[3] 《张载集·太和篇》，第10页。

[4] 《张载集·诚明篇》，第21页。

而在佛道两家那里，之所以会出现"人伦所以不察，庶物所以不明"的状况，正是建立在他们"以感为幻妄"① 的前提之下的。而这种理论层面上的"以感为幻妄"，正是为了斩断人伦这种本然的存在方式，从而进一步放弃对社会与人伦的责任。② 不难看到，张载对感通能力的阐发，也与其对佛教的批判密不可分。③ 而其对感通与社会人伦责任之间内在关联的阐发，也为批判佛道的价值取向提供了人性的根据。

———————————

① 《横渠易说》，《张载集》，第 126 页。
② 杨立华先生也曾经做了相近的分析，他指出："'释氏以感为幻妄'，其教理'大概且是绝伦类'，是要斩断伦常间的关联感通。而'感'的真实且普遍的存在，则在根本上构成了对儒家生活方式的确认。"参见杨立华《气本与神化：张载哲学述论》，北京大学出版社，2008，第 104 页。
③ 杨立华也指出了这一点：张载"对'感'的突出强调背后潜藏着的冲动：从思理上对治释氏之'以感为幻妄'"。见杨立华《气本与神化：张载哲学述论》，第 104 页。

# 自由与正义

# 改革开放 40 年当代中国自由观研究六题<sup>*</sup>

寇东亮<sup>**</sup>

**摘　要**　改革开放 40 年，当代中国自由观研究大体经历了四个阶段，主要涉及六个方面的议题，即"社会主义自由"的自我辩护、马克思主义自由观的系统阐释、社会主义自由观的创新建构、回应自由主义挑战、梳理中国思想中的自由传统、当代中国自由实现的实践路径。当代中国自由观研究存在三个突出问题：一是马克思主义自由思想的指导地位有待进一步强化；二是自由思想资源及其结构有待进一步优化；三是中国传统自由思想及其与当代中国自由观的关系的研究有待进一步拓展和深化。应在比较、甄别和融通马克思主义、中国传统文化、自由主义等不同自由思想资源的基础上，优化当代中国自由观研究的思想资源结构，提升当代中国自由观研究水平。

**关键词**　改革开放　自由　自由观　社会主义

改革开放 40 年，当代中国自由观研究大体经历了四个阶段。一是 1980 年代自由观研究的初步展开。在反思"文革"和批判"自由化"思潮的过程中，围绕自由与必然、人性、异化、人道主义、思想解放、民主、法制、纪律、个人价值等的关系，在实践哲学、主体哲学、历史哲学、人文学等知识视域中，着力研究自由问题。二是 1990 年代自由观研究的逐渐深化。在探究市场经济和辨正"市场化"浪潮的进程中，围绕自由与市场、商品、货币、资本、拜物教、市民社会、人的全面发展等的关

---

　*　本文系国家社科基金重点项目"中国特色社会主义自由观建构中的思想资源及其创新整合研究"（17AKS009）的阶段性成果。

**　寇东亮，陕西师范大学哲学与政府管理学院教授，博士研究生导师。

系，在价值哲学、人学、经济哲学、社会哲学、道德哲学等知识视域中，着力研究自由问题。三是 2000 年代自由观研究的不断突破。在探究和谐社会和思考"全球化"趋势的过程中，围绕自由与自由主义、和谐社会、法治、依法治国、平等、公平正义、公民意识等的关系，在价值哲学、政治哲学、发展哲学、管理哲学等知识视域中，着力研究自由问题。四是 2010年代自由观研究的全面推进。在探究全面深化改革和解答"多极化"走向的过程中，围绕自由与新自由主义、创新、善治、协商民主、美好生活等的关系，在中西马的融通中，着力研究自由问题。自由观研究的四个阶段，论域宽广，问题繁多，成果丰富，观点纷呈。就其涉及的基本议题而言，主要可归纳为六个方面。

## 一 社会主义自由：一个概念<br>或观念的自我辩护

中国是社会主义国家，社会主义是当代中国自由观的"底色"。但是，由于各种历史的、实践的和观念的原因，对我们来说，曾在相当长一个时期，"社会主义自由"似乎并不是一个自明的概念或观念。尤其是在改革开放初期，在开启解放思想、实践标准、自主权落实等进程中，"社会主义自由"作为一个概念或观念的合理性和合法性，更是亟待澄清和确证。这种自我辩护甚至一直持续至今。国内出版《社会主义与自由》（李洪林，上海人民出版社，1980）、《论社会主义自由》（万斌，群众出版社，1982）、《社会主义与自由、平等、博爱》（李步楼等，湖北人民出版社，1987）、《自由、平等与中国特色社会主义》（陈士军，科学出版社，2014）等论著，译介日本学者藤井一行 1976 年出版的《社会主义与自由》（黑龙江人民出版社，1982）、意大利思想家卡洛·罗塞利1930 年出版的《自由社会主义》（吉林出版集团有限责任公司，2008）等论著，都旨在从理论、历史和实践等不同角度为"社会主义自由"呐喊和辩护。

其一，凸显科学社会主义的"自由"维度。从经典马克思主义文本学角度看，《共产党宣言》的"每个人的自由发展是一切人的自由发展的条件"；《1857—1858 年经济学手稿》的 "建立在个人全面发展和他们的共同的生产力成为他们的社会财富这一基础上的自由个性"；《资本论》的 "以每一个个人的全面而自由的发展为基本原则的社会形式"；《社会主义从空想到科学的发展》的 "人终于成为自己的社会结合的主人，从而也就成为自然界的主人，成为自身的主人——自由的人"，这些论述都表明，自由是马克思主义创始人对科学社会主义的一个根本价值规定。但是，囿于历史条件、时代任务和理论主题，尤其是在马克思时代社会主义实践的有限性，马克思主义创始人建构的科学社会主义自由观更多地具有理论性、原则性和预测性。同时，马克思主义的本质是批判，从建构新世界观出发，为了揭示人的自由解放的现实道路，马克思更多关注社会经济结构和社会发展的客观规律、无产阶级政治解放的理论与实践问题，着力于批判和超越资产阶级自由观，对于科学社会主义视域的自由问题没能进行充分的正面阐述和详细论证。在批判资产阶级 "自由、平等、博爱" 观念中，对其历史进步作用和合理因素没有给予充分肯定，过于强调社会主义思想与资产阶级思想的对立和斗争，在一定程度上遮蔽了社会主义的自由本质。在一定意义上，这种状况导致一些社会主义者把自由与社会主义对立起来。改革开放 40 年，我们普遍意识到，自由个性、自由人联合体和自由王国，是经典马克思主义者对个人发展、社会进步和人类文明理想状态的设定，自由是社会主义社会的内在规定。

其二，反思现实社会主义在 "自由" 问题上的失误。新中国成立后的一个时期，由于片面理解马克思无产阶级专政学说，由于封建主义和 "左" 倾思想的影响，我们曾一度过分强调国家的集权性质和专政职能，强化国家对社会领域的全面干预和控制，民主法制不健全，抑制了人们对于自由的合理要求和愿望，自由在很大程度上成了 "禁区"，造成了 "谈自由色变" 的局面。同时，社会主义社会在实践中出现的失误和偏差，给社会主义自由的实现造成了一些不利影响。学界强调，自由体现了社会主义的本质特征和价值目标。2004 年，高放在《论社会主义与自由》一文中强调，没有自由，就没有社会主义。背离自由是苏联模式社会主义的一大弊端，使社会主义与自由、民主相分离、相分割，这是 20 世纪社会主义运动出现的怪事、憾事、错事、丑事、坏事。我们必须从中国实际出发，逐步发展社会主义自由。①

其三，批判自由主义者对"社会主义自由"的质疑和攻击。20世纪中后期以来，波普尔、哈耶克等将极权主义的理论渊源追溯到马克思。波普尔将马克思的历史唯物主义视为一种封闭的历史决定论或历史主义，将这种理论当作专制主义、极权主义和反自由的思想根源之一。哈耶克通过复兴古典自由主义，把社会主义视为"通往奴役之路"。批判自由主义者对社会主义自由的批评和攻击，既是社会主义自由的自我辩护，更是社会主义自由观建构的重要前提和基础。自由主义把自由仅当作以自主性为核心基质的个人自由和建立在个人自由基础上的政治自由，这种自由思想的根本特点是把对物理世界必然性的认知排除在自由的视野之外，把自由分配即制度设计看作自由的全部内容，而对自由生产即某个特定社会自由分配制度的前提条件漠不关心，或者仅仅归因于"自然法"或"社会契约论"之类的逻辑童话。自由既是现实的幸福，也是历史的终极价值。把自由看作终极价值，就意味着自由是目的而不是单纯的手段，自由是一个过程。②

其四，确立社会主义自由的意识形态话语权。改革开放以来，自由观念不断得到主流意识形态的明确认同和肯定。1986年9月，中共十二届六中全会通过的《中共中央关于社会主义精神文明建设指导方针的决议》指出："在人类历史上，在新兴资产阶级和劳动人民反对封建专制制度的斗争中，形成民主和自由、平等、博爱的观念，是人类精神的一次大解放。"1997年9月，中共十五大报告把自由视为社会主义人权的基本内容，强调保证人民依法享有广泛的权利和自由，尊重和保障人权。2007年10月，中共十七大报告把自由确立为社会主义公民意识的基本理念之一，强调加强公民意识教育，树立社会主义民主法治、自由平等、公平正义理念。2012年11月，中共十八大报告强调倡导富强、民主、文明、和谐，倡导自由、平等、公正、法治，倡导爱国、敬业、诚信、友善，积极培育社会主义核心价值观，把自由提升为社会主义核心价值观的基本要素之一。

---

① 《高放自选集》，中国人民大学出版社，2007，第169页。
② 成林：《新自由论》，复旦大学出版社，2016，序第1~3页。

## 二 马克思主义自由观：一种 返本开新意义的新阐释

全面认识和深入阐释马克思主义自由观，是社会主义自由自我辩护的前提和基础。改革开放 40 年，在"返回马克思""走进马克思""回到马克思""重构马克思"的致思进路中，经典马克思主义、列宁主义、中国化马克思主义、西方马克思主义等的自由思想，成为学术界持续关注和探究的议题。

在关于马克思主义哲学主体性、实践性等问题的讨论中，人们强调和凸显马克思主义哲学的自由本质。1998 年，国内译介苏联学者杜娜叶夫斯卡娅于 1957 年著的《马克思主义与自由》。杜娜叶夫斯卡娅在初版导言中指出，马克思主义是一种解放理论，否则它就什么也不是。杜娜叶夫斯卡娅把马克思与黑格尔更紧密地联系起来，而自由就是这种联系的纽带。与黑格尔不同的是，在马克思的心目中，自由的实现与新社会的诞生相伴随，并且是通过工人阶级自我活动实现的。① 自由范畴始终是伴随马克思哲学思想发展的一个核心范畴。自由是马克思哲学研究的起点，也是马克思哲学实现的终点。马克思主义哲学原理范式应走向"创新-自由"的实践哲学范式。在马克思主义哲学原初语境，自由是最为根本的"存在意义"。"实践"的本质与其用"劳动"表达，不如用"创新"表达更为准确。从本质上说，"自由"是当下时代最为根本的"存在意义"。但"原理范式"关注的"自由"，已经不是纯粹"信仰意蕴"上的"本体意蕴"的"终极自由"，而是融入了"现实意蕴"，即追求在现实生活世界能够实现的"自由"。"原理范式"更为强调"自由"的可操作性。②

在现代性观念谱系中，人们对自由概念的理解最为丰富而庞杂。澄清自由概念的内涵和外延，是理解马克思主义自由观的重要方面。在经典马克思主义者看来，自由是一个关系概念和过程概念，是实然与应然的统

---

① 〔美〕杜娜叶夫斯卡娅：《马克思主义与自由》，傅小平译，辽宁教育出版社，1998，序言。
② 许俊达等：《马克思主义哲学范畴史要略》，上海社会科学院出版社，2015；任平主编《当代中国马克思主义哲学研究（2013）》，中央编译出版社，2013，第 28～32 页。

一，具有多维性，需要从关系、活动、个性等不同维度理解。自由是真善美的统一，是人在活动中通过认识和利用必然表现出的一种自觉、自为、自主的状态和境界。这种状态和境界在三个维度展开，并由此形成"三维自由"，即人与外部世界的主体-客体关系中的主体自由；人对他人的主体-主体社会关系中的社会自由；人对自身的主体-自身关系中的个性自由。① 从"自由的概念史与社会史"的内在关联来看，自由概念有两条形成线索，一条在人类的社会生活中展开，是自由的社会史；另一条在人类的意识中展开，是自由的概念史。在自由思想的历史演进中，这两条线索经历了从古希腊的合一到希腊化晚期的分裂再到近现代的统一的过程。马克思把自由的社会史和自由的概念史统一于社会现实，强调把自由实现于社会实践中，实现于共产主义运动中。② 从马克思自由概念的内在生成逻辑来看，马克思自由概念具有四重含义，即作为道德原则的自由、作为理性本质的自由、作为人的本质的自由、包容历史必然的自由。③ 从一般意义看，马克思自由概念具有六重含义，即消极自由与积极自由；作为活动的自由与作为精神的自由；作为历史过程的自由与作为历史产物的自由；作为目的、理想的自由与作为价值的自由；具体自由与抽象自由；社会自由与个人自由。④

　　就马克思主义自由观在人类自由观中实现的革命性变革来看，马克思在主客体统一原则的基础上，建构了一种超越传统本体论自由观和认识论自由观的实践自由观。马克思批判了消极自由的狭隘性，倡导一种积极自由。自由意味着自我决定和自我创造，是主体本质的自我实现。实践和自由是一个问题的两个方面。⑤ 自由和实践相比，实践是自由的灵魂，实践是自由之源。从根本上说，实践对自由具有决定性的作用。自由取决于实践，社会实践的历史性决定了自由的相对性，自由是相对性和绝对性的统一。⑥ 马克思以人的劳动本质内在规定为依据，以劳动的历史发展为线索，

---

① 贾高建：《三维自由论》，中共中央党校出版社，1994，第 4~5 页。
② 侯小丰：《自由的思想移居：概念史与社会史》，中国社会科学出版社，2014，第 1~33 页。
③ 刘伟：《马克思的自由理论》，人民出版社，2012，第 72~106 页。
④ 陈刚：《马克思的自由观》，河南人民出版社，1996，第 131~145 页。
⑤ 高清海主编《马克思主义哲学基础》下册，人民出版社，1987，第 440~441 页。
⑥ 张金华主编《自由论——一个热门话题的反思》，上海人民出版社，1990，第 76~98 页。

从劳动的社会性出发，诠释自由概念，阐明自由的历史性、客观性和社会性，揭示自由发展的历史阶段及其基本特征，澄清自由的阶级性与非阶级性，分清马克思主义自由论与资产阶级自由论的本质区别。学者们把马克思自由观置于现代西方思想的演进中，揭示其历史意义和当代价值。比如，马克思和海德格尔二人都自觉地拒斥近代主体哲学或意识哲学，并试图将人及其自由置于世俗的、与人互动着的现实关系中来加以考察，就此而言，二者同为存在论哲学。但关于现实的人及其自由的理解，两者之间存在深刻的差异：海德格尔所理解的人及其自由，是日常个体的"本真"存在方式，仍然带有浓重的主体形而上学色彩，其理论最终难逃虚无主义的命运；马克思所理解的人及其自由，则是社会性个体的"自由个性"，体现了彻底的唯物主义品质，其理论导向了激进的历史主义。[①]

中国共产党自由观是马克思主义自由观中国化的产物。对中国共产党自由思想的梳理和研究，是中国化马克思主义自由观研究的重要内容。在中国共产党革命文化蕴含的自由话语中，自由的主题是解放，解放成为自由的代名词。陈独秀、李大钊、瞿秋白、恽代英等中国共产党先驱领袖，以及艾思奇、李达等中国早期马克思主义理论家，围绕必然与自由、客观规律性与主体能动性、决定论与意志自由等关系问题，对自由观念进行马克思主义解读，推进了马克思主义自由观的中国化。新民主主义革命时期，中国共产党对自由主义的认识和态度大体经历了五个阶段，即中共一大前后持排斥态度、中共四大前后主张联合、土地革命时期持否定态度、抗日战争时期主张争取、新民主主义革命时期将思潮与人物区别对待等，在这一进程中，中国共产党批判地吸收和改造了自由主义的自由、民主、平等等因素，实现了对自由主义的扬弃和超越。[②] 1945~1949 年，是中国自由主义力量发展的重要时期。中国共产党对中国自由主义力量在合理区分的基础上，持团结、批评、争取的态度，这种态度对于今天中国共产党巩固执政基础、增强执政能力、深化对资本主义认识等，都有重要启示和

---

① 李志强：《存在论哲学的两个向度：马克思与海德格尔自由观比较研究》，《哲学研究》2012 年第 6 期。

② 姜玉齐：《从排斥到借鉴——新民主主义革命时期中国共产党对主要社会思潮的认识和态度》，复旦大学出版社，2013，第 80~104 页。

借鉴意义。① 在毛泽东那里，就国家与民族而言，自由就是要独立自主，民族平等往来，而不遭受侵略压迫；就革命政党而言，既要做自由的促进派，又要遵守革命纪律，杜绝自由主义；就人类而言，自由境界，由必然王国进入自由王国，要通过对自然和社会历史规律的把握以及对世界的改造才能实现；就个体而言，自由既是权利也是义务，个体应积极发挥自由个性，成全自我。②

# 三　社会主义自由观：一种<br>中国特色的创新建构

改革开放进程中形成的中国特色社会主义自由观是马克思主义自由观中国化的重大理论成果。邓小平从解放思想破题，以实践为判断真理的唯一标准，将人们从僵化迷信中解放出来，以此恢复和促进思想自由；从完善民主法制着手，以四项基本原则为指导，确保安定团结的政治局面以巩固自由的政治基础；从防止"和平演变"着眼，以"三个有利于"为准则，用改革开放实绩来夯实自由价值的物质和精神文明基础。"三个代表"重要思想以把握好改革、发展、稳定的关系为切入点，坚持依法治国和以德治国相结合，充分保障人权；以把握最高纲领和最低纲领的统一为支撑，将推进人的全面发展同推进经济、文化的发展和改善人民物质文化生活结合起来，不断兑现社会主义自由价值观的先进性；以从严治党为抓手，置社会主义自由建设与发展于"立党为公、执政为民"的实践之中，抓住了社会主义自由观建设的本质和关键。科学发展观把发展作为第一要义，将社会主义自由从思想意识形态领域深化到经济社会的全面发展中加以建设，贯彻到社会和谐的基础上加以推进；把"以人为本"作为核心立场，将社会主义自由观纳入全社会的价值共识，使人的自由与全面发展成为改革开放的政策导向和科学发展的根本价值目标；以全面协调可持续发

---

① 黄建坤：《1945—1949：中国共产党与自由主义力量》，上海人民出版社，2010。
② 袁久红主编《社会主义核心价值观研究丛书·自由篇》，江苏人民出版社，2015，第93～100 页。

展为基本要求，以统筹兼顾为根本方法，从根本上理顺理想和现实、价值追求和国情实际之间的关系，使社会主义自由观更具中国特色和时代特色。习近平强调加快构建我们自己的"自由"价值体系，用"中国梦"表达社会主义自由理念的时代性和中国化特色，把自由理念贯穿于"全面深化改革"中，以制度、法治规范权力与自由。①

把自由设置为社会主义核心价值观的基本要素，在科学社会主义自由观演进中具有里程碑意义。作为社会主义核心价值观的"自由"概念，既体现了马克思主义自由概念的一般内涵，又禀赋中国社会实践的特有意蕴。社会主义自由就是通过实践活动，将人从自然社会及人自身的必然性的束缚下解放出来，成为自然、社会和人自身的主人。其内涵可以从三个方面理解：它追求的是一种基于必然性认识的真实的自由，而不是幻想的自由；它是一种社会政治权利，也意味着相应的义务，是权利与义务的统一；自由既是个人的，也是社会的，是个人自由与社会自由的辩证统一。社会主义自由表现为经济自由、政治自由、道德自由、表达自由等，经济自由即不断解放与发展生产力，让一切财富的源泉充分涌流；充分发挥市场在资源配置中的决定性作用，更好地发挥政府的作用；实现劳动自主，消灭剥削，实现共同富裕；政治自由即公民在社会政治生活中的自主性和独立性，能够按照自己的意志平等参加国家政治生活，自由表达自己的政治见解和意愿；道德自由即人们能够自觉选择符合需要的社会行为规范，并将其转化为内在的道德信念与律则，以调整自身与社会关系。② 自由的核心在于自由能力与自由权利的关系。自由能力是事实上的自由，自由权利是规范上的自由。只有自由权利的授予基于事实的自由能力，才有可能使自由权利变成一种实实在在的权利，也就是具有正当性而且是可行的自由能力。社会主义自由是平等的自由，是"共同自由"。③

社会主义自由观体现马克思主义实践自由辩证法思想。自由的张力凸显的是人的主观能动性与创造个性。马克思主义研究自由的方法论说明，

---

① 袁久红主编《社会主义核心价值观研究丛书·自由篇》，第 100~129 页。
② 袁久红主编《社会主义核心价值观研究丛书·自由篇》，第 9~12 页。
③ 柯华庆、刘荣：《论共同自由》，上海三联书店，2014，第 3~12 页。

不研究主体自由意志，就无从研究道德与法等问题。马克思的自由并非新自由主义所说的理性决定论，必然也不是非对象性的存在物。马克思主义自由是目的自由与工具自由、形式自由与实质自由、自发自由与自觉自由、个人自由与社会自由的对立统一。资本主义物的统治导致自由异化。中国道路不是一种缺乏价值观的崛起，中国道路实现了马克思主义自由张力与限制相统一思想的成功创新。中国道路必须坚持马克思主义自由思想的"四个统一"，才能更充分地激发社会发展的活力。[①]

在我国改革开放进程中，从解放思想到实施经营承包责任制、从提出有计划商品经济体制到建设社会主义市场经济、从强调人的全面发展到提出"以人为本"，关于社会主义社会个人自由问题的研究持续升温，更是成为价值哲学、人学、教育哲学等的主题。关于马克思主义人的自由全面发展思想的研究成果可谓汗牛充栋，人们都比较熟悉，在此不再赘述。近年来，《"自由个性"及其历史生成研究》（王盛辉，人民出版社，2011）、《市民社会批判与人的自由》（于永成，中国社会科学出版社，2017）等论著，着力从文本学、马克思市民社会批判等角度，梳理和阐发经典马克思主义关于人的自由个性、自由发展的思想。

# 四 自由主义：一种观念与实践的双重挑战与应战

在现代自由思想的演进中，由于自由主义具有更为长久的历史传承和更为强劲的实践效应，也由于社会主义者曾一度弱化甚至放弃自由话语，自由主义在自由问题上对马克思主义和社会主义形成持续压力和挑战。1990 年代以来，西方自由主义在我国的影响不断扩大。自由主义已经构成当下中国主流意识形态的最大挑战，这种挑战已经不仅仅限于少数学者或知识分子的话语形式，还表现在众多普通民众和网民集体无意识的言语实践之中。如何正确地分析和评价自由主义及其对我国的影响，直接关系到对马克思主义自由观和社会主义自由的理解。

---

[①] 谭培文：《社会主义自由的张力与限制》，《中国社会科学》2014 年第 6 期。

20 世纪二三十年代以来，以米塞斯、哈耶克、波普尔、伯林等为代表的新自由主义，针对传统社会主义社会发展实践存在的弊端，力图通过复活古典自由主义来批判极权主义，并将极权主义的理论渊源追溯到黑格尔和马克思。米塞斯在《公有制经济：关于社会主义的研究》（1922）中断言，社会主义意味着混乱，因为社会主义制度不具有任何合理的、可以用计量表示的计划和商业行为规则，它必然会导致对各种生产要素的持续不断的错误判断，造成资本的扭曲和社会生活水平的持续下降。哈耶克反对建构论唯理主义，崇尚进化论理性主义，强调自生自发是自由的本质，并据此认为，那种企图通过审慎思考而创造人类未来的社会主义构想，违背人类进化规律和理性有限性原则，不过是一种"通向奴役之路"的"致命自负"。在波普尔看来，马克思的社会主义是一种基于历史主义决定论的整体建构主义"乌托邦工程"，其结果是造就一个"封闭的社会"，从而走向集权主义，抑制自由和多样性，窒息社会发展；真正的发展是一种基于理性批判和自由多元主义的"零星社会工程"，其结果是造就一个"开放的社会"，从而走向自由和多样性，激活社会创新，推动社会发展。伯林在贡斯当区分古代人自由与现代人自由的基础上，于 1958 年提出"两种自由概念"。通过区别积极自由与消极自由，伯林把马克思自由概念理解为一种导致集权主义的"积极自由"，他则主张一种代表个人选择权利的"消极自由"。米塞斯、哈耶克、波普尔、伯林等人的思想，构成 20 世纪晚期以来新自由主义的理论根据和基本内核。新自由主义秉持古典自由主义个人本位立场，坚持进化论理性主义方法，崇尚自由市场、自由竞争、自由经营、自由贸易等思想，极力宣扬"私有化""自由化""市场化"，否定公有制，否定国家干预，否定社会主义。20 世纪后期的经济新自由主义，以及罗尔斯的政治自由主义、德沃金的平等自由主义、哈贝马斯的人权自由主义等，其问题意识、论证策略和面对现实的解决方案，都对马克思主义和社会主义提出质疑或批评。

1990 年代以来，国内学界译介自由主义代表性论著，全面阐述自由主义自由观及其对马克思主义和社会主义自由观的挑战。1990 年代到 2000 年代，中国社会科学出版社陆续出版"现代西方思想丛书"，其中绝大部分是 20 世纪自由主义代表性论著，其中，包括哈耶克的社会主义自由批判三书即《通往奴役之路》《自由宪章》《致命的自负——社会主义的谬误》以及波普尔的《开放社会及其敌人》《历史主义贫困论》，米瑟斯的《社会主义》《自由与繁荣的国度》等，都是一些集中反映自由主义关于社会主义与自由及其关系问题的代表性论著。2006 年，应奇、刘训练编选出版的《第三种自由》（东方出版社，2006），超越西方政治哲学过去 30 余年按照以赛亚·伯林的消极自由与积极自由二分法的理论框架的发展模式，编选新近出现的公民共和主义提出的"第三种自由"概念的代表性文章。2017 年，何怀宏在《观念读本·自由》一书中，基于两个论域对西方自由观念的经典文献进行选编，一是自由的概念或含义和自由的种类、各种自由的地位和优先性；二是自由的条件、自由的保障与实现，尤其是自由与政治条件的联系，自由可能遭到的威胁。该书选编了从古希腊伯里克利，中经近代霍布斯、孟德斯鸠、卢梭等，一直到当代的哈耶克、伯林、罗尔斯等，西方自由主义代表性思想家有关自由问题的经典文本。李强的《自由主义》（东方出版社，1998）、石元康的《当代西方自由主义理论》（上海三联书店，2000）、顾肃的《自由主义基本理念》（中央编译出版社，2005）、阎孟伟的《自由主义问题研究》（广西人民出版社，2018）等梳理和阐述了自由主义的历史轨迹、思想谱系、经典文献和基本观点。

从马克思主义角度应战自由主义。学界致力于马克思学说对欧洲近代思想传统尤其是启蒙传统的出离与批判关系的探讨，其中的一个基本问题，即马克思对古典自由主义的批判及其思想史效应。马克思对古典自由主义的批判，无论在具体的现象层面，还是在一般的和总体的层面，均有着显著的当代性。就具体的现象层面而言，马克思对古典自由主义的批判集中于对私有制的批判；就一般的和总体的层面而言，马克思对古典自由主义的批判蕴含着对自由主义的一般批判，即对自由主义所迷信的市场化及其直接信从的资本逻辑与商品拜物教的批判，是对自由主义在演进过程中不断累积的削弱和消解社会主义的价值取向与做法的批判，也是对现代性进程中不断强化的资本主义永恒论的批判。[①] 从世界史角度看，自由主

---

① 邹诗鹏：《马克思对古典自由主义的批判及其思想史效应》，《哲学研究》2013 年第 10 期。另可参见邹诗鹏《激进政治的兴起：马克思早期政治与法哲学批判手稿的当代解读》，复旦大学出版社，2012。

义和马克思主义都可视为启蒙和资本主义的产物，马克思学说是对激进自由主义的根本性发展、否定和扬弃。对个人的不同理解，个人是原子个人还是社会关系中的个人，是自由主义与马克思主义的一个根本对立。马克思主义、社会主义价值体系要在自己与自由主义交叉重叠的一些价值符号如自由、平等、正义、法治等，与自由主义者对话并争夺解读权。① 马克思政治哲学对自由主义的超越主要表现在两方面：在理论方面，马克思政治哲学提出了高于自由主义的价值规范和目标；在社会问题层面，马克思政治哲学与自由主义所针对的都是时代性问题，自由主义针对的主要是政治专制权力的压迫，马克思政治哲学针对经济领域中的权力压迫。马克思政治哲学反对和批判经济领域内的资本权力对人的奴役和压迫，反对不公正的占有和分配制度。马克思政治哲学所关注的是被自由主义所忽视的经济领域内占有的不平等以及资本权力统治的问题。②

从社群主义角度应战自由主义。自由主义与社群主义是当代西方政治哲学中双峰对峙的两个主要学派。西方当代社群主义的基本立场和方法与马克思主义对共同体和集体的强调有类似之处，虽然它们没有马克思主义的科学基础。社群主义的共同体视野可以看作这样一个马克思主义论点的丰富性表达。社群主义者如麦金太尔早年就是马克思主义者，他的社群主义立场和观点与他早年的这一经历有着内在渊源关系。从马克思主义的观点看，社群主义的共同体的基本立场方法更为合理。自由、自我与共同体，是自由主义与社群主义相互论争的出发点和论题。正当与善是自由主义与社群主义相区别的又一问题域。正义的普遍性与特殊性是自由主义与社群主义争论的又一焦点。分配正义是自由主义内部、自由主义与社群主义争论最为激烈的领域，也是当代政治哲学论争的重点。③

从中国传统思想角度应战自由主义。杜维明强调在儒家和自由主义的双向思考中呈现一个问题性，它既是儒家现代转化的关键也是自由主义在

① 曹天予：《理性与权力：世界中的马克思主义与自由主义》，华东师范大学出版社，2015，第 1~28、167~168 页。
② 孟锐峰：《马克思政治哲学对自由主义的超越》，南开大学出版社，2013，第 5~6、128~129 页。
③ 龚群：《自由主义与社群主义的比较研究》，人民出版社，2014。

经历 200 年的发展之后进行自我反思的关键。儒家的现代性问题可以说是揭示以自由主义为可比的参照而体现的儒家的现代特性。罗思文从儒学角度对当代自由主义展开批判，提出超越自由主义传统。吴根友从人道主义角度探究儒家仁学与自由主义对话的可能性等。[①]

从当代社会发展实践角度应战自由主义。新自由主义一方面作为当代资本主义的主流意识形态，是金融垄断和国际垄断集团的核心理念和价值观念，必须坚决批判反对；另一方面又是如何治理资本主义市场经济的理念，按照这种理念形成的运行模式，是体制、技术操作层面上的问题。自由主义作为治理市场经济的理念和操作方法，对市场运作有一定的积极作用。从这个意义上来说，新自由主义又是技术操作层面、体制层面上的问题，而与资本主义根本制度有所区别。如何管理社会主义市场经济，我们可以批判地借鉴新自由主义一些有价值的认识和做法。[②]

20 世纪中晚期以来，一些西方"左翼"思想家力图在不触动资本主义基本制度的前提下，在社会主义与自由主义之间架构"第三条道路"，提出"自由社会主义""民主社会主义""市场社会主义"等构想。苏联解体、东欧剧变后，民主社会主义、市场社会主义、自由社会主义等思潮一度备受关注。国内译介英国思想家安东尼·吉登斯的《第三条道路——社会民主主义的复兴》（北京大学出版社，2000）、美国学者约翰·罗默的《社会主义的未来》（重庆出版社，1997）、英国学者克里斯托弗·皮尔森的《新市场社会主义》（东方出版社，1999）、美国学者伯特尔·奥尔曼的《市场社会主义》（新华出版社，2000）等论著，呈现西方学者对社会主义自由与市场及其关系的理解。近年来，学界关注和研究霍布豪斯、罗塞利、墨菲、米德等人的"自由社会主义"思想。2008 年，意大利思想家卡洛·罗塞利于 1923 年著的《自由社会主义》一书的中文版出版。罗塞利把社会主义与马克思主义和教条主义区分开来，认为自由社会主义是布尔什维克主义和法西斯主义中央集权体制的取代方案，是正义与自由运动。

---

[①] 哈佛燕京书社、三联书店主编《儒家与自由主义》，三联书店，2001，第 1~127、227~247、358~377 页。

[②] 王伟光：《运用马克思主义立场、观点和方法，科学认识美国金融危机的本质和原因》，载《中国社会科学院新自由主义批判文选》，中国社会科学出版社，2016，第 14 页。

有学者全面梳理作为民主社会主义核心价值观的自由、公正和团结，强调"第三条道路"价值观是"第三条道路"的理论内核和精神旗帜，它是对传统社会民主主义和新自由主义价值观加以批判性改造而提出的，以自由、公正、责任和国际主义为基本价值观念，以建立充满活力的政府与社会为价值目标，包括经济价值观、政治价值观、社会价值观、国际价值观等在内的开放的价值观念体系。①

# 五　中国自由传统：一种新的
## 自由谱系的勾画

欧洲启蒙主义的一个基本判断是，中国传统是非自由的，中国历史不存在自由传统。黑格尔从精神的本性在于自由、历史是自由意识的进展这一基本原则出发，认为包括中国人在内的东方人，并不知道精神作为人之所以为人的本质是自由，他们只知道一个人是自由的，而这一个人的自由不过是放纵恣肆。真正自由的意识首先出现在希腊人中间。东方实行的是专制政体，东方世界缺乏自由意识，对精神自由的本性还没有达到真正自觉。自新文化运动以来的很长一个时期，主流观点认为，现代自由的成熟观念是外来的，是借着自由主义思想于 20 世纪初进入中国的。中国传统是专制的，没有任何自由因素。对中国人来说，自由是纯粹外来的，中国人要享有自由，就必须放弃自己的传统。

当然，在近现代中国思想史上，也有不少学者肯定中国历史存在自由传统。严复将西方自由观念一方面与庄子、杨朱思想会通为一，肯定自我发展，另一方面又和儒、墨的推己及人与兼爱的道德理想结合在一起，表现出己群并重的特色。严复认为，西方的自由就是庄子的"在宥"与杨朱的"为我"。康有为、谭嗣同都把庄子"在宥"与西方自由观念相提并论。1940 年代，徐复观认为，中国有自由主义传统。中国的历史文化蕴蓄有丰富的自由精神，有比欧洲更高的自由精神。他甚至认为，自由主义，只有

---

① 侯衍社：《"超越"的困境——"第三条道路"价值观述评》，人民出版社，2010。

在儒家的人文精神中，才可以得到正常的发展。① 林毓生基于自由主义立
场提出"中国传统的创造性转化"，从道德上化解了传统与自由的紧张。
他认为，中国传统中虽没有民主和自由的观念，但从中国传统中是可以创
造性地转化出民主和自由的。② 20 世纪晚期年代以来，学界日益坚持自由
不分中西，是人的普遍天性。对中国人来说，自由的学说固然是外来的，
但中国传统中自有内生性的自由传统。1982 年，美国汉学家狄百瑞在香港
中文大学新亚书院以"人之更新与新儒学的自由精神"为主题进行系列学
术讲座，后以《中国的自由传统》为书名结集出版。狄百瑞从人之更新与
道统、朱熹与自由教育、新儒学思想中的个人主义、明代理学与黄宗羲的
自由思想、自由主义的局限等五个方面，阐述了中国传统自由思想的独特
表达方式。③ 吴钩认为，秦汉以来中国固然不乏专制暴政，但也存在一个
绵延不断的自治和自由传统。中国历史演进中，存在专制与自由两条线
索。中国传统社会的"自由"，主要指族群"自治"，儒家士绅是这种自由
传统的主要推动者。④

　　很多学者致力于挖掘和阐述中国自由传统的基本脉络。其中，儒家、
道家、禅宗等的自由思想及其当代价值，成为关注和探究的核心。道德自
由、精神自由以及心灵自由的多维度诠释构成了中国传统文化中的自由精
神资源，儒家提倡"入世的自由"，道家提倡"忘世的自由"，佛家提倡
"出世的自由"。老子的自由是逃逸于人伦生活之外的自然自在。庄子"逍
遥"所蕴含的自得、自适、自在、逸豫、快乐、无事、无为、远离利害
等，均具有"自由"的词义。庄子自由思想有其经验性表达和超验性表达
两个采源，其人格范式体现了从逻辑层面到实践层面到哲学层面到审美层
面的意义。通过"外物"和"内养"功夫，呈现了其"齐万物""一生
死""泯是非"的"逍遥"境界。庄子自由思想的永恒生命力在于抗议文

① 徐复观：《论自由主义与派生的自由主义》，载干春松编《中国近代思想家文库·徐复观
卷》，中国人民大学出版社，2014，第 221~222 页。
② 林毓生：《中国传统的创造性转化》，三联书店，1996，第 287 页。
③ 〔美〕狄百瑞：《中国的自由传统》，中华书局，2016。
④ 吴钩：《中国的自由传统》，复旦大学出版社，2014，自序第 1~47 页。

明的弊端，追求精神的解放。① 有学者通过自由范式解读黄宗羲的法政思想，并提出"探寻自由传统的中国表达方式"的任务。②

中国和西方在自由观上自古就有不同侧重，中国传统自由思想有其不同于西方的独特发展道路。西方比较注重自愿原则，因此自由思想的发展比较有典型意义。在中国则是轻自愿重自觉，造成中国古代始终没能把自由这个词作为哲学范畴加以认真讨论，而是代之以天人之辨、名实之辨、知行之辨等。这些争论考察的是人与天道的关系，研究的是人能否和如何把握道，如何培养理想人格，实际上就是探索取得自由的途径问题。由于中国自由思想的这一特点，更由于中国长期大一统封建专制的压制，中国自由思想的发展走着一条更为曲折的道路。③ 从中西比较视野来看，中国人的自由意识存在内在缺陷。中国文化是儒道互补的结构，但"儒道互补"并不是双方统一，而是交替摇摆，在穷达之间顺势流转：一会儿是儒家的"无自由的意志"，一会儿是道家的"无意志的自由"；两者都跳过了中间的自由意志，都不是真正的自由。换言之，要么就没有自由，只有意志的强制；要么就像动物的率性而为，没有规矩，这在社会生活中是容不下的，只好逃到自然界里面去。由于中国传统哲学对于人的自由缺乏一种理性的反思，所以中国人的自由意识还没有达到自觉：他们要么把自己的自由等同于自然，要么就不讲自由、贬低自由。中国人从来没有把自由放在政治层面上考虑过，它顶多被看作个人的一种心情或境界。④ 历史地看，现代新儒家自由观是中国现代性诉求的一种民族性表达，但在根本上，它仍然内蕴传统儒学与现代自由之间的紧张："外王"的困惑反映了传统儒学中现代政治自由的阙如，"内圣"的困惑反映了传统儒学中本体自由的难题，"性情"的困惑反映了传统儒学中本源自由观念的遮蔽。所以，有学者提出"自由儒学"构想，力图探究一种中国人自由诉求的"民族性表

---

① 参见刘东《自由与传统》，北京大学出版社，2015；李大华《自然与自由——庄子哲学研究》，商务印书馆，2013；曹智频《庄子自由思想研究》，安徽大学出版社，2010；贾应生《禅宗自由观研究》，宗教文化出版社，2012。

② 时亮：《民本自由说——黄宗羲法政思想再研究》，中央编译出版社，2015，第 345~356页。

③ 张金华主编《自由论——一个热门话题的反思》，上海人民出版社，1990，第 35~36 页。

④ 邓晓芒：《哲学起步》，商务印书馆，2017，第 239~249 页。

达"，建构一种基于本源自由（自由的本源）→良知自由（形上自由）→政治自由（形下自由）的"自由儒学"理论体系。①

对中国近现代自由思想的研究，是当代中国自由观研究的重要思想资源。改革开放尤其是进入 21 世纪以来，人们致力于彰显近现代中国自由思想传统及其当代价值。19 世纪末 20 世纪初，以严复、谭嗣同、梁启超等为代表的学人，呈现了中国人对自由观念的初步理解。辛亥革命前后，孙中山等革命党人从理论和实践两方面，向中国人展现了现代自由观念的基本内涵和价值取向。以熊十力、牟宗三、唐君毅、梁漱溟等为代表的现代新儒家，立足中国本土文化，在"内圣开出新外王"的整体致思中，力图建构中国本土意义的自由学说。有学者强调，自由、民主、科学、伦理是五四以来中国现代化和文化思潮的基本价值追求，是中国现代精神的基本元素。科学是器物层面现代化的体现和保障，民主就是制度层面现代化的体现和保障，自由是精神层面现代化的体现和保障。自由是民主和科学的基础和前提，没有自由，就没有民主和科学。科学与民主是现代人自由意志的工具。在社会关系上，自由问题同时是一个伦理问题。② 学者们从不同角度梳理和反思近代以来中国自由主义的发展脉络、基本观点及其内在缺陷。③ 高力克围绕"自由"与"国家"两大主题，探究现代中国知识分子及各派政治思潮因应中国问题之两难选择。所谓"启蒙"与"救亡"之难局，其实质即"自由"与"国家"的两难。今天，崛起的中国仍面临着自由与国家这一后发展政治的困境。中国欲实现健全的现代化，则有待超越此百年难题，达致个人自由与国家富强的平衡统一。④ 卫春回认为，中国传统文化固有的平等、平均的"民本思想"和"大同学说"使中国自由主义者对各种形式的社会主义学说抱有天然的好感，中国传统文化与西方

---

① 郭萍：《自由儒学的先声——张君劢自由观研究》，齐鲁书社，2017，第 1~41 页。

② 黄玉顺：《追寻"现代性"之根》，载黄德昌等主编《中国之自由精神》，四川人民出版社，2000，主编琐语第 1~3 页。

③ 参见张宝明《自由神话的终结》，上海三联书店，2002；郑大华等主编《中国近代史上的自由主义》，社会科学文献出版社，2008；谢晓东《现代新儒家与自由主义》，东方出版社，2008；秋风《嵌入文明——中国自由主义之省思》，江苏文艺出版社，2014；等等。

④ 高力克：《自由与国家：现代中国政治思想史研究》，浙江大学出版社，2016，第 327~331 页。

文化正是在这里找到了一种最为接近的契合点。①

从中国现代自由主义及其与保守主义、激进主义的关系来看，近代中国三大思潮都具有社会主义要素，如民族主义立场、现代性批判、社会主义愿景、民族复兴梦想等。② 但中国现代自由主义对社会主义的态度和看法则经历了一个过程：最初自由主义者在革命与改良问题上与马克思主义分道扬镳，这构成自由知识分子思考社会主义的第一个历史图景；南京国民政府建立后，通过《新月》聚集起来的自由知识分子，追求费边社会主义，这构成自由知识分子关于社会主义的第二个历史图景；围绕"民主"与"独裁"，聚集于《独立评论》的自由知识分子在制度上思考社会主义，构成自由知识分子对于社会主义的第三个历史图景；二战后，自由知识分子力图把对社会主义的认同与英美经济社会发展模式统一起来，建构起关于社会主义的第四个历史图景；国民党台湾统治中的自由知识分子，从"政治民主"与"经济平等"的纠缠中挣脱出来，正式告别社会主义。③ 从五四运动到 1940 年代，以胡适、傅斯年、萧公权、潘光旦、徐复观、殷海光等为代表的学人，围绕自由与个性、自由与国家、自由与人权、社会主义与自由主义等问题，在推崇西方自由主义观念的同时，也提出调和政治自由主义与经济社会主义的"自由的社会主义"构想。

## 六　自由的实现路径：一种<br>基于当代实践的新探索

实现自由的经济实践路径。一方面要提高市场的"自由度"，激发市场活力；另一方面也要看到，单纯的市场原则不能实现实质自由，无法保障弱势群体拥有过富有尊严生活的权利，必须建立和健全社会保障体系，

---

① 卫春回：《理想与现实的抉择：中国自由主义学人与"中间道路"研究（1945—1949）》，中国社会科学出版社，2010，第 34~38 页。

② 俞祖华、赵慧峰：《离合之间：中国现代三大思潮及其相互关系》，人民出版社，2015。

③ 章清：《"胡适派学人群"与现代中国自由主义》，上海三联书店，2015，第 569 页。

让每个人过上有尊严的生活。① 所以，仅仅从市场经济的角度认识自由问题，难免使之成为一种理性主义思维方式下的悖论，或者至少成为一个理论与实践相结合上不能与现实相对照的自圆其说的命题。在我国理论界对社会主义自由的讨论中，人们过于强调自由、平等与社会主义终极性的关系，这样，自由、平等也就只能在理性主义话语下进行。"全面建设小康社会"的深层背景在于针对现实中自由与平等的失衡，其深层目标在于对自由与平等进行平衡。为此，要从传统与现代的关系中认识自由、平等与社会主义，把握这一问题的过程性特征；要从内源与外源的关系上认识自由、平等与社会主义，把外来理论借助与培育自身的社会发展生命力结合起来；要从经济发展和社会全面进步的关系上认识自由、平等与社会主义，克服理性主义的片面张扬，形成现代人文主义精神；要从价值理想与现实发展的关系上认识自由、平等与社会主义，为评价它们在社会主义发展中的作用提供原则和目标。②

实现自由的政治实践路径。自由与责任是政治哲学的基本范畴，西方思想界一般从权利（自由）出发谈论责任，凸显一种权利政治；传统儒家一般从责任出发谈论自由，凸显一种责任政治。权利政治、责任政治对于社会主义自由具有重要的实践意义。当代中国政治虽然受西方权利政治的影响，但基本上仍然是一种责任政治。中西政治的差异性在于责任政治和权利政治的差异性。简单地用权利政治取代责任政治，或者在责任政治中排斥权利政治，这种简单的理想主义处理方式是不可取的。对于当代中国来说，建设一种责任在先但尊重权利的责任政治，乃是根本的诉求。③ 自由、规则、秩序、繁荣，是一个理想的国度的基本要素。自由意味着发展的最大可能性空间。社会主义自由的实现，需要解决好市场与自由、规则与自由、政府管制与自由、公共服务与自由等关系。④

实现自由的制度路径。在社会的现代转型过程中，伴随着自由与秩序

---

① 吴玉军编著《社会主义核心价值观关键词·自由》，中国人民大学出版社，2015，第 86~115 页。
② 陈士军：《自由、平等与中国特色社会主义》，科学出版社，2014，第 125~136 页。
③ 谢文郁：《自由与责任四论》，华东师范大学出版社，2014，第 1~36 页。
④ 徐邦友：《自由：发展可能性空间的扩展》，中国社会科学出版社，2016。

问题的凸显，制度成为社会科学各学科研究的基本问题。有学者从社会现代转型的角度，以（个人）自由与（社会）秩序的矛盾为中心线索，把制度放进马克思主义价值学的视野中，集中考察制度在促进人的自由、形成自由秩序的过程中所具有的价值及其实现机制。在以发展（核心是生产力的发展）为首要取向的现代社会，自由逐渐成为人们基本的价值取向；但从"自由及自由的扩展何以可能"的角度说，社会的秩序及其稳定是根本的前提条件，这就决定了制度建设对自由价值具有优先性。而且，在自由与秩序难题的各种解答中，相对于宗教解答、道德解答、市场解答而言，制度的解答具有逻辑上的优先性。[1] 市民社会是现代社会建制中的基础性环节。有学者从市民社会角度，揭示中国改革开放进程中自由的发展实践和价值取向。从社会权利的自主性和个体主体的自由人格的生成逻辑角度，揭示了我国改革开放进程中社会主义自由的发展脉络。市场经济体制的实施，引发了中国国家与社会的二重分化现象，吁求两者间良性互动的新关系模式的建立；结构分化必然产生"合法性"问题，客观上要求对国家（权力）与社会（权利）关系进行合理的定位；从制度安排上讲，就必须诉求一条切实可行的理想的社会组织制度模式，以尝试和践履中国特色的市民社会自治；同时，伴随着中国"身份社会"的瓦解和社会生活全面"契约化"过程的开始，必然引起中国市民社会组织秩序变革与整合机制的全面创新；市场经济与市民社会之间所具有的这种"意义共契"关系，提供了市民社会良性运行的文化基因和价值基础，为当代中国市民社会个体提供了一种较为理想、较为真实的市民社会的生活样式。[2]

实现自由的多维实践路径。要全面深化市场经济改革，大力发展生产力，为自由的实现提供物质保障和社会经济机制、条件；要把自由作为国家治理与社会建设的重要价值原则，贯彻到国家治理现代化中去，以制度化、法治化推进人与社会的自由全面发展；切实把宪法赋予公民的法定自由权利落到实处；着力培育公民的自由德性及自由可行能力。[3] 有学者通

---

[1] 邹吉忠：《自由与秩序——制度价值研究》，北京师范大学出版社，2003，中文摘要第 1 页。

[2] 袁祖社：《权力与自由——市民社会的人学考察》，中国社会科学出版社，2003。

[3] 袁久红主编《社会主义核心价值观研究丛书·自由篇》，第 15~17 页。

过阐发马克思"自由共同体"思想，强调共同体建设对于社会主义自由的实践意义。[①] 有学者强调道德建设与社会主义自由的良性互动关系；有学者基于当代城市休闲消费的发生揭示社会主义自由的生活基础；有学者揭示互联网与自由人的自由联合的内在关联性，互联网对于实现社会主义自由的实践意义。[②]

# 七　一个初步评价

总体而言，改革开放以来当代中国自由观研究存在三个突出问题。一是马克思主义自由思想的指导地位有待进一步强化。马克思主义自由观是社会主义自由观的原生形态和理论根据，也是中国特色社会主义自由观的思想源头和根基。但我们对马克思主义自由观的研究和理解仍存在不同程度的教条化、口号化和标签化倾向，存在对马克思主义自由观的未解、误解、庸解、肢解、曲解、消解等现象。我们对马克思主义自由观的认识更多囿于政治意识形态和学术理论层面，马克思主义自由观的理论表述和话语表达更多流于单纯的概念范畴推演和理论逻辑自证，在一定程度上脱离时代和现实，疏离大众生活。中国化马克思主义自由思想研究不足，社会主义自由思想谱系亟待勾画。

二是社会主义自由思想资源结构有待进一步优化。马克思主义、自由主义和中国传统文化等自由思想资源的挖掘、研究和利用，总体处于分离、失衡和低效状态，存在对西方自由主义思想资源的过度移植和路径依赖。当前，自由主义处于话语霸权地位，自由主义构成对中国特色社会主义自由观的最大挑战。西方自由主义者宣称其拥有关于自由问题的唯一性和垄断性话语权，标榜自己对自由问题的解答具有"普世价值"，认为自由主义价值观具有普适性和永恒性。在对自由问题的研究和理解中，我们

---

① 参见王小章《从"自由或共同体"到"自由的共同体"：马克思的现代性批判与重构》，中国人民大学出版社，2014；薛俊强《走向自由之路——马克思"自由人的联合体"思想的当代阐释》，知识产权出版社，2016。

② 参见寇东亮《德性重建的自由根基——现代道德困境的人学解读》，河南人民出版社，2006；陈占彪《自由及其幻象》，商务印书馆，2015；程苓峰《自由人：互联网实现了自由人的自由联合》，电子工业出版社，2014。

存在对西方自由主义思想资源的过度移植和路径依赖，西方自由主义理论范式、致思方法和基本观点较为盛行。

三是中国传统自由思想及其与社会主义自由观的关系的研究有待进一步拓展和深化。既有研究大多侧重探讨儒释道自由思想及其一般意义，对其在社会主义自由观建构中的作用及创新发展研究不够。习近平同志反复强调，培育和践行社会主义核心价值观必须立足中华优秀传统文化，使中华优秀传统文化成为涵养社会主义核心价值观的重要源泉，对传统优秀文化进行创造性转换和创新性发展。中国社会主义自由观研究应切实遵循这一原则。

进一步深化当代中国自由观研究，必须在比较、甄别和融通马克思主义、中国传统文化、自由主义等不同自由思想资源和优化当代中国自由观研究思想资源结构的基础上，廓清当代中国自由思想谱系，拓展和丰富当代中国自由观研究的视野和空间，分析、阐明和建构当代中国自由观的历史逻辑、理论逻辑和实践逻辑，提升当代中国自由观研究水准，为培育和践行社会主义自由观提供有力的学理支撑和有效的舆论支持。

# 正义本质之谜的破解与正义元规范地位的昭彰*

肖士英**

**摘 要** 消解关于正义本质认识的歧义性困境，是避免基于正义的人类文明崩塌的前提条件。关于正义本质认识的歧义性局面的成因，在于认识问题的着眼点的破碎性和关于不同着眼点整合沟通意识的匮缺。解决问题的根本出路在于，着眼于实践整体及其终极价值取向，把着眼于实践不同层面所形成的关于正义本质的不同认识，加以整合提升，揭示渗透在其中的追求自由这一潜在共识，这样，不但关于正义本质认识的歧义性困境自然消解了，而且正义所具有的作为实践元规范的性质、引导人追求自由不同层面的原则所具有的亚规范的性质，也区别开来了，把正义混同于亚规范，从而把正义庸俗化、狭隘化、相对化的弊端，也就自然被避免了。

**关键词** 正义本质认识的歧义性 自由 实践整体 元规范 亚规范

人们普遍坚信，正义是人类文明的根基，但对正义本质的认识却长期难以达成共识。人们无奈地发现，"正义有着一张普洛透斯似的脸，变幻无常、随时可呈不同形状并具有极不相同的面貌。当我们仔细查看这张脸并试图揭开隐藏其表面背后的秘密时，我们往往会身感迷惑"①。正义属性的这种复杂性、流变性甚至近乎神秘的特性，使"正义概念相互间在许多

---

* 本文系国家社科基金项目"马克思恩格斯意识形态概念多重内涵及其统一性研究"（18BZX002）成果之一。

** 肖士英，陕西师范大学哲学与政府管理学院教授，博士研究生导师。

① 〔美〕E. 博登海默：《法理学：法律哲学与法律方法》，邓正来译，中国政法大学出版社，1999，第 252 页。

方面处于鲜明对峙之中。有些正义概念把应得概念作为中心概念，而另一些正义概念则根本否认应得概念与正义概念有任何相关性；有些正义概念求助于不可转让的人权，而另一些正义概念却求助于某种社会契约概念，还有一些正义概念则求助于功利标准。而且，具体体现这些对立概念的各种对立的正义理论，在对正义与人类其他善的关系、正义所要求的平等类型、执行正义的范围和正义考虑所与之相关的个人，在没有一种上帝法则知识的情况下，正义的知识是否可能等问题上，也各执千秋"①。然而，若不能有效破解正义本质之谜，就无法避免以正义为根基的人类文明崩塌的危险。因此，寻求洞悉正义本质的新出路，仍是人们无法回避的使命。

## 一 正义属性的综合性、总体性与正义观多元对立的根源

关于正义本质的认识要能长期处于"歧义丛生和变化无常""随时可呈不同形状并具有极不相同的面貌"的状态中，正义的属性必须满足这样一个充分必要的条件：正义是一种涵盖并约束着实践整体一切内容的综合性、复杂性、总体性、开放性的社会力量，而非一种仅局限于实践某一局部环节、仅具有单一属性的东西。只有在这样的前提条件下，关于正义本质的认识，才可能因正义属性所具有的综合性、复杂性、总体性、开放性的特征，而陷入"歧义丛生和变化无常"的多元对立状态，才可能出现着眼于实践任何局部内容所形成的关于正义属性的认识，都不足以充分有效地取代、统一着眼于实践任何别的局部内容，所形成的其他任何别的认识的局面。

把这种关于正义具有实践整体高度的综合性、复杂性、总体性、开放性的社会属性的推论，诉诸人类关于正义问题的认识史，不难发现，前人对此已有一定程度的认识。亚里士多德指出："全城邦可以得到自足而至善的生活，这些就是我们所谓人类真正的美满幸福。由此我们可以得出结

---

① 〔美〕麦金太尔：《谁之正义？何种合理性？》，万俊人等译，当代中国出版社，1996，第1~3页。

论：政治团体的存在并不由于社会生活，而是为了美善的行为。我们就应依照这个结论建立'正义'的观念。"① 在此，他显然把正义看作必须从"全城邦可以得到自足而至善的生活""人类真正的美满幸福"及追求它们的"美善的行为"这种人类实践整体系统，以及其终极目标和至上追求的高度，才得到完满规定和充分说明的观念。他还指出："城邦以正义为原则。由正义衍生的礼法，可凭依判断人间的是非曲直，正义恰好是树立社会秩序的基础。"② 能够成为"树立社会秩序的基础"的东西、能够成为城邦的原则、能够成为"判断人间的是非曲直"并衍生城邦"礼法"的东西，必然不可能是某种具有片面和单一属性的东西，而必然是一种具有综合性、复杂性、开放性与总体性相统一属性的东西，这样的东西，在他看来，就是正义。E. 博登海默也把正义看作实践整体高度的概念："正义的关注点可以被认为是一个群体的秩序或一个社会的制度是否适合于实现其基本的目标……满足个人的合理需要和主张，并与此同时促进生产进步和提高社会内聚性的程度——这是维持文明的社会生活所必需的——就是正义的目标。"③ 在此，所有被用来规定和说明正义的表义项，都是实践整体高度的总体性指标。故由此而得到规定和说明的正义概念，必然是一个以实践整体的根本追求，为指称对象的总体性、综合性、至上性概念。马克思认为，"真正的自由和真正的平等只有在共产主义制度下才可能实现；而这样的制度是正义所要求的"④。在这里，正义被马克思置于社会基本制度这种社会整体系统的根据和基础的地位，因而，它自然就是以实践整体的基础，为指称对象的总体性、综合性、至上性概念。

正义属性这种实践整体高度的综合性、复杂性、开放性和总体性，决定了能够透彻把握正义完整本质、能够消解关于正义属性认识的歧义局面、实现关于正义本质普遍共识的基本着眼点，只能是实践整体及其终极内在统一性这样的具有终极涵盖力和普遍统摄性的视野。舍此，不但只能认识正义属性的有限环节，而且难免把关于正义局部属性的认识，鼓胀为

---

① 〔古希腊〕亚里士多德：《政治学》，吴寿彭译，商务印书馆，1965，第 140 页。
② 〔古希腊〕亚里士多德：《政治学》，第 9 页。
③ 〔美〕E. 博登海默：《法理学：法律哲学与法律方法》，第 252 页。
④ 《马克思恩格斯全集》第 1 卷，人民出版社，1956，第 582 页。

正义的完整属性，从而使关于正义本质的认识，因着眼点的狭隘性和所认识到的内容的片面性，而陷入多元冲突之中。可见，关于正义属性的认识歧义横生的根源，就在于忽视了正义所具有的实践整体高度的综合性、复杂性、总体性和开放性这样的普遍属性，一方面把其当作仅属于实践局部内容的孤立、有限、单一的问题来加以审视，以至于所认识到的只是正义完整属性的不同方面；另一方面把立足实践任何局部内容所形成的关于正义本质的不同层面的必要认识相互隔绝起来，把其合理性绝对化，以至于把局部等同于整体。这两个方面的结合，才使关于正义本质的认识既破碎，又难以相互融通，其多元对立的格局就在所难免了。

## 二 正义观的不同历史形态与正义的自由本质

肯定正义具有实践整体高度的综合性、复杂性、开放性和总体性等属性，只是对其外延的确认。问题的关键则在于对其内涵的洞悉。反思人类关于正义本质的漫长探索所积淀的丰富思想资源，则是解决问题的突破口。首先，前人一般都以实践不同的局部内容为着眼点来探索正义本质，才使关于正义本质的认识因其着眼点的这种破碎性和差异性而陷入歧义性困局。反思正义思想史，就可能通过对不同着眼点的整合，而实现不同观点的融通和统一。其次，非直接一致的观点，未必就是对立的，它们可能本来就是关于某一整体不同侧面的认识，可能本来就统一于某种更根本的东西。因此，反思思想史中关于正义本质问题的不同认识，就可能发现某种把不同认识统一起来的逻辑。最后，对一个具有久远认识史问题的认识，尽管不能忽视其历史变异性的一面，但也不能忽视其连续性、继承性的一面。上述共同表明，反思正义思想史，对其加以比较分析、融通转化、整合提升，就可能发现思想家们在各自的个性化探索中，所渗透的未必为其准确概括、表达出来的关于正义本质的某种共识。回眸正义观的历史演进所呈现的几种基本形态，不难发现，它们都分别着眼于实践不同环节，把正义的内涵理解为对人的自由不同层面的追求。

宇宙主义的命运论的正义观及其自由本质。古希腊人"对'dike（正义）'的使用都预设了一个前提，即宇宙有一种单一的基本秩序"，认为

"要成为正义的，就是要按照这一秩序来规导自己的行动和事物"①。而"统辖这一秩序的正是宙斯"，"宙斯已经把正义这个最好的礼物送给了人类。因为任何人只要知道正义并且讲正义，无所不见的宙斯会给他幸福。但是，任何人如果考虑在作证时说假话、设伪誓伤害正义，或犯下不能饶恕的罪行，他这一代人此后会渐趋微贱"②。可见，古希腊人是在顺应宇宙终极秩序及其对人命运的决定地位的意义上使用正义概念的。因此，这种从整个宇宙秩序和本质推出正义原则，并把人的命运统一于秩序的正义观，可称之为宇宙主义的命运论的正义观。该正义观的意旨在于向人宣示，美好命运统一于由宇宙秩序所规定的正义，要获得美好命运，就必须服膺由宇宙秩序所规定的正义。由于美好的生活命运直接表征着人的生活自由，因此，这种以人美好生活为根本导向的正义观，也就逻辑地包蕴着追求人自由的内在取向。不过，由于当时人的能动意识尚未充分觉醒，因而仅把世界看作受盲目必然性支配的世界。所以，该正义观所追求的自由，也就只是一种被动的自由。

作为逻辑必然性的正义观及其自由本质。巴门尼德认为，对人的思维逻辑而言，"存在是存在的，它不可能不存在"。所以，"真正信心的力量决不容许在'存在'以外，还从'非存在'产生任何东西；所以正义决不松开它的锁链，容许它生成或毁灭，而是将它抓得很紧；决定这些事情的就在于：存在还是非存在"③。"太阳的女儿们引我走进光明，离开了黑暗的居所。在黑夜和白天的路上有一座大门紧闭，保管钥匙的是正义女神，那司报应的正义女神……对我说：'你由不朽的驭者驾车，送你到我的住所。引你走上这条路的不是恶运，而是公平和正义。'"④ 显然，他"用光明和黑暗代表知识和无知"，奔向光明就是在奔向知识和真理，而知识和真理之门，则正是由正义女神开启的。可见，他所谓正义，就在于在认知活动中遵从逻辑秩序和法则，以求得真理。由于真理是自由的前提，获得了真理，就获得了思想自由，因此，这种正义观无疑具有自由取向。不

---

① 〔美〕麦金太尔：《谁之正义？何种合理性？》，第 19~20 页。

② 〔古希腊〕赫西俄德：《工作与时日》，张竹明、蒋平译，商务印书馆，1991，第 9 页。

③ 北京大学哲学系编译《西方哲学原著选读》上卷，商务印书馆，1981，第 592 页。

④ 转引自王子嵩等《希腊哲学史》第 1 卷，人民出版社，1997，第 589 页。

过，这种自由仅仅是一种以坚执逻辑秩序为前提的思想自由而已。

宗教神正论的正义观及其自由本质。神正论的正义观认为，"神是正义的，神按照赏善罚恶的原则对待世人"①。"神性的正义统治着整个宇宙，就像公共法律统治着每一个城市一样。"② 在此，神性正义被定义为"赏善罚恶"这样的道德力量。既然这种神性正义的道德力量统治着整个宇宙，那么，行善戒恶就成为人道德生活的所可能享有的全部内容。由于人道德生活的可能性，就是人道德生活自由之所在，给出了人道德生活的可能性，也就宣示了人道德生活自由之所在，所以，这种正义观仍具有自由取向，只不过这种自由仅仅是一种道德生活的自由，而且要以人服从神圣力量的方式来实现罢了。

财产制度论的正义观及其自由本质。大卫·休谟认为，"划定财产、稳定财物占有的协议，是确立人类社会的一切条件中最必要的条件"③。"在人们缔结了戒取他人所有物的协议、并且每个人都获得了所有物的稳定以后，这时立刻就发生了正义和非义的观念。"这是因为，"如果每个人对其他人都有一种慈爱的关怀，或者如果自然大量供应我们的一切需要和欲望，那么作为正义的前提的利益的计较，便不能存在了……因而使正义归于无用"④。显然，该正义观的实质，在于基于社会生活受人自利本性和财富稀缺这两大力量约束的基本事实，确立和遵从"一种完善的和谐与协作"的社会赖以实现所必需的财产占有制度。由于实现社会"完善的和谐与协作"能够实现人在社会生活中的自由，因而，该正义观也内蕴着自由取向，只不过其所追求的自由，只是基于财产占有协议的自由，而非自由的全部内容，故有着显著的狭隘性。

社会结构论的正义观及其自由本质。约翰·罗尔斯认为"正义的对象是社会的基本结构"，关于正义问题研究的任务，在于"选择确立一种指导社会基本结构设计的根本道德原则"；该原则的内容在于："所有的社会基本价值（或者说基本善）——自由和机会，收入和财富、自尊的基

① 《阿奎那政治著作选》，马清槐译，商务印书馆，1982，第139页。
② 《阿奎那政治著作选》，第106页。
③ 〔英〕休谟：《人性论》下册，关文运泽，商务印书馆，1980，第532页。
④ 〔英〕休谟：《人性论》下册，535页。

础——都要平等地分配，除非对其中一种或所有价值的一种不平等分配合乎每一个人的利益。"① 可见，他所谓正义，就在于在社会结构层面，追求和实现一种"作为公平的正义"。由于公平本身就意味着人与人关系的普遍自由，所以，该正义观同样具有自由取向，只不过这种自由，仅限于分配层面而已。

正义观上述不同历史类型关于正义本质的见解，尽管在其直接形态上各不相同，但在各自的内在逻辑中，都分别潜藏着用自由来注解正义本质的理论取向，只不过它们用来注解正义本质的所谓自由，分别表现为人自由的不同层面罢了。人的自由是由不同层面的内容构成的有机整体。所以，用对自由的不同层面的追求来注解和规定正义，尽管有其合理性，但其合理性又都必然是不充分的。此外，正义思想演化史既然表明，人们所理解的正义，并不局限于对自由某一层面的追求，而是随着时代条件的转换、思想家学术兴趣的个性化选择、思想发展逻辑的演进等因素的变化，开放地、历史地表现为对人自由不同层面的追求，那就是说，无论是人类正义思想史，还是人追求自由的历史，都没有限定正义在对人自由的追求中的准入领域，都没有规定对自由的哪些层面的追求，超拔于正义属性之上、游离于正义属性之外。所以，对人自由一切层面的追求，都契合、统一于对正义的追求。这一切表明，正义绝非那种仅以某种或某些自由为根本取向的单一或片面性规范，而必然是以人自由的整体为根本取向的综合性、系统性、整体性规范。因此，正义的完整本质，只能被理解和规定为对人自由一切层面即人自由整体的追求。

对正义完整本质的这种注解和规定，既包容了思想史上关于正义本质的不同见解，以对自由的追求为纽带，实现了不同见解的沟通和整合；又克服了其用对人自由不同层面的追求，来注解和规定正义本质的做法的不彻底性，深化和提升了关于正义本质的认识。

其实，用追求自由来注解和规定正义本质，并非游离于思想传承之外的主观臆想。黑格尔早就有了这方面的明确认识："正义的真正概念就是我们所谓主观意义的自由。在正义里，合理的得到了实现，保持其存在。

① 〔美〕约翰·罗尔斯：《正义论》，何怀宏等译，中国社会科学出版社，1988，第 7 页。

自由成为现实的这种合法权利，乃是有普遍性的。"① 不过，黑格尔尽管明确地用自由来注解和规定正义的本质，但他所谓自由，还只是指体现个人与国家伦理关系的"实体性的精神之成为现实性"②，这就使他所追求的自由，仅局限在人与国家关系层面，未涵括人实践的其他关系层面的自由，因而由这种意义上的自由所注解和规定的正义，仍像上述不同形态的正义观一样，具有片面性、狭隘性。

## 三 正义本质的基本特征与基本构成层面

正义的本质作为对人自由整体系统的完整追求，必然具有如下基本特征。其一，正义所追求的既然不是人自由的局部内容，而是人自由的有机整体，那么，正义就必然具有总体性、综合性、系统性的特征。多元正义观正是由于尚未理解正义本质的这种特征，把其本质仅理解为对自由局部内容的追求，所以，对自由本质的认识，才不但相持不下，而且把正义的本质片面化、狭隘化和庸俗化了。其二，正义的完整本质既然在于对人自由的有机整体而非其局部内容的追求，那么，这种追求作为具有总体性、综合性、系统性特性的活动，其不同层面就绝不应相互脱节、失调和冲突，而必然具有内在统一、整体协调的特性。多元正义观孤立地把对诸如权利、财富、平等、美德、利益分配的合理方案等自由的不同层面、不同形态的追求，确定为正义的本质，忽视了这些不同追求间的协调和统一，不但把对正义本质的理解、追求破碎化和相对立了起来了，而且使每一种理解和追求，都不具有充分的合理性。其三，对一般性、共同性自由的追求，构成了正义的一般性、普遍性本质；对自由不同层面、不同形态的追求，构成了正义具体、特殊的本质。正义的一般性、普遍性本质，构成了各具特殊、具体本质的多元正义形态得以沟通、统一的基础和根据；多元正义形态的具体、特殊本质，则使正义一般性、普遍性本质得以具体化、

---

① 〔德〕黑格尔：《哲学史讲演录》第 2 卷，贺麟、王太庆译，商务印书馆，1960，第256 页。

② 〔德〕黑格尔：《哲学史讲演录》第 2 卷，第 252 页。

现实化。这决定了正义必然具有一般与个别、普遍与特殊相统一的特征。孤立地、无条件地坚执正义的特殊、具体本质，必然导致其被极端化为一般性、普遍性本质，从而不但使关于正义一般性、普遍性本质的认识陷入多元对立和相对主义之中，而且必然把正义的本质狭隘化、破碎化；离开特殊的、具体的本质，孤立地坚执一般本质，必然使关于正义本质的理解和规定抽象化、神秘化、虚幻化。

正义的这三重基本特征表明，正义的根本规定性或完整本质，绝非任何仅着眼于对自由局部内容的追求的认识视野和认识方法，所能透彻把握的。只有着眼于对自由一般与对自由不同表现形式的追求的结合，所构成的矛盾统一体这种综合性高度，才能透彻把握正义的根本规定性或完整本质。

自由总是通过特定条件实现的。追求自由，实质上就是创造自由赖以实现的基本条件。自由赖以实现的基本条件是怎样的，追求自由所必须展开的活动就是怎样的。正义的本质既然在于追求自由，那么，追求自由所必须展开的活动由哪些内容构成，正义内在结构的具体内容就是怎样的。从该角度看，正义内在结构必然由如下层面构成。

第一，在合理区间内追求能动性的有效开发。人只有既顺应又能动地运用规律创造出充裕财富，才能避免要么寄生于他人，要么通过侵害他人权益被动生存的局面，才能获得自由。因此，通过进取创新创造尽可能多的财富，就成为正义的内在要求之一。离开对自由的财富基础的创造，把正义本质仅看作对人价值、权利、平等等理想的追求，无疑是片面的。可见，正义并不只是一种享受应得的权利，同时也是一种自强创新的责任。这种正义观念早在古希腊就萌生了："遵从正义的人不会有饥饿与毁灭之忧"；"他们的土地上牲畜成群，山坡上的橡树果实累累，山谷中蜜蜂飞舞，绵羊身上披满厚厚的绒毛，妇女们生下贤惠的子女"①。在此，财富统一于正义，而财富只能来自劳动创造，所以，劳动创造就是正义的。当然，能动性的发挥不能破坏自由的客观前提。过度膨胀的主体性，不但必然导致自我中心主义和人相互为害，摧毁人自由的社会前提，而且必然导

---

① 转引自唐士其《西方政治思想史》，北京大学出版社，2002，第 49 页。

致生态灾难，严重危及人类生存的自然前提，因而绝无正义可言。可见，能动性的发挥，最低应达到使人免于因缺乏进取创新活力而被规律所奴役的程度；最高应达到使人免于因自我中心主义恶性膨胀而破坏人生存的自然、社会前提的程度。因此，追求该区间内人能动性开发绩效的最大化，就是正义的自由本质一个基本构成层面。

第二，对自由取向的实践关系体系的追寻和建构。人的自由必然要通过由人能动性合理区间内的实践行为所编织成的实践关系来实现，所以，对自由取向的实践关系系统的追寻和建构，就是正义本质的基本构成层面之一。由于现实的实践关系本来就具有开放性、整体性、系统性，所以，作为正义本质基本构成层面之一的自由取向的实践关系，也必然具有开放性、整体性、系统性。它覆盖了由人与人、人与自然关系所交织而成的实践关系的一切层面、一切领域。关于正义本质既有的多元性认识，都仅局限于实践的局部关系来定义正义，这就使关于正义本质的认识因由此而来的片面性，而陷入相互冲突的困局之中。对自由取向的实践关系体系的追寻和建构，是正义本质固有结构层面之一这一点的彰显，打破了把正义仅局限于实践局部关系的传统认识，为关于正义本质认识的歧义性的消解、多元正义观的统一，提供了理论前提。

第三，对自由取向的社会结构的追寻和建构。人能动性合理区间内的实践行为、该行为所编织成的自由取向的实践关系以及人的自由，必然受特定社会结构的约束。这决定了对以追求人自由为根本目标的社会结构的追寻和建构，就构成了正义的自由本质又一基本层面。柏拉图就曾指出，城邦的正义就在于"每个人必须在国家里执行一种最适合他天性的职务"。所以，"当生意人、辅助者和护国者这三种人在国家里各做各的事而不相互干扰时，便有了正义，从而也就使国家成为正义的国家了"①。在这里，国家与适合人天性的角色间的关系，以及不同角色间各自独立互不相扰的关系，所组合成的特定社会结构，被看作不同角色的人自由的前提，进而也就把这种自由取向的社会结构，理解为正义的本质。关于正义本质的传统认识之所以陷入歧义性纷争之中，根本原因之一，就在于它们要么仅在

---

① 〔古希腊〕柏拉图：《理想国》，郭斌和、张竹明译，商务印书馆，1986，第57页。

社会要素层面，要么仅在社会关系层面来认识正义的本质，鲜能上升到由要素、关系整合而成的社会结构层面，来理解正义的本质。这不但不能体认正义本质所固有的宏观社会结构层面的内涵，而且必然因审视问题的着眼点过于琐碎、分散，而强化关于正义本质认识的歧义性程度，阻滞消解这种歧义性的进程。对自由取向的社会结构的追寻和建构，是正义本质固有的内在结构层面之一这一点的昭彰，不但能有效降低关于正义本质认识的歧义性程度，而且必然能深化和提升关于正义本质的认识。

第四，对自由取向的社会演化路向的追寻。能动性合理区间内的行为及其所衍生的自由取向的实践关系，以及自由取向的社会结构，都必然受社会演化路向的约束。路向出现差错，社会演化的结果与人的自由就会相忤逆，正义就不能得到有效保障。所以，对自由取向的社会演化路向的追寻和捍卫，就构成了正义的自由本质又一基本层面。社会演化路向与正义间的这种关系，在古希腊语"正义"的原始含义中已有所体现："正义（δικη），'正义的观念'（τοδικαιου），它们的字根'δικ-'为对于'正直'的道路的'指示'，可能和拉丁字'手指'（digtas）或'正直'（directe），出于同一较古的言语。"[1] 从正义这一"对于'正直'的道路的'指示'"的原始含义中，不难发掘出其防止人因走错路而失去自由的隐义，这与本文把正义本质层面之一，理解为"对自由取向的社会演化路向的追寻和捍卫"，具有一定程度的一致性。

自由的实现是由上述条件共同促成的，其中任一条件都不能欠缺。这决定了正义的内在结构，必然是由上述各层面内容结合而成的有机整体。正义本质这种有机性、整体性的内在结构，无疑包容了从对自由某层面及其某种单一实现条件，来理解正义本质的多元可能性，从而对正义本质内在结构的这种认识，一方面有效化解了关于正义本质认识的歧义性纷争，另一方面又超出了仅从对自由及其实现条件的某一层面的追求，来理解正义本质的传统思路，把对正义本质的理解，扩展到了追求自由的一切层面及其一切实现条件的高度，避免了对正义本质理解的狭隘性、封闭性和孤立性。

---

[1] 〔古希腊〕亚里士多德：《政治学》，第 136 页。

# 四　正义的元规范性质与反映正义次级属性的亚规范、子规范

自由是人生存实践一切领域、一切过程、一切环节共同追求的目标。人生存实践的整体中，根本不存在超越自由这一价值目标之外其他任何别的价值目标。所以，自由作为价值目标，对人实践的整体系统，具有完整、全面、无一例外的覆盖、统摄功能和价值地位。正义的本质既然在于追求自由，而自由既然是人实践的普遍性目标，那么，正义就相应地因为它是一种引导人实现这种普遍性目标的规范性力量，而成为一种对人生存实践一切领域、一切过程、一切环节都具有普遍适用性的总体性、普遍性、一般性规范。

更进一步来看，自由不但是人生存实践一切领域、一切过程、一切环节共同追求的总体性、普遍性目标，而且是人生存实践一切领域、一切过程、一切环节共同追求的终极性、至上性、根本性目标。人生存实践的整体中，根本不存在任何超越自由这一价值目标之上，也不存在任何与该价值目标并列的其他任何别的价值目标。人生存实践中的任何别的价值目标，都统一于对自由的追求，都是自由的不同层面、不同环节、不同领域的具体表现形式。自由所具有的这种作为人类终极价值目标的地位和属性，决定了以对自由的追求为其根本规定性的正义，就相应地因为它是一种引导人实现这种终极性、至上性价值目标的规范性力量，而成为一种对人生存实践一切领域、一切过程、一切环节都具有普遍适用性的终极性、至上性、根本性规范。

正义既是一种覆盖、渗透、统摄人类实践整体系统的具有最广泛涵盖力的总体性、普遍性、一般性规范，又是一种覆盖、渗透、统摄人类实践整体系统的具有无上地位的终极性、至上性、根本性规范，从而正义就对实践整体系统一切内容，都具有普遍有效的统摄地位和规导资格，该系统一切内容都无任何理由超拔、游离于正义的约束之外，那么，这两个方面的属性的结合，就决定了正义绝不可能是一种仅对实践某些环节有效的局部性规范即子规范，而必然是集真、善、美、效率、财富等人类基本的自

由追求于一体，指向人类实践整体系统的一种综合性、总体性、至上性的元规范。这里所谓元规范，是指那种无论在其有效性的普遍性上，还是在其有效性的深刻性上，都作为其他任何规范的终极根据、普遍基础和无条件的前提，而规导着其他任何规范的规范。正义作为这样的元规范，决定了任何别的规范都不能像正义那样，对实践整体及其终极追求，具有普遍合理的规导资格；任何别的规范，无不统一和归结于正义，无不是正义的组成部分和具体表现形式，而正义却不能归结和统一于任何别的规范。就其本质而言，作为元规范的正义，不过是人实践的一切领域、一切过程，对自由的追求及自由的实现所必须满足的终极条件的表达而已。它的使命就在于，通过引导人对实践的批判、超越，实现对实践的一切内容和过程，以人的自由为根本取向的深度整合、根本提升和系统完善。这决定了它必然具有总体性、高远性、超功利性、超验性和终极性等内在特征。因此，人类一切实践活动，都只有经受住了正义的拷问，才能获得其终极的合理性；人类实践的一切规范，都只有以正义为终极前提、普遍依据，才能具有普遍有效的规导资格和功能。可以说，正是正义这一规范，构成了人类一切活动及其产物的合理性的阿基米德点。

正义所具有的这种作为总体性、综合性、至上性的元规范的特质，前人已有所认识。亚里士多德指出："寡头和平民派对于正义各有其认识，但他们的认识既不充分，所持的正义就都是不完全的，各人都只看到了正义的某些方面。"① "城邦以正义为原则。由正义衍生的礼法，可凭以判断人间的是非曲直，正义恰好是树立社会秩序的基础。"② 强调全面把握正义，把正义看作礼法的根据、社会秩序的基础，这就把正义置于总体性、综合性、至上性社会规范地位上了。柏拉图也认为："正义能给予那些属于国家法制的其他美德——节制、勇敢、智慧——以及那些被统摄在这一普遍的观点之下的德性以存在和继续存在的力量。""无论何处，只要你发现了其他的美德，你必然会碰见正义本身也已经在那里。"③ "正义的理念

---

① 〔古希腊〕亚里士多德：《政治学》，第 136 页。
② 〔古希腊〕亚里士多德：《政治学》，第 9 页。
③ 〔古希腊〕柏拉图：《理想国》，第 154 页。

是一种超验的实在，不能用感觉来证明其存在。"① 奥古斯丁也指出："甚至人间最好的法律也只是真正的正义的'残片'或'镜像'，这种正义只存在于上帝之城。"② 黑格尔则更明确地指出："正义这一概念是全体的基础、理念"，"正义是整个本质……正义容许每一特殊规定享有它的权利，同时又导使每一特殊规定回复到全体"③。

作为元规范的正义的本质，既然在于人的自由，那么，引导人去追求人的实践自由的不同部分与具体形态的其他规则，就是实践的亚规范、子规范。求真、求善、求美、求效率、求财富、求情谊、求闲暇与健康等活动原则，就是这种亚规范、子规范的具体表现，它们都服从和统一于正义这一元规范。元规范与亚规范、子规范，作为引导人类走向不同层级的自由的不同规则，一旦把其割裂开来，作为元规范的正义，就变成空洞的口号，亚规范、子规范就失去了合理依据；一旦把其混同起来，正义就会变得偏狭、庸俗，亚规范、子规范所追求的目标，就会被绝对化。在相关讨论中，人们往往把平等、公平、公正与正义部分地或完全地等同起来。然而，平等是人们"处于同等社会地位，享有同等权益，履行同等义务的理念、原则和制度"；公平是人们"按双方都能接受的规则和标准采取行动和处理他们之间的关系的准则"；"公正是一个社会的全体成员相互间恰当关系的最高概念"④。显然，这三者都只是关于人与人关系的准则，而非涵盖一切实践关系的综合性、总体性、至上性的规则，因而就绝不具有正义那样的元规范性质，都只不过是亚规范或子规范而已。它们与正义间的关系，就是亚规范或子规范与元规范间的关系，从而它们都以正义为归宿。所以，绝不能用平等、公平和公正来代替正义，也绝不能把正义降低为平等、公平和公正。否则，就必然把正义庸俗化、狭隘化。

正义作为追求自由一般的元规范，其内在诉求总要通过追求自由不同层面、不同环节的子规范、亚规范来实现。各种亚规范、子规范只不过是

---

① 〔美〕弗里德里西：《超验正义——宪政的宗教之维》，周勇、王丽芝译，三联书店，1997，第3页。
② 〔美〕弗里德里西：《超验正义——宪政的宗教之维》，第9页。
③ 〔德〕黑格尔：《哲学史讲演录》第2卷，第256页。
④ 洋龙：《平等与公平、正义、公正之比较》，《文史哲》2004年第4期。

正义的次级属性、局部属性的概括和凝结。既然如此，那么，正义完整的本质属性，就绝不可能孤立地通过对某一亚规范、子规范所反映的正义的次级属性、局部属性的认识而认识到。长期以来，关于正义本质问题的认识，之所以难以走出歧义纷争的困局，从该角度来看，根本原因就在于人们总是把正义不同层面、不同环节的次级属性、局部属性，理解为正义完整的本质属性，把反映正义次级属性、局部属性的亚规范、子规范，等同于正义这一元规范的结果。因此，关于追求自由的元规范与亚规范、子规范问题的提出，提供了透视关于正义本质问题的认识歧义性困局难以破解的症结的新的视角，有利于问题的解决。

# 五　结语

关于正义本质认识的歧义性局面的形成，除前文所分析的认识方法的片面性缺陷这一成因外，还有着深刻社会、人生根源等诸方面缘由。正义综合性、复杂性、开放性和总体性特质，尽管决定了只有超越感性直观视野中狭隘的功利主义的偏见，把分析问题的眼界，拓展到人生存的完整形态，以及制约人整体命运的全部力量的框架中，从而立足实践整体及其终极目标高度，才能透彻把握正义完整本质；但社会分工与分层、社会竞争、功利偏好、主体性的盲目冲动、不同意识形态壁垒、自私与偏狭等具有一定社会分裂效应的诸多力量，不但阻碍着关于实践整体意识的生成，而且使人缺乏能力和动机把个人生存选择与实践整体系统的合理走向统一起来，使人把人类实践的全部意义和终极目标，仅仅理解为对人某种片面需求的满足。因此，普遍统一、完整健全的正义观在社会认识和社会心理中的广泛生成和最终确立，不仅需要建立起认识正义问题的正确方法论，而且需要整个社会协调好人与人、人与自然的关系，大力提高整个社会不同领域、不同关系、不同单位间的整合程度，创造统一正义观普遍有效生成和被广泛认同所必需的社会前提；需要人们积极完善生存方式，全面提升生存境界，对感性直观的生存内容和生存压力、对破碎的生存意义和封闭的生存格局、对自私与偏狭的生存状态，保持批判超越态度，创造统一正义观普遍有效生成和被深度认同所必需的健康人格前提。四分五裂、缺乏统一利益的实践活动，难以让人生成实践整体系统高度的关于正义的完整问题意识，以及普遍统一的正义感；一个思维缜密但自私偏狭、封闭保守的理论家眼中的正义，也就不过是其自私目的赖以实现的必要工具中的一种而已，其含义是会视自私目的的要求而随时被替换的。因此，正义本质歧义性问题、正义观多元对立问题的普遍有效化解，只有在方法论创新、社会整合、人生意义正确定位诸方面努力统一高度，才能最终实现。

# 作为道德哲学总监的告别演说[*]

〔英〕约翰·洛克 著 石碧球 译[**]

是否有人能依自然而获得此生的幸福？否。

无论是谁，如果试图要将深深地扎根于人们心中的对生活的眷恋抹去，并使他们相信自己此生所遭受的最大邪恶就是生活本身，那他一定是疯了，或者是他希望别人发疯。然而，不管自然应许给人们以多少幸福，她实际提供的却是微不足道的，这一点我们从全人类的抱怨及那些总是指向未来的徒劳的希望中就足以看到。心灵好像被安装了齿条，不断地拉伸人们的希望，却从来不曾使之满足。自然无疑曾给予我们以法则，但这些法则与其说是给予幸福的特权，不如说是使困难羁绊在此生的镣铐。实际上，自然将所有人幽禁于此生与幽禁于囚牢无异，在此充满法律和命令，却没有任何的宁静与和平：双手疲于劳作，脊背受到鞭笞，没有人可以免于苦难和痛苦，即便是勤勉工作也会遭到灾祸降临的威胁。我们的生活就处于这样的境况之中，自然已向我们充分显示她是何等的卑鄙：她从大地中创造了我们，但同时也让我们像大地一样，遍身长满了荆棘。倘若我们心中偶然有神圣起源的微弱火焰，这种火焰不停地闪烁和不安地跳动着，并努力借此永不停歇地回到其诞生之地，那

---

* 1664年12月，洛克从牛津大学基督学院道德哲学总监一职离任。这是他在离任前的告别演说。从内容上看，这一演说与他在任职期间围绕自然法所作的系列讲座有非常紧密的关系。本文译自冯·莱登（W. von Leyden）编辑并翻译的洛克《自然法论文集》（John Locke, *Essays on the Law of Nature*, edited by W. von Leyden, Oxford：Clarendon Press, 1954）。文中的引注除了标明外，均来自莱登编译时的注释。——译者注

** 约翰·洛克（John Locke, 1632-1704），英国哲学家；石碧球，陕西师范大学哲学与政府管理学院副教授，硕士研究生导师。

它给我们带来的也更多地是麻烦和焦虑，而不是光亮，而这也只不过是让我们这些血肉之躯意识到，这种闪耀终会在无言的炼狱之火的折磨中被消耗殆尽和备受煎熬。因此，普罗米修斯盗取天火就必定为我们和酿成大错的他自己所痛惜，因为人生就是在痛苦中苟且偷生，而我们治疗那些致命的旧伤，也不过是要徒增新的伤痕，并使自己总是处在一种痛苦之中。因此，自然对我们的祈祷是百般嘲笑，而除了我们对幸福的渴望外，它并未对我们的此生许以任何的幸福。① 在这方面，哲学也没有表现得更为温情：在哲学高贵的言辞中，不幸的人类所感受到的只是无力和可怜。哲学提供了许多财富，但这些财富都不是人类的财产，而仅仅是些言辞的表达而已。正如拳头和利剑无法治愈伤口一样，那些关于至善的犀利的、精致的话语也不能抚平人类的不幸。此生离幸福是如此遥远，以致不可能从自然的这些渣滓中看到幸福在哪里，而除了能告诉我们幸福无处寻觅外，哲学家们的幸福探寻之旅也只能是一无所获。亚里士多德告诉人们，他自己对幸福的寻求是徒劳的；他为此从未停止过焦躁与忧虑，直到他纵身跃入大海中，并最终在埃夫里普海峡②里而不是在他真实的生活中找到了一个更好的宁静之处。如果你走进画廊③，你会发现，斯多葛学派是在尽最大努力塑造他们以为幸福的那种人。为了使人可以面对生命的各种打击而处变不惊，并表现出超出自然形成的品性修养，他们经常会将人千锤百炼，以幸福为名而剥夺他所有的欲望；他们把人摧毁掉，并制造了一个枯木桩来替代生长着的幸福之树④，这个枯木桩上被

---

① 在《人类理解论》（An Essay Concerning Human Understanding，Ⅱ. xxi. 32-46）中，洛克用一种更为严厉的语气谈及了与之类似的观点。

② 普罗科匹厄斯（Procopius）（Bell. Goth. Iv. 66，p. 485，ed. Bonn），是亚里士多德众多传说叙述者之一，他在《查士丁尼战争史》中记载了这样的传说：亚里士多德因为不能解决在埃维厄岛（Euboea）和维奥蒂亚岛（Boeotia）之间暴虐的回流问题，自己就投身埃夫里普海峡这片狭窄的海域中。洛克可能是从托马斯·斯坦利（Thomas Stanley）《哲学史》（History of Philosophy，4 vols.，1655-1662）中获悉这一情况。他有这本书的一个手抄本（这一问题出现的段落见 1701 年第三版中第一卷）。也参见格兰维尔（J. Glanvll）的《教化的虚荣》（The Vanity of Dogmatizing，1661，p. 66）。

③ 希腊哲人芝诺经常在雅典集会广场的廊苑聚众讲学，后将他创立的学派称为画廊学派或斯多葛学派。英文 stoic，来自希腊文 stoa，原指门廊或画廊，后专指斯多葛学派。——译者注

④ 此处的"幸福"（faelix）洛克赋予了双重的含义。

装饰有浮夸的辞藻：他们馈赠给人类的唯一幸福就是那种无法享受的幸福。伊壁鸠鲁学派则是沿着一条完全不同的路径来寻求自身的幸福；他们努力使自己的欲望得到满足，但他们与试图消除欲望的斯多葛学派最终达到的结果是相同的，幸福并不诞生于伊壁鸠鲁那惬意的花园中，正如上帝并不会出现在埃及一样，尽管二者各自都拥有忠诚的拥趸；实际上，各个学派之间的激烈论争，目的都在于自己宗派的至善，就好像这种至善就是最高的神性一样。由于哲学家们以极为敏锐的心智和理智投入彼此的交锋中，这就使包罗万象的哲学变得像那无边的大海，其间盐分充足①但又波涛不止。在哲学中，你会发现有许多令人愉快、深不可测的东西，这些东西可以陶冶心灵，但无论你前往何处，你都无法给自己找到一个稳定可靠的港湾，汹涌的波涛一浪接着一浪，势不可当，不断地搅动焦虑不安的心灵，却并不能停息对幸福的渴望。因此，自然是如此，哲学亦是如此，它们就是这种不安与躁动的源头。当人类刚刚起源、大地几乎荒芜、世界尚是新生时，其间或许会充盈着孩子们的喧闹声，当然也少不了他们的眼泪。不可否认，总有一些人会喋喋不休②地称赞上一个时代③的美好。在他们看来，除了所谓古代以外（你或许会发现，在整个古代，人类恰恰是没有道德），没有卓越，甚至没有一般意义上的善好；仿佛我们的祖先所获得的幸福，就如他们的年龄一样，要远胜过我们。我们被告知过去有过黄金时代，但是到底哪一个是黄金时代，这似乎总是藏匿于诗意的心灵中，也正是这些诗意的心灵，编织了黄金时代的传说。如果如此受关注的黄金时代再次来临，先生们，请考虑一下，如果年迈迟钝、恶毒无

---

① 拉丁语的 sal，既有盐，又有睿智（sharp wit）的意思。洛克在此有一语双关之意。

② 这里的拉丁文 crepant（喋喋不休）可以联想到上一句的 crepundia（喧闹）。

③ 洛克在这里是暗指 17 世纪那场著名的"古今之争"。17 世纪末的法国，随着布瓦洛（Boileau）和佩罗（Perrault）分别持古代和现代的立场，围绕"古代还是现代的争论"（Querelle des anciens et des odernes）就达到了顶峰。与此同时，在英国，威廉·坦普尔（William Temple）爵士和尊敬的查尔斯·波义耳（Charles Boyle）充当了传统权威的捍卫者，而威廉·沃顿（William Wotton）和理查德·本特利（Richard Bentley）则是为现代的成就而大加称颂（参加 Swift's Battle of the Books，written in 1697）。在更早一些时候，也即洛克 1664 年在写本篇告别演说之前，法国的博丹（Bodin）和笛卡尔，英国的培根和霍布斯，都是持"现代"的立场。而随着一种真正的进化史观的出现，这场争论才得以平息。至于洛克本人，他在晚年撰写的《论理解能力的指导》（Conduct of the Understanding，par. 24，in Works，1801，iii. 225）一文中则完全放弃了对这一不明智问题的讨论。

比的农神用对待子女的方式，也即以吞噬他的子女为乐事的方式来治理国家，这会是一个什么样的幸福之邦啊？当然，朱庇特统治的所谓黑铁时代就更为可取。就让这些上了岁数的人去缅怀过去，悲伤当下，沉浸在他们那些逝去的美好事物中吧：在过往的岁月里，没有人是幸福的，但如果一位老人对其已经逝去的孩提时代赞不绝口，我们也不应当吝啬许他如此做。因为如果一个人戴着眼镜看远处，所有事物都变得更大、更清楚，这有什么好奇怪的呢？不仅如此，任何能使人幸福的东西，它必定存在于我们之中，并属于我们自己。没有人会说卑鄙龌龊的瑟赛蒂兹（Thersites）① 因为生活在一个英雄的时代或与阿喀琉斯（Achilles）和奥德修斯（Odysseus）处在同一个时代就会变得更好或更幸福。的确，在这个赢弱的时代，我们受到太多的限制，以致很难理解幸福宽广的含义。如果自然能许以涅斯托尔（Nestor）② 长寿，但同时也会随年龄增长而变得年老色衰，那她就不会让我们变得更为幸福。当一个人已经失去自我并且真实的自我已离他而去，当他被诱使为自己考虑时，他不只是令自我厌恶，同时也成为他人嘲笑的对象，此时的他还拥有幸福吗？因为我们能看到，那些被岁月侵蚀了容颜的人，他们的面容就像戴上了一个面具，恰如自然正在上演一幕舞台剧，也正是同一个自然，它创造了诗人，同时也创造了令现实充满荒诞的演员。生活绝不会使任何人在任何一点上感到自足，而是使其慢慢消逝，使其充满渴望但又无比空虚，使其追求那些渺茫的善好。但是如果自然是我们所称的最仁慈的母亲，能给哭泣的孩子带来丰盈的礼物，那她如此偏爱烦扰和杀戮又有何用处呢？许多善好的事物都会伴随焦虑、恶心和不快；最开阔的水域最容易暴露在风口，也最容易刮起风暴，所以在一种极为好运的情况，其变故总是会越来越大，所引起的悲伤也会越来越大。如果那些在继母的严酷对待中免于一死的人，最终却死于自然的宠溺，那这种自然的仁慈又有何益处呢？

---

① 瑟赛蒂兹（Thersites），荷马史诗《伊利亚特》中的人物，他长相丑陋，最擅长的就是以辱骂的方式挑衅对方的希腊士兵，是历史上反英雄主义的典型。后来在特洛伊战争中因嘲笑阿喀琉斯而被杀。——译者注
② 涅斯托尔，希腊神话中皮洛斯国王涅琉斯 12 个儿子中唯一未被赫拉克勒斯杀死的幸存者。《伊利亚特》称涅斯托尔是一位长寿的长者，经常向武士们讲述自己早期的战绩以激励他们去战斗。

我宁愿吊死在绞刑架上，也不愿意因过分殷勤的拥抱窒息而死。如果一个人所确信的庇护所和乐在其中的无忧无虑遭到碾压，那对他来说就是一件再残忍不过的事情。而压迫者似乎也不简单地满足于将受迫害者置于死地，他之所以给受害者点燃幸福的希望，唯一的原因就是他可以在受害者因生命和希望而变得更贪图享受和敏感脆弱时，将其生命和希望全部剥夺。要人们去忍受生命负荷如此多痛苦已是相当可怜，再让他们去热爱如斯生命就更值得怜悯了。尽管监狱和牢房的门四处敞开，但无人想要离开此地，这就表明，我们的可怜不仅仅是因为我们的境况，而且是因为我们意愿如此。实际上，生命中的这些悲惨境遇自身就具有这种最令人痛苦的特征，也即这些悲惨的境遇都是他们自己所乐见的。使我们得以慰藉的痛苦也是最可怕的：当任何人屈从于它的压力，他并不感到痛苦，也不会引起他人的同情。这可能也只是使如此痛苦的境地达到了一个顶峰，即我们被它们所欺骗，并心甘情愿地被欺骗着。生命是如此悲惨，以致使快乐的事情变质，而任何人如果不是精神不正常就不可能感到快乐。自然在生命中洒下泪水和忧伤，但任何人都必须诚心诚意、小心翼翼、兴高采烈地保存它，同时，他还应该全心全意地珍视那不经历悲伤和哀悼就不可能获得的自然的馈赠，这是多么愚蠢的事情呀！因此，我们在刚开始时会像傻瓜一样，踌躇不前，悲伤不已，但一旦身陷牢笼，就会乐得手舞足蹈，好像除了刚开始那会的不快外，其间的一切都充满欢快，就好似那些我们起初无法忍受的痛苦，会因为我们已经习惯了它们就会为我们所珍惜一样。与此同时，人们的痛苦无所慰藉，因为这些痛苦人皆有之，不过也恰恰是这些人，他们虽同病相怜，却彼此撕裂，他们因内心冲突而经常挥手相向。我们对待难友，更多的是厌恶而不是安慰，我们或多或少都会以正当来取悦于自己，但对他人则是心怀恶意。真的，当每个人不只要忍受自己的灾祸，还要遭受他人的恶意的时候，那些除了什么对幸福有害以及如何最大限度避免这些害处以外对幸福一无所知的芸芸众生是多么的有福分呀。因此，告别生命中那些令人忧伤的快乐吧；这个世界给予那些祈祷者最有价值的东西，恐怕也只有坟墓了。对于生者，即便快乐也是一种负担；对于逝者，也不过是一抔黄土。水果、香草以及生长在大地上的任何植物，都可以说是自然的受造之物，并且命中注定是野兽的饲料。地球上的人类与兽类生活在共同的摄食区域，即便人们经受着如此不相宜的社会，也不会有任何希望提供一个将他们区分于野兽的标识。我们就像弃儿一样在这个世界上艰难地生活着，像乞丐一样只能在他人的门槛前以讨食为生。自然将丰富的宝藏深埋于隐秘的地方，必须深入地下才能发现它们，而比之对幸福的追寻，人们探寻这些财富所要付出的努力一点都不少。因此，我们因自然的慷慨而真正变得富有和满足；也只有在自然向我们倾其所有，她才向我们敞开胸怀，接纳那些安静地返回到其怀抱的人们。从创世以来，人类唯一幸福的时代就是世界末日来临的时代，唯有一场洪水才能洗刷掉那些罪恶，在此生中，人类就是被这些罪恶所淹没。年迈的丢卡利翁（Deucalion）①，这个大洪水过后的唯一幸存者，在他遭到放逐并失去了整个世界的时候，所乘的方舟又失事了，而他也只能是将他的眼泪洒到大海的巨浪中。因此，自然总有一天要遭到摒弃，而灵魂中这些易腐易烂的覆盖物也必须抛弃掉。伟大的神性和人类的幸福并不能居住在一个如此污秽逼仄的住所中。对于我们来说，只要是有害的东西，都是源自身体；一个人只有离开人世才无须害怕狂风暴雨般的灾祸。如果你要寻求罪恶的终结，那你必须首先终止自身的存在。如果我们仅仅是因为艰辛和苦难而利用召唤我们的白昼之光，那它们必定也会为那些期待休息的人而将这一光亮熄灭。有阳光的地方就会有阴影，而我们也必须感恩我们生命中的一切，不管这些带给我们多少悲伤。谁会满足于一个没有伟大灵魂并且没有什么东西供人去征服的世界呢？对于任何追求幸福的人来说，这个世界对他就正如对亚历山大一样，它是一个牢笼，而对于那个注定要寻求更高目标的心灵来说，它太过狭窄了。因此，一个人在死亡之际，其身体常常会抽搐，四肢哆嗦，原因就是他渴望终结而不能容忍拖延。实际上，垂死之人的痉挛性运动并不是灵魂的折磨，而是灵魂为打破囚禁自己的牢笼束缚而欢舞，以及为即将到来的自由长夜而狂欢。

---

① 丢卡利翁，希腊神话中普罗米修斯之子，第一个建立城市和神庙的人，受到古希腊人的极度推崇和赞美。据传宙斯对凡人不敬诸神和作恶多端不满，决意用一场大洪水来毁灭他们。丢卡利翁和他的妻子皮拉（Pyrrha）听从普罗米修斯的劝告，之前就建造了一艘方舟，得以成为幸存者。他们在向诸神重新献祭后，被允许以被石子砸背的方式重新回到人间，并变成了男人和女人。

但是，为什么我要一再拖延去谈论期待已久的离别欢歌①呢？的确，如果不是因为我在未曾对在我任职期间帮助过我的任何人表达我的敬意就与大家告别是最不得体的事情，此时的我更愿意悄悄地离开，默默地进入寂静的黑暗世界中。其实，尊敬的先生②，您对我的关爱，我此生难忘。对于任职期间的其他事情，不管是我对自己所做的还是他人对我所做的，我都愿意在临别之际将其遗忘掉。但如果我在穿过忘川河进入幽冥界以后依然为你唱起赞歌，命运女神（Fates）③也一定会原谅我；事实上，我穷尽一生也不足以模仿或称颂你的完美。然而，我必须在临别之际终止这一无边的谈话，这不仅是因为我的力气、时间和天赋都有所不逮，更是唯恐我在离别时会如此的失心疯，以致竟会相信您的美德还需要去称颂。尽管如此，我还是要表达我的感受以及我与在座的诸君的共同感受，即人们在其他地方孜孜以求却又总是求而不得的幸福，只有在您的治下才能寻求到；我们大家是如此珍惜这一幸福，以至所有人都认为有必要对您泽被世界的影响力要有所限制，以免一些人会被这一宁静的处所欺骗，误以为这就是有福之人永远的栖居之地。可是，我们也不能认为这个地方离天堂还较远而偏爱于此，因为我们知道，居于众星体之间的天堂虽然掌管世间的一切事务，但其间并不都充满惬意，有的时候农神（Saturn）会与朱庇特相联手。的确，不管在此发生着什么，我们全都乐此不疲，即正如那些乖谬之人通常的遭遇一样，我们这些生命和力量都是转瞬即逝的芸芸众生，接二连三地来到这里，在此生活，又迅即离开，唯有您才是不朽的，您不

---

① 在此处及下文中都是洛克与他人的告别话语。为了表达离别时的伤感，洛克多用 this life 等表示这辈子的语词来表示自己的任期，用 death、grave、burial 等表示死亡、葬礼的语词来指称离别、告别仪式。为更贴近文意表达，对此类语词的翻译均采用告别的语气。——译者注

② 洛克在此是向约翰·费尔（John Fell）博士（1652~1686）表达自己的敬意。自 1660 年11 月起，费尔博士一直担任基督学院院长，1675 年开始担任牛津教区的主教。他也是基督学院前任院长塞缪尔·费尔（Samuel Fell）的儿子。

③ 在古希腊神话中，万物命运由"命运三女神"（Fates）安排和掌握，她们是宙斯的三个女儿：最小的女神克洛托（Clotho）手里拿着纺锤纺织人的生命之线，根据线的长短决定每个人的寿命；二姐女神拉刻西斯（Lachesis）负责分配命运，使纺线通过变幻无常的吉凶祸福，人的富贵贫贱就此注定；最年长的女神阿特洛波斯（Atropos）掌管死亡，负责切断生命之线。——译者注

只有天帝（Jove）般的仁慈，而且有他那样永续的统治权。

最尊敬的先生①，我愿拜服在您的脚下，将我任职期间的束棒（fasces）交还给你，我这发颤的手已不适宜执掌它，它应该由更为有力的手来挥舞。我确信，只要您用您的魔杖唤醒那早已逝去的古典学说的精神，唤起那些已逝学者的精神，这个残破的议事厅立马就会恢复其本有的光芒。因为有谁不愿意去展示那种能至少是将我们可敬的先灵召唤到此地的技艺呢？实际上，这类魔法有百利而无一害，根本不用担心法官的审判，也无须害怕一再重复的主祷文。您之前做过的那些伟业我们都曾目睹过，现在没有人会怀疑，如果这里有野兽出现，您也定能和俄耳甫斯（Orpheus）② 一样去驯服它们；也没有人会怀疑你能像安菲翁（Amphion）③ 那样去移动顽石并使木材复活；因为您那神奇的魅力，甚至能使那无声的动物彼此交谈④，虽然自然禁止了这种声音，但您的天才却做到了这一点。

我最尊敬的先生们⑤，你们在我这一任期的开始就曾管辖过我，今天又在我任期的最后时刻光临现场，并希望以告别仪式上的荣光来弥补我过往的艰辛岁月，这是迄今为止我所经历的最大奖赏。能终结帝国和元老院，能剥夺其间如此众多珍贵的生命，这的确是恺撒大帝才能配享的命运。而也是在这样一种情形下，因为同样身居高位的诸君对我无比的友爱之心，一种更为荣耀的特权降临于我；你们每个人在私底下和在公共场合中都给予了我无数的帮助，这其中，我首先要提及的是授予我学监的职

---

① 洛克在此指的是贾斯珀·梅恩（Jasper Mayne，1604-1672）博士，基督学院副院长、教士，奇切斯特（Chichester）的副主教、诗人和剧作家。

② 俄耳甫斯，相传为太阳神阿波罗的儿子，善歌唱和奏七弦琴，能用弹唱施行法术，使人、神闻之陶醉，就连凶神恶煞、洪水猛兽也在瞬间变得温和柔顺、俯首帖耳。——译者注

③ 安菲翁，相传为宙斯的儿子，酷爱音乐，痴迷于弹奏七弦琴。传说他的琴声美妙，在弹奏的时候，能使顽石感灵，自动黏合起来建成一座城池，这就是后来的忒拜城，也说是酒神之神。——译者注

④ 这里可能只是暗指梅恩的戏剧艺术，也可能是指梅恩在1663/1664年1月8日在基督学院对大学生在一场戏剧中的表演所做的演说。在演说中，梅恩鼓励参演人员，表扬了他们的天赋，并告诉他们"他非常喜欢有演技的学生"。（参见 A. Wood, *Life and Times*, ed. A. Clark, ii. 2）

⑤ 洛克在这里指的是基督学院的受俸牧师们。具体见1660年所列的牧师会成员的名单。参见 H. L. 汤普森《基督学院》（H. L. Thompson, *Christ Church*, 1900, pp. 84-85）。

位。如果在学监任期内有违反常规、令人不悦之事①，那也可能不得不归之为命定之数，而绝非出于我之所愿。众所周知，我一直认为我无力担此大任，但按照你们的吩咐（尽管这并非我所愿），我还是尽我所能去努力承担它。无论什么时候，只要我遇到比之往常更沉重的负担，我总是能在你们中找到愿意帮我解困的人，正因如此，虽然你们在善于管理方面有着巨大的声誉，你们在对他人扶持方面所取得的声誉也不会比之逊色。不管他人是怎样认为的，你们面前的我肯定不会因贪恋权力而犯罪，因为实际上也只是为了服从你们我才被迫违反自己的意愿去管理他们。但是如果其他人更愿意担任这些职务，他们也一定能通过你们而获得任命，当然，也从来没有人曾更心怀感激地接受或辞去这些职务。

再见了，最杰出的大师们和最博学的先生们，尽管之前不曾有人料想到，你们会在我最令人不快的任期内被看作愚蠢之人②——让我们把他人的毁誉留给别人吧，因为它不会变得如此流利而与我们相称——不过我在你们那小小的智慧宝库里，发现有其他人可能大量拥有的手段，而且我也的确认为，我模仿你们中的任何一位的讲话方式，都会令我通过告别而成为不朽。

再见了，我最亲爱的兄弟③，我更想说的是，我的生活和全部工作中的伙伴，我的导师和心灵的抚慰者。我很庆幸，您还能短暂地留在这里④，成为一个全权在握者，以至每个人都会知道，在您的治下，那些共事者在

---

① 这里可能指的是当时大学里所盛行的放荡的生活习惯。

② 拉丁语 Insulsa（无盐水、淡而无味）在下一个从句里可以用 Sales（尖锐的讽刺）所取代。

③ 本杰明·伍德罗夫（Benjamin Woodroffe, 1638-1711），文学硕士，比洛克小 6 岁，曾就读于威斯敏斯特中学，1656 年被选入牛津基督学院。从大约 1662 年起，他成为基督学院的著名教师，1663 年，他与安东尼·伍德（Antony Wood）、约翰·洛克以及其他人一起在牛津学习化学，拜入来自斯特拉斯堡（Strasburg）的彼得·斯塔尔（Peter Sthael）的门下（参见《英国人名词典》，1xii. 405-406）。从洛克的部分演说及威廉·柯克（William Coker）写给洛克和伍德罗夫（Woodroffe）的信中就可以知道，洛克与伍德罗夫是同一时期的学监。具体可参见牛津大学图书馆洛克馆藏读书（Bodleian Rawl. MS. D. 286, ff. 6-7）。因为洛克写过道德哲学的论文，因此是高级学监，而伍德罗夫必定是低级学监，或者是自然哲学的学监。

④ 依照惯例，洛克作为高级学监应该在米迦勒节（Michaelmas）学期集会前的最后一个星期三发表告别演说；伍德罗夫作为低级学监要在接下来的星期六发表告别演说。

我离开后更能感受到您的存在；如果说友谊已使我成为你旷野中的同伴，无论我此生能从这一友谊中获得何种好处，就都让我的离去一并予以偿还吧。因为我在任时就是一个影子，命令的全部力量和权威都来自你，在我们俩的关系中能找到卡斯托耳（Castor）与波吕克斯（Pollux）的传说，也就是说，尽管我们是兄弟俩，但只有一个生命也即你的生命。① 因此，我们拥有同样的心灵，在观点上也总是一致，这就不足为奇了，而当我们无法用同样的力量去行事时，我们也的确是用同样的精神在做着这一切；因为当我不再能做什么事情时，至少我应该毫无保留地同意我们共同的事业。再见了，与我担当与共、性情相投的亲密朋友；祝愿您生活幸福，也祝愿您剩下三天的短暂任期②，会因为您所做的一切而成为永恒。

在与大家告别之际，我还必须感谢最热衷促成我离职的你们。你们花费财力为我举行了如此隆重的告别仪式，甚至最细节的部分你们也都考虑到了。实际上，那闪耀的火炬和发光的装饰物，所揭示的与其说是离去者的美德，倒不如说是留存者的慷慨。正是你们的宽宏大量，才使这个声名无藉之辈的离职仪式光彩照人，以至尽管他的生命并不绚烂多彩，但至少可以因为在仪式上的荣光而变得无比辉煌。这就正如那从平地升起的流星因为有一种更强的推动力而可以克服自然的阻力飞到高空，在其陨落时绽放出绚烂的光芒，而尽管它们在云层和风暴中穿梭时，并不在我们的视野之内，但它们再次陨落时依然会有光辉照亮其原来的出发之地。我真的很高兴我就是如此别过，这样我现在就离他们更近了，当我身处这无法安身的陌生之地，我所追随的是那些我至今无法获得其称许的人们的足迹。

也再见了，我的战友们③，或者我应该称为我的大师们？因为在如此反复被你们征服后，我已承认你们是胜利者了：在哲学的舞台上，你们是如此出类拔萃，以至你们中的任何一个都因为精通自然和人类的知识而可

---

① 在希腊和罗马神话中，卡斯托耳和波吕克斯是孪生兄弟，其母为勒达（Leda），但卡斯托耳为斯巴达国王廷达尔斯（Tyndareus）之子，波吕克斯则为宙斯的儿子。前者生命有尽，后者则永寿不朽。卡斯托耳被杀后，波吕克斯请求宙斯让他的孪生兄弟分享他的永生，宙斯遂安排兄弟二人轮流在地上与冥间生活，每日一轮换。如此，兄弟平分了不朽与死亡。后世将他们称为双子星座。——译者注

② 参见上面的注释。

③ 洛克在此指的是文科的本科生。

能成为下一个亚里士多德，也或许是那个能征服世界的亚历山大。在这一年里，我多次参加你们的辩论赛，常常是一出场就败下阵来，但这同时也使我充实了许多。这些我一再失败的辩论，的确彰显了你们胜利的荣光，但也扩充了我的知识，同时也减损了我的声誉。如果不是你们的生活方式使你们与我发生口舌之争的那一法则得以恢复，这一有关我们全部争论之所在的法则①就会一再避开我毫无结果的探寻。因此，究竟是你们的争论侵犯了自然法，还是你们的行为更坚定地捍卫了自然法，这的确是值得怀疑的。

我最后要告别的人是你们，最优秀的年轻人②，在这一年里，我都是尽我所能与你们相处。当然，一个人发现自己身处困境之中，并受制于一条不允许他在奖惩事务上自由地做出自己判断的不公正的法则，在此法则下，他会被两种不和谐的叫喊声所困扰，一边是给予宽恕，另一边则是要求严加惩罚。尽管依照古代的传统或许会要求后者，但这并不符合我的想法，也与你们的行为并不一致。因为你们已全身心地投入对最美好事物的研究中，以致我认为，对你们大多数人来说，我与其说是一个督察和导师，不如说是你们勤勉工作的见证者和欢呼者。如果说有过错的话，你们也已经补偿了，因为这些过错也只是为我们双方提供了一个机会——对你们来说得到了赞许，对我来说则是给予了赞许；正如人生道路上常常会出现的一些小波折，这些过错会加快我们前行的步伐。所有这些事情的记忆，就如同是一直深藏于内心的无声的秘密一样，随我一起逝去，一起埋葬，学监的阴影绝不会给任何人带来恐惧之心。我绝不会记得任何顽固不化、傲慢无礼之辈，因为如此众多品德更好的人中，我乐于遗忘掉少数这样的人。你们中大多数人的勤勉、敦厚、博学和才干，能很轻松地改变剩余者的懒惰，并能让那些即使在阳光下都不能察觉的缺点也消失得无影无踪。因此，我认为，你们都是有教养、勤奋、顺从的年轻人。但是，请各位不要以为我所说的这些只是一个临别之人所惯用的礼节性话语，也不要以为我所称赞的那些事情都是口是心非，否则你们就会有一种罪恶感；如

---

① 洛克在这一句和下一句指的是他论及自然法的文章，看起来他曾在 1664 年的讲座或课堂上与学生讨论过这些论文。
② 洛克这里指的是基督学院的学者们。

果有人愿意这么想，那就请他学着去热爱和珍视那种所到之处都有着巨大价值的美德，即便是那种失德之人来说，这一美德也是大有裨益。但是，任何人如果想具有这种美德，有两个重要的地方必须尽早并经常性地光临：一个是能学习辩论的学堂，另一个是能学习祷告的圣殿；因为这样他们就能成为哲学家和神学家。[①] 你们中的任何人，如果有朝一日能成为教会学院的教师，将会被他身边的祷告者吓得哑口无言，所有人都会想到，即使有圣保罗亲自支持，提摩太（Timothy）也不会成为福音书中[②]的那个渔夫，而只是一条无法说话的鱼。但是，作为一个总爱管闲事的人，我在临别之际所能做的，不就是要给你们这些并不缺乏见识的人提供一些建议吗？但是当我在离别时刻环顾四周，看起来除了祝愿你们中的大多数一如既往地优秀而其他人要向你们看齐外，我不能对这所学院或你们给予更多的祝福了。

现在，我最后要告别的是我学监的职位。在这里，我把所有的胁迫、严苛和强人所难都抛在一边；我也同样放弃了我的骄傲、自大和崇高的傲气；因为尽管这些从来不曾为我个人所拥有，但它们中的一些被认为是学监一职的标配。尽管我任职的时间太短，以致很难在学术的王国赢得自己的快乐，但我的确已经为你们大家和我自己度过了太长的时间。既然我现在离别在即，即将跨入幸福的门槛，从这里可以看到最幸福者的座席，那我就不可能再愿意回首过往的不幸并期待再来一次。这样的经历有过一次就足够了。不过，在告别仪式上还是遵照一下回顾过往的惯例吧。因此，就请简单地接受这么多吧：我就如那婴儿一样，柔弱、战栗又不无痛苦地开始生命的这一阶段。就像所有初学者的生活一样，在我履职的最初时期，我的生活是十分愉悦的，接下来也没有什么令人不愉快的地方，与我们的生活总是伴随的那些焦虑也不存在。但是在我任期临近结束的最后阶段，各种顽疾和弊病都开始出现了，其中不乏一些恶意的猜忌：因为如此

---

① 在基督学院，基础部的前 20 名学生是神学学生，一般来说，他们会成为神父。从 1665 年到 1674 年，尽管洛克是非神职信徒，但他的名字依然出现在神学系学生的名单上。然而，在 1675 年圣诞节的名单上，我们却看到他的名字出现在作为"哲学学生"的后 20 名学生名单中了（参见 H. L. Thompson, *Christ Church*, 1900, p. 101）。在下一句中，洛克强调了哲学训练的重要性。

② 参见《马可福音》第 1 章第 17 节。

糟糕状况的真正原因并未能发现。① 这就是我学监生涯的终结，这一终结与任期的最初阶段远不一致，因为诸神并不意愿如此：我的岁月（就像人身鱼尾的海神的身体一样）慢慢地变成了一条鱼。② 尽管如此，我依然要向这一职位和这个地方永远地告别；悲惨的经历有此一次就足够了，也就是说，有一次这样的生活就够了。在我的厄运和当前的告别仪式中，唯一给我以慰藉的事情是：依照我在任期内尽可能遵守的那同一自然法及基督学院的同一法则，我可以离开，体面地离开。我现在乐于将刀子引向我曾数次死里逃生的喉咙；因为绞索还没有准备妥当③，我相信，不管是我的任期内，还是离职以后，根本不会发现有任何人严厉地责苛刽子手的冷酷施舍这种事情。的确，这所学院太令人敬畏，被建造得看起来并不费劲就可以改造成一个绞刑架。无须对一个牺牲品施以绞刑，或用绞刑去威胁他，因为他是自愿地走进自己的祭坛并乐于去牺牲自己。因此，最后，如果有任何人对我的怒火依然在燃烧，那现在就有一个牺牲品愿意满足他的泄愤之心，而这也正是我的余愿以及我的全部希望之所在。如果在我任职期间，我对任何人的冒犯不亚于他人对我的冒犯，我相信，我的离开会平息这一切，所有的怒火也会随之熄灭。因为一个人不会朝已离开之人发泄其余怒。因为，对待这些余怒，我将加速去平息它们。但愿我从此以后不再给你们和给我自己带来麻烦了。在这最后的时刻，我要抛开我所有的顾虑，也不再耽搁去弥补所有的罪恶，而我对自己所能做的就是这简单的一句话："我走了。"

① 这里或许是指发生在洛克任期内的一次事件，当时洛克被传唤到院长和牧师会面前，"为一名学院的仆人提供掩护而受到责罚"（参见 H. L. Thompson, Christ Church, 1900, p. 101）。
② 括号内的句子为英译者添加，目的是使这一比喻的所指更为清楚。例如，维吉尔（Virgil）的史诗《埃涅伊德》（Aeneid, X, 209-211）。洛克在这里也可能暗指鱼的标记，也即黄道年的最后一个标记。此外，上面第三行也可能是暗指双鱼座；因此，我从此以后就变成了一条哑巴狗。
③ 也就是说，在死刑的诸多类型中，绞刑是一种不那么体面的死法。

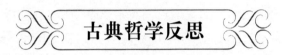

古典哲学反思

# 大历史逻辑、新时代使命与超"域限"内蕴：再论中国马克思主义哲学的实践论特质[*]

雷龙乾[**]

**摘　要**　中国马克思主义哲学作为马克思主义哲学当代形态，在证成中国改革开放实践的同时，也仍然面临学术形态的自我确认问题。中国马克思主义哲学的实践哲学定位至少有三个主要佐证。第一，在马克思主义哲学历史上，马克思主义哲学扬弃了旧哲学的形而上学形态，创立和发展了革命性与科学性高度统一的实践哲学，实现并坚守、发展了哲学史上的实践论转向。第二，新时代，中国马克思主义哲学承担着为实现中华民族的伟大复兴中国梦构筑的伟大实践构理理论基础的重大使命，具体来说就是在"中、西、马"哲学的理论竞合中担当核心，为"三源汇流、以马领先"的中国马克思主义实践哲学理论架构立心、立命。第三，在学术态势上，要上升到哲学观的认识高度，认真批判对马克思主义实践哲学的所谓"域限"批判，坚定马克思主义哲学的实践哲学理论定位，促进马克思主义实践哲学的不断发展。

**关键词**　中国马克思主义哲学　实践哲学　理论定位

马克思主义哲学从而中国马克思主义哲学在理论上本来就是而且必然、必须、只能是实践哲学，这既是马克思主义哲学发展历史的内在逻

---

　　*　本文系国家社科基金后期资助项目"哲学转型论——中国现代化哲学的生成进路研究"（19FZXB094）、陕西省社会科学基金项目"《关于费尔巴哈的提纲》的实践论研究"（2019C003）的阶段性成果。
　　**　雷龙乾，陕西师范大学哲学与政府管理学院教授，博士研究生导师。

辑、基本事实和鲜明特性，也是当代中国马克思主义哲学使命所在，而且由改革开放以来中国马克思主义哲学的学术探索再次呈现。但是，由于对马克思主义实践哲学的"实践"范畴和哲学观高度缺乏足够认知和理解，学术界对中国马克思主义实践哲学的理论定位仍然心有疑惑，存在关于马克思主义实践哲学理论定位的所谓"域限"焦虑，出现明显的研究瓶颈。

为此，本文试图通过历史梳理、现实考察、思想辩驳，再度确证马克思主义哲学的实践哲学定位。

# 一 历史的逻辑：马克思主义哲学本来就是实践哲学

马克思主义哲学的出场路径、理论品格、思想力量，都来自它的实践哲学的理论定位和本质力量。马克思主义哲学天生就是实践哲学，这是历史的基本事实和逻辑指向。

首先，从远期线索追溯，作为马克思主义哲学扬弃客体的西方资产阶级意识形态和哲学基点，本来就是从根本上反抗和扬弃欧洲中世纪封建社会占统治地位的神学意识形态和经院哲学，理性地论证资产阶级对人的生存方式的资本主义实践哲学。

欧洲中世纪封建社会与欧洲近代资产阶级社会的差别，不仅仅是个别、零星、偶然因素的局部差异，相反人类存在方式的阶段性、全面性、整体性转型，也就是马克思所说的"从人的依赖的关系"向"物的依赖性"的转变，涵盖了自然、社会、思维各个领域，同时又不是这些领域的简单相加，而正是"实践"的整体。所谓实践性总体，意味着主观与客观、物质与精神、现实与理想、理性与信仰、自然与社会等要素基于人的生存需要、自由活动的有机能动关联和历史创生。按照历史唯物主义，这种人的存在方式的变迁，一方面以一定生产力发展和社会生活条件（民族关系、阶级关系等）为基础；另一方面也以所谓"精神气质"和诸如文艺复兴、启蒙运动、经验主义、理性主义、辩证反思等主观方面为基础。这两个方面的关系，统一起来说就是人类存在方式的历史性变革实践。从哲学在其中的作用而言，则可以说是人类对自己生存方式进行反思、批判、革新、革命的实践智慧即实践哲学。

从实践哲学的视角来看，由理性主义与经验主义哲学对封建主义意识形态卫士——宗教神秘主义的全面批判，发展到康德为实践理性伸张和为宗教信仰留下地盘的努力，乃至到黑格尔的绝对精神自我扬弃辩证法，甚至到费尔巴哈基于自然主义的人本主义哲学，都非常清楚地呈现出对人的存在方式进行全方位再造性思考、设计的思想逻辑。封建主义基于生产力低下、分工简单的现实，力主"人的依赖关系"的社会制度、"共同体至上"的道德原则、蒙昧主义的宗教信仰。而资本主义则建立在工商业生产类型基础上，倡导与封建主义鲜明区别的"物的依赖性"的自由民主社会制度、"以人为本"的道德原则、理性科学的思维方向。相对于封建主义实践哲学而言，新的人类存在方式（资本主义）的哲学论证，很显然具有促使人的存在方式迈向更高人的自由实现程度的革命实践品格。

其次，从中期线索回首，马克思主义哲学从 19 世纪德国古典哲学的绽出，就是立足"改变世界"的无产阶级立场，揭露资产阶级实践哲学里人本、自由、理性价值的虚伪性、阶级性、保守性，重新建构无产阶级视域里人的生存方式的革命信念，实现哲学史上的实践论转向。

包括德国古典哲学的资产阶级实践哲学自诩追求人的存在方式更多地朝向自由自觉的方向发展，而且在一定程度上他们做的的确比封建主义多且好。但是，资产阶级社会仍然是私有制社会，仍然是资本而非"人自己"统治的社会，仍然是人的类本质"异化"的社会，所以仍然存在进一步革命的历史空间。

在《1844 年经济学哲学手稿》中，马克思初步但非常明确和坚定地展示并阐发了从德国古典哲学唯心主义绽出为实践哲学的两个对立统一的维度。一方面，针对布鲁诺·鲍威尔等青年黑格尔派固执于抽象理性、"神学批判"却无能深入社会实际生活，马克思强调从法学、国家学的批判深入国民经济学占据的经济生活领域。另一方面，针对国民经济学家们沉溺、臣服于资产阶级社会的利益格局、实践理性和意识形态，马克思强调不能把"应当加以论证"的事情当作"前提"，强调从超越资产阶级时代局限性、从无产阶级和人类整体、人类本质的角度审查和批判资产阶级社会，进而以资产阶级社会的"劳动异化"揭示出历史发展的共产主义方向。马克思认为，德国古典哲学家从康德到黑格尔到费尔巴哈虽然各自都从不同的视角关注了人的生存方式的实践属性，但都没有真正全面深入地理解、把握和进入活生生的历史实践之中。在《关于费尔巴哈的提纲》中，马克思对包括费尔巴哈在内的唯物主义和一切唯心主义哲学的总批评总括起来只有一个焦点，即他们不能实践地理解实践的世界和实践的理论。这个批评至少包括两个思想要素：第一，实践地理解实践需要把以往当作现成存在的世界、人、认识、文化、社会、自然联系和固有感情等一切被形而上学化的东西，都放在实践的总体联系和完整构成中理解和把握。第二，实践地理解实践同时也意味着超越"理解"本身，因为实践中的理解很可能被误解为以往哲学的抽身事外的旁观。而对马克思主义来说，理解作为实践的要素，本质上必须是实践地理解。也就是说，必须在革命的、"改变世界"的视角、系统、机制、过程中，理解才有实在有效的意义。在这个意义上说，马克思主义理论是关于人类解放和无产阶级革命的学说，关于人类解放和无产阶级革命的实践哲学。这是逻辑上的必然性理据。

再次，从近期即马克思恩格斯以后的马克思主义哲学发展历史来看，中国马克思主义哲学本质上也是实践哲学。

马克思恩格斯以后，马克思主义实际上分走"西方马克思主义"和"东方马克思主义"两条发展线路，前者适应西方现代化先发国家、资本主义发达国家的社会现实和思想境遇，后者则适应于追赶型现代化国家、社会的实际和需要。但是，尽管两者在主要议题和理论形态上相互分别，甚至相互对立，实际上却都是以促进资本主义统治时代人类的解放事业为鹄的的实践哲学。注意到这个事实非常重要，因为那将使人们能够以足够准确和宽阔的眼界理解马克思主义实践哲学的本质和抱负，也有利于东西方马克思主义实践哲学的相互理解、相互补充、相互学习、互动发展。

在中国，马克思主义本质上是社会主义革命和建设的实践理论，而社会主义革命和建设其实就是中国人民面对自己身陷文明、文化和意识形态落后局面的实践方略。中国的社会主义，目的并非直接像马克思恩格斯设想的那样以资本主义的成熟、分裂、腐朽和革命冲动为根据，相反在很大程度上是因为既缺乏"资本主义"在本国的充分发展而深受资本主义环伺威逼而苦难深重。一方面，中国并没有发展到资本主义的发达水平，所以不具备资本主义的经济、政治和意识形态等内在能力，也就无法与资本主义列强具有相同或近似的社会治理能力、对外竞争能力，对资本主义既不理解、十分痛恨又无可奈何。另一方面，资本主义国家对内压迫劳动者、对外暴虐弱小者、相互灭绝敌对者，在中国文化标准上也的确不足为训。这样，当西方发达国家已经面临超越现代性"域限"的思想任务的时候，中国则处在一个并非不言自明的现代化道路抉择的十字路口。对于有着几千年文明未曾中断的古老文化大国来说，摈弃关于心性修养的玄虚古代哲学和"普世"模式的西方幻想，让中国的民族复兴梦与马克思恩格斯的人类解放理想在中国结缘，创生出具有广阔想象空间和深厚现实基础的新实践哲学理论，舍马克思主义实践哲学的理论定位别无他途。

据此也就不难理解，马克思主义进入中国，在持续将近一个世纪的传播、实践、发展过程中最为基础的争议、重点、难点和最为伟大的成就，就是马克思主义一般理论与中国实践的有机结合。这种有机结合的积极成就，就是毛泽东思想、邓小平理论、"三个代表"重要思想、科学发展观、习近平新时代中国特色社会主义思想。习近平同志关于"中华民族伟大复兴中国梦"的一系列相关论述，其思想基础也正是新时代的中国化马克思主义实践哲学。

困难是显而易见的：马克思主义实践哲学本质上以资本主义发达社会为斗争对象，而中国社会历史则处在资本主义并不发达的实际情况之中，较高的理想与较低的现实之间存在重大的落差。就实现中华民族伟大复兴中国梦的历史实践而言，一方面，中国社会经过将近180年的现代历史磨砺，"中华民族伟大复兴中国梦"的基本努力方向已经获得广泛认同。另一方面，中国梦作为一个已经展开但是尚未完全实现的历史目标，在实践中仍然面临着"僵化封闭的老路、改旗易帜的邪路与中国特色社会主义道路"各种实践哲学的博弈局面。困难中产生了伟大成果，同时也隐藏着把马克思主义哲学形而上学化、教条主义化的"冲动"，隐藏着马克思主义哲学宣教与现实社会实践、个体生命体验"两张皮"的危机。

最后，从当前学术研究情况来看，认识到中国马克思主义的实践哲学特质并切实进行相关的理论突破和叙事改革，已经成为马克思主义哲学学术建设的发展瓶颈和创新契机，既具有充分的学术积累，又面临深刻的突破压力或动力。

在现实生活中，改革开放以来中国马克思主义实践哲学的复苏和复兴发端于距今正好 40 年前的"真理标准"大讨论。当时为冲破教条主义意识形态窠臼，为"以经济建设为中心"、改革开放、现代化建设、中华民族伟大复兴和新时代中国特色社会主义事业提供了来之不易的政治意识形态理据；从实际出发、实事求是、解放思想、团结一致向前看的现实主义实践观成就了全体国民反思民族命运、直面竞争世界、重视人民利益、追求个人幸福和个体权利的生存意识、社会氛围。

而从学术研究的视角来看，马克思主义哲学教科书体系的单一宣教模式助长了"哲学的贫困"的生成和持续，也激发了学界研究转向马克思主义实践哲学研究的思想进程。这个进程大体可以分为四个阶段。

第一个阶段强调哲学与自然科学联姻，企图用与自然科学结合的方法改善马克思主义哲学"内容贫乏"的理论状况。苏联时期，我国改革开放以前的某些时期，马克思主义哲学被拔高到具有裁判科学研究方式方法和成果价值的地位，结果闹出了批判相对论"遗传学、测不准定律人口学"和计划生育提议等荒唐闹剧。20 世纪 70 年代末 80 年代初，鉴于马克思主义哲学教科书体系经过"文革"等政治"运动"在社会群众中形成一种诡辩论外观和僵化意识形态形象，借由工作中心转向"以经济建设为中心"和对"科学的春天"的呼唤，学界加强马克思主义哲学与自然科学发展之间的相关性叙述，借以改变哲学内容"干瘪"的形象。20 世纪 80 年代初期，马克思主义哲学界一度热衷于"老三论"（系统论、信息论、控制论）、"新三论"（耗散结构论、协同论、突变论）及"相对论""基本粒子理论""量子力学""脑科学"等前沿科技成果，试图以此充实马克思主义哲学的内容，造成科学与哲学的良性互动的氛围和关系。有一个时期，关于列宁、毛泽东由唯物辩证法原则预测基本粒子无限可分的说法，学界引为典范，意图证明哲学的科学价值。但是这种方式纯属单方热情，所以并没有可持续深度发展能力，旋即趋于式微。

第二个阶段重视马克思主义哲学认识论的辩证性、实践性理解问题。20 世纪 80 年代初中期，有很多学者更多关注马克思主义哲学认识论问题，特别是认识的非理性和主体性研究。这种研究一方面是追溯马克思主义哲学源头的需要，由此开始关注德国古典哲学康德的理性批判理论和主体性思想。在这个过程中，认识论意义上的实践论和实践的观点是马克思主义哲学首要的和第一的观点（列宁）得到进一步强调，获得广泛认同，认识过程中的"实践理性"或"实践观念"概念得到广泛讨论。另一方面，也是对现代西方哲学新学说、新观念的"唯物主义和辩证法"立场上的回应。比如，由存在主义高度强调主观意志和主动"抉择"的重要性，引发了"反映论"和"选择论"的相互关系问题研究。由此延展到现代认识论的"符号"问题研究、皮亚杰的认知建构理论研究、脑科学研究等。

第三个阶段开始重视马克思主义哲学的"体系"问题。有学者认为，现行的马克思主义哲学原理教科书把历史唯物主义安排到辩证唯物主义之后加以叙述，不符合马克思主义哲学史的基本事实：马克思恩格斯在19世纪40年代中通过发现和阐发唯物史观基本理论而登上哲学理论历史舞台，宣告了自己独特理论的诞生，而辩证唯物主义则是19世纪六七十年代借由批判杜林等人而相对系统地阐发出来。因此，唯物史观和辩证唯物主义两部分内容的相互关系和表述顺序被认为事关对马克思主义哲学精神实质的理解和把握而受到研究者的重视。这种研究的深入进行中也有人提出，马克思主义哲学本质上并不是一种物质本体论，并不是辩证唯物主义向历史唯物主义的扩展。恰恰相反，马克思主义哲学本质上是一种实践哲学，甚至是一种以实践为本体的实践本体论哲学。但是，这种实践哲学特别是实践本体论，由于被批评为唯心主义而只是昙花一现、转瞬即逝。

第四个阶段，自20世纪90年代起，哲学观问题逐渐进入马克思主义哲学的学术研究视野，得到了广泛的关注和思考。究其原因，一方面是此前各个阶段的研究并没有显著有效地改变马克思主义哲学原理教科书一直以来的"哲学贫困"状况，而且使问题的更加广阔和深度的研究成为必要，比如作为一种体系设想出来的实践哲学似乎无法抵挡"唯心主义"的指责，体系安排和体系创新受到哲学观类型的制约，哲学观成为马克思主义哲学研究的理论"天花板"和发展瓶颈问题。另一方面，80年代以后，"现代西方哲学"和"传统中国哲学"双双走红、热度高企并持续流行，社会政治环境、经济环境逐步开放而激活了人们的思考，开阔了人们的研究视野，也丰富了人们的研究视角，对传统的马克思主义哲学原理教科书的哲学观也就产生了自然的怀疑。在这种背景下，对马克思主义哲学观的新理解、新阐释以及由此对马克思主义实践哲学的新叙述成为可能，产生了批判扬弃"世界观哲学"和探索阐发"实践观哲学"等认识成果。这个认识阶段，马克思主义实践哲学不再被简单理解为一种狭隘、抽象、固定不变的本体论，而是理解为一种新的哲学观。①

第五个阶段，马克思主义实践哲学受到各种质疑，有些主张者思想动摇，也有些人认为自己发现了作为马克思主义哲学的实践哲学的"域限"，因而放弃、淡化、转而批判马克思主义哲学的实践哲学定位。于是，中国的马克思主义哲学研究开始走向漂泊无根境地，试图从历代西方哲学（西方马克思主义）、西方各种新异时髦学说、中国古代传统哲学中借用名词、观念，以求获得新意和价值感，结果是马克思主义哲学研究丧失自我，灵魂走失。

从这些历史演进过程及其逻辑不难看出，马克思主义哲学本质上就是作为资本主义时代无产阶级谋求无产阶级自己和人类解放的实践哲学。马克思主义实践哲学超越封建主义、资产阶级、现代性等一切制度、文明的阶级和历史局限性，立足人类存在方式的无产阶级革命立场，建构人类实践的革命哲学。所以，这种实践哲学既是世界无产阶级革命的理论，也可以顺理成章地转进为新时代中国特色社会主义理论的哲学基础，也就是中华民族伟大复兴中国梦的理论基础。对于学术界来说，忘记这样的理论初心，失去这样的理论定位，任何新奇的学术立意都难免流于左支右绌的"哲学贫困"。

## 二 当前的使命：实现中国梦的历史实践的现实需要和理论基础

新时代中国特色社会主义人民实践的中心任务和理论焦点，就是为实现中华民族伟大复兴中国梦的历史实践"立心""立命""继学"开路，

---

① 雷龙乾：《哲学观新论》，《甘肃理论学刊》1995 年第 3 期；雷龙乾：《哲学更是实践观的学问》，《哲学动态》1995 年第 6 期。

在反思"中、西、马"（中国古代传统的实践哲学、西方近现代主流的即资本主义的实践哲学、马克思主义实践哲学）三种主要哲学资源理论品格和实践效能的基础上，批判"僵化老路""西化邪路"，彰显新时代中国特色社会主义实践原则，把中国梦的实践伟业提高到充分的时代高度、科学向度、哲思深度。

中国梦的历史实践，不仅仅意味着一个大国的强势复兴，更重要的意味着新型现代化之路的实践哲学的凸显和澄明，这是在对人类存在方式的通观透彻、全面自觉和终极观照基础上实现对以往资本主义现代化的科学扬弃。也就是说，中国梦一方面属于中华民族，就像习近平同志说的："现在，大家都在讨论中国梦，我以为，实现中华民族伟大复兴，就是中华民族近代以来最伟大的梦想。这个梦想，凝聚了几代中国人的夙愿，体现了中华民族和中国人民的整体利益，是每一个中华儿女的共同期盼。"①另一方面，中国梦也属于人类、世界，是世界现代化的创新之路。实现中华民族伟大复兴中国梦的历史实践，要走中国特色社会主义的崭新现代化道路，既不能复辟封建主义亡魂，也不能与计划经济时代的"社会主义"藕断丝连，不能在官僚社会主义或官僚资本主义的道路上迷失自我，同样也不能以西方主流实践哲学即资本主义实践哲学为理论基础和实践指南，走资本主义道路。鉴于"中、西、马"三种实践哲学与不同的现代化模式之间存在一定对应关系，所以就成为讨论中国梦问题的哲学的时代焦点问题。我们的观点在于，中国梦的实践哲学基础在理论构成上应该是"中、西、马"各派哲学"三源汇流、以马引领"的有生整体。

首先，历史已经一再证明，传统意义上的中国古代传统哲学、西方资产阶级主导的近现代哲学、教条主义化的马克思主义哲学，都不能充当实现中华民族伟大复兴中国梦的历史实践的哲学基础。

其中，立足中国古代传统哲学立场的现代化哲学主要表现为"中体西用"的思想设计。这种思想设计或实践智慧在力图保留传统优秀遗产的同时，也具有落后于时代的一面，缺乏理解、适应和引领时代创新的重要思想基础。

---

① 《习近平谈治国理政》，外文出版社，2014，第36页。

历史上的"中体西用"理论有狭义和广义之分，狭义的"中体西用"作为一种应对时局变迁的初级文化实践策略，至少有三个发展阶段。第一个时期可以追溯到鸦片战争前夕的林则徐、魏源等开明封建士大夫的"师夷长技以制夷"的主张，其目的还限于增强军事自卫能力的角度，还算不上总体性的文化战略层面。第二个时期是在所谓"洋务运动"或"自强运动"时期，以张之洞为代表的"洋务派"或"自强派"思想家为了既批驳拒斥变革的封建顽固派，又攻讦积极革新的变法派，提出了所谓"西学为外学。……西学应世事"而"中学为内学……中学治身心"的"中体西用"策论。① 这个时期的"中体西用"把向西方学习的范围从"师夷长技"扩大到学习"时宪之历"，乃至于"格物至理"。但是总体而言，其目的是甲午战争前后，"想把西学输入的范围牢牢控制在属于'器艺'的应用技术和自然科学方面"，绝不涉及制度与精神层面。② 第三个时期是改良运动时期的"中体西用"思想，进一步把向西方学习的范围推展到"朝廷政教"、"四民学校"、风土民情等。郭嵩焘、冯桂芬、王韬、郑观应、薛福成、沈寿康等，都提出了他们的"中体西用"方针。这一时期的"中体西用"论更进一步扩大了向西方学习的范围，比如王韬提出中国"当变法以自强"的主张，郑观应提出了"西人立国，具有本末……中国遗其体而求其用，无论竭蹶步趋常不相及"的西方文化整体引进观念。③

广义的"中体西用"不是一种具体的、个别的学说，并没有特定的创立人、持有人，迄今也没有自身明确的学术上的概念界定和内容梳理。大体来看，这种广义的"中体"表面宣称代表中国（或中国人民）感情、中国（或中国人民）利益、中国（或中国人民）价值、中国（或中国人民）国情、中国（或中国人民）视角，而实质上只是以所谓传统社会价值观、意识形态为借口去怀疑、否定、阻滞现代化的基本原则和方向。广义的"中体西用"的思想内核泛泛而言是包括"儒、释、道"三教在内的传统

---

① 《张之洞全集》第十二册，河北人民出版社，1998，第 9764 页。
② 胡逢祥：《社会变革与文化传统——中国近代文化保守主义思潮》，上海人民出版社，2000，第 34 页，
③ 汪澍白：《艰难的转型——中国文化传统向现代转化的宏观考察》，湖南出版社，1991，第 71、34 页。

中国的哲学观念和哲学价值观，而实质上主要是指儒家思想为主导的"儒、释、道"哲学道统。在这个道统之中，"儒、释、道"三种哲学元素差异和合、相互补充、相辅相成，而儒家或儒教则始终居于主导地位。当代著名学者刘述先就明确指出："中国自汉以来奉儒家为正统，一直到清末依旧如此。"① 有些学者认为，"广义的中体西用论"由于以儒家哲学思想为传统，所以具有浓烈的"传统主义"气质，崇尚"天人合一""敬天法祖""民胞物与""存幸亡顺"这类"乐观主义""实利主义""和平主义"价值，所以本能地拒斥现代化。比如马克斯·韦伯就认为，"儒教的理性本质上具有和平主义的性质"②，而这种"儒教的和平主义性质"也是不利于资本主义发展的。之所以这样，是因为"儒教的理性主义旨在理性地适应现实；而清教的理性主义旨在理性地支配这个世界"。而儒教的这种"和平主义"即"无条件肯定与适应世界的伦理"，必然要"虔敬地顺从世俗权力的固定秩序"，"不企求任何救赎"，进而必然"造成以下的结果：维护氏族的束缚，政治与经济组织形式的性质完全依赖于个人的关系，而这些组织形式（相对地）非常突出地缺乏理性的客观化与抽象的超个体的同旨协合会的性质"③。杜维明先生也说："道德自我的建立不可能开出民主，亦即，不能从大学的修身、齐家、治国、平天下而开出民主。"④

事实上，广义的"中体西用"出于路径依赖的机理往往对现代文明采取本能地拒斥的态度，一旦力所不能时就阳奉阴违。远在旧民主主义革命时期，在反抗帝国主义、封建主义的斗争中，"太平天国"革命终究只是试图用一种新的封建王朝代替清封建王朝。即使是辛亥革命，也存在"挑落几片房瓦表示革命"的情况。蒋介石领导的国民党名义上建立了"共和国"，实质上封建气息却深入骨髓，完全不能容忍中国共产党和人民群众的政治立场和利益诉求。在中国共产党内部，新中国成立后党的领导干部专制主义、等级主义、"当官作老爷"的封建主义心理倾向也

① 刘述先：《儒家思想的转型与展望》，河北人民出版社，2010，第103、2、1页。
② 〔德〕马克斯·韦伯：《儒教与道教》，洪天富译，江苏人民出版社，1995，第195页。
③ 参见〔德〕马克斯·韦伯《儒教与道教》，第271页。
④ 〔美〕杜维明：《现代精神与儒家传统》，三联书店，1997，第459页。

还是不断出现，威胁革命初心。"文革"时期，离开中国社会发展处于社会主义初级阶段的现实，幻想依靠"灵魂深处爆发革命""斗私批修""政治挂帅"就越过资本主义文明成果直接进入社会主义乃至共产主义，实质上也是传统儒家心性实践哲学的逻辑翻版。在改革开放时期，一样存在实质上与"中体西用"内里相同的改革设想，不理解改革开放向发达国家学习先进经验的客观要求，不理解市场经济、政治民主、人民人权等先进的现代文明和现代价值要求，不能下决心与传统的陈腐观念割断联系，总是企图用琐碎、表层的新奇花样掩盖改革向全面现代化方向的实质进步。

总之，以儒家学说为核心的"儒、释、道"中国传统实践哲学差异互补架构，由于建立在生产力发展水平低下的"人的依赖关系"的基础上，其所推崇的封建主义的等级意识、统治阶级的道德偏见、小国寡民的视野局限、封闭僵化的认知视域，无不与时代进步、自由民主、改革开放、国富民强、人民解放、科学发展、创新驱动、城市文化等严重脱节、背道而驰。所以，虽然没有必要全盘否定儒家"心性修养"哲学的现代价值，也许"儒家所提出的贤人政治，其价值在成熟的民主制度中才可以充分体现，亦即，政治领导本身有强的道德感受及职业感受"[1]，但是，必须充分警惕这种源于"路径依赖"心理的顽固的复古主义文化保守思潮，警惕以这种传统价值为凭据拒斥或诱拐中国现代化，消除对中华民族伟大复兴中国梦的历史实践的思想顽疾。

西方近现代资产阶级主流思想，尽管曾经是世界现代化历史潮流的开创者、领路者、奠基者，而且迄今为止欧美国家的现代化仍然是世界现代化的主导模式，也是现代世界国际秩序的统治性意识形态。但是对于21世纪的中国这样的国家来说，至少有两项拒斥西方现代化模式的坚定理由。第一，西方的现代化只是世界现代化的初级形态，非但不完美，甚至可以说存在重大的、普遍性的历史缺陷，而最重要的缺陷就是被马克思主义和当代批评家指出了的资本主义现代化造就的"异化""物化"等时代弊端。资本主义宣扬以人为本、自由民主、科学理性，实质上却被资本逻辑绑

---

① 〔美〕杜维明：《现代精神与儒家传统》，第459页。

架，其所造就的"资本强权"把人生体验变成互相剥夺的残酷游戏，无论如何不能成为人类的"历史终点"，人们有理由、有权利、有动力所以有能力为自己争取新的历史方向。从这种意义上来说，对资产阶级主导的近现代西方实践哲学的反省、批判和超越，正是现时代全人类的共同使命之一。第二，西方的现代化模式毕竟具有西方传统文化和民族个性的烙印，不是任何人群都可以轻易翻录、复制和模仿的。至少，比如，西方的现代化在资本主义造成普遍功利主义、物质主义、普泛工具理性的同时，作为西方文化传统基本基因元素的基督教文化在相当程度上弥补和减轻了资本主义现代化的"物化""异化"弊端。而这种基督教文化，由于其形成于欧洲特殊的历史条件之下，比如公元 1 世纪时期的欧洲特有的时间节点、民族关系格局、知识发展水平，在今天的中国，并不具备同样的历史条件。中国传统文化自有长期的、足以与西方相互比肩的历史成就和精神优长。至少在西方现代化及其思想基础没有得到根本性革命的情况下，难以充当中国现代化的历史坐标和价值参照。更何况，人类今天已经进入现代历史的新高程，借助宗教缓解苦难的时代条件已经消失，中国需要实践哲学的创新发展。

最后，传统教科书阐发的"马克思主义哲学"也难当大任。这种"马克思主义哲学"的教学、宣传和研究活动，曾经在中国的社会主义革命和建设中发挥过非常积极和建设性的历史作用，这是事情的基本方面。但是在次要的方面，正如我们上面已经提到的，改革开放以来的教学研究和实践经验一再证明，在新时代的思想语境下，这种"马克思主义哲学"也的确存在某些认识误区和"贫困"窘况。其中根本的问题，在于这种哲学企图脱离人类存在方式和生存体验的具体语境去构想关于世界和历史的所谓一般本质和普遍规律，没有深入人们具体生活实践的理论基础或思想构架。这样的形而上学的马克思主义哲学，如果不做实践哲学方向的重大观念改革和思想创新，其必然难以在与古代中国传统哲学和近现代西方资产阶级主流实践哲学的理论竞赛中遭遇失败，也必然难以与中国社会发展实践实现有效对话，难以担当作为中华民族伟大复兴中国梦的实践哲学基础的使命。

所以，只有马克思主义实践哲学才能为"中、西、马"三种哲学思想的理论竞合、互动发展提供哲学观、历史观、价值观和方法论基础，承担实现中国梦的历史实践的哲学引领使命。

第一，在哲学观上，马克思主义哲学认为，哲学与其说是"世界观的学问"，毋宁说"哲学更是实践观的学问"①。无论是一般而言的哲学，还是马克思主义哲学，就其本质而言都是实践哲学。而马克思主义哲学，绝不满足于"解释世界"（为旧世界辩护），相反，它关心的问题主要是"改变世界"。"因此，在实践方面，共产党人是各国工人政党中最坚决的、始终起推动作用的部分；在理论方面，他们胜过于其余无产阶级群众的地方在于他们了解无产阶级运动的条件、进程和一般结果。"②

第二，在历史观上，新时代马克思主义实践哲学的最新成就是提出中华民族伟大复兴"中国梦"的近代中国历史观，这种历史观跨越各种政党、社会团体、个人及其观念、主义、思想的局限性，阐释了中华民族1840 年以来各个个体、群体的共同命运、共同感受，具有思想凝聚作用，从而准确把握到世界现代化历史和中国现代化历史发生实践关联的必然性及其丰富、复杂的内涵，为实现中国梦和促进实现人类命运共同体提供实践的历史观基础，为新时代马克思主义哲学的与时俱进、创新发展打下了坚实思想基础。

第三，在方法论上，中国马克思主义实践哲学把"实事求是"确立为党的思想路线，并据此成功地实现了马克思主义哲学的一般理论原则与中国革命和建设相结合，创立了有中国特色的马克思主义实践哲学发展理念。从这种实事求是的实践哲学出发，在哲学上既必须鼓励中华民族从内到外、从物质到精神、从生活到信仰、从理论到心理都达到现代世界发达民族的发展水平，但是同时也最大限度地矫正资本主义现代化的弊端，实现对资产阶级现代化实践哲学的科学超越。

第四，在哲学观上，作为中国梦的哲学观理论基础的马克思主义实践哲学批判唯心主义、旧唯物主义和教条主义，倡导旨在改变世界的哲学观，能够为实现"中国梦"、通向中国现代化的历史实践构筑更加优越的思想平台和理论基座，避免形而上学、教条主义、独断主义的片面性弊

---

① 雷龙乾：《哲学更是实践观的学问》，《哲学动态》1995 年第 6 期。
② 《马克思恩格斯选集》第 1 卷，人民出版社，1995，第 285 页。

端，激励人们用于创新，从更深刻、长远的视角把握现代化路径创新的历史规律和实践原理。

第五，从马克思主义实践哲学的理论内容来看，实践性本体论是马克思主义实践哲学的理论基石，这是马克思一再强调的主要思想原则。特别是在《关于费尔巴哈的提纲》中，马克思从提纲第一条开宗明义就指出，"从前的一切唯物主义（包括费尔巴哈在内的唯物主义）的主要缺点是……不了解'革命的'、'实践批判的'活动的意义"，而唯心主义是（本来就）不知道现实的、感性的活动本身的。进而，在其他各条都逐一指出，"人的思维是否具有客观的真理性"的问题本质上是一个实践问题，离开实践没有意义；"环境的改变和人的活动或自我改变的一致，只能被看作是并合理地理解为革命的实践"；"世界的二重化问题"的发生和解决，应当从实践中去理解；"感性的本质"也应当是"实践的、人的感性活动"；人的本质是社会关系的综合，而社会关系本质上是实践的；所以，理论的立脚点必然分为不同的实践阵营和实践路向，其中新唯物主义（马克思主义实践哲学）的立脚点是改变世界，是使社会成为人类的而非某个阶级的社会，是使人类成为联合起来的、自由人联合体的人类。①

当然，在非主导和辅助的角色上，中国传统哲学和西方近现代哲学的实践智慧不仅具有重要的历史价值，而且必然、必须成为"中国梦"的宝贵精神资源，成为助力"中国梦"的哲学智慧源泉。

第一，可以在多样性的意义上繁荣中国梦的哲学资源宝库。实现中国梦的历史实践包含了自然、社会、思维、实践、空间、物质、意识、主义、符号等无计其数的因素的考量，但是又不可能由任何单方面的因素完全界定。古今西方哲学、古今印度哲学、古今伊斯兰哲学各自都曾经或正在从各自擅长的方面阐发人类实践的不同层面和要素。

即使是儒家哲学，虽然历史久远，但仍然有顽强的生命力、突出的当代价值。"儒家所代表的这个反思文化……孔子的自觉的文化使命感就是把逐渐崩溃的传统文化及其精神动源发挥出来；为它的基本价值、为'礼'寻找

---

① 《马克思恩格斯选集》第 1 卷，第 54~57 页。

最深沉的人文基础。这就是孔子强调'仁'的理论和实践意义所在。"①

第二，矫正西方传统现代化路径的片面性，降低人与自然、人与人、人与自我、人与历史的严重冲突，促成现代化模式的重建。

传统的资本主义模式的现代化最主要的弊端在于其狭隘自私的"功利主义"出发点，它引发残酷的阶级斗争、民族对立、人性异化和资源诅咒。传统中国哲学和西方近现代哲学，都具有对抗功利主义、物质主义、极端个人主义的优秀思想成果，于纠偏补弊颇有裨益。

第三，中西哲学共有的超越性情怀，为人类抱持开放心态面对不可知的发展向度，具有更为合理的价值。

中国的现代化想要超越资本主义现代化的初级发展水平，而进入社会主义现代化的新型模式，道路修远，不可知因素很多。"唯一的路是：使发展较落后的国家能够充分体现他们自己的人文精神；同时面对大西洋，对西方文化所创造出的价值真切地体认和引进。这是一条艰巨的路。但若能走出来，则 21 世纪即使成为中国人的世纪，对人类文明来说，将会是史无前例的大贡献。"②

总之，要从总体上认识、建构、发展实现中华民族伟大复兴中国梦的马克思主义实践哲学教学研究格局，那就必须积极构筑"中、西、马"三种哲学智慧资源"三源汇流，以马引领"的实践哲学互动发展机制。

## 三 "超限"内蕴：对中国马克思主义实践哲学所谓"域限"的批评的批判

在学术界，对于马克思主义哲学和中国马克思主义哲学的实践哲学定位，有不少学者认为马克思主义实践哲学存在某种"域限"，并以此为据提出批评、质疑和否定意见，而且已经形成普遍成见，成为难以突破的认识屏障，致使马克思主义实践哲学的理论探索严重受阻，难以继续前进。其实，这些怀疑、反对、防范和拒斥，主要源于几个概念性误解和技术性

---

① 〔美〕杜维明：《现代精神与儒家传统》，第 386 页。
② 〔美〕杜维明：《现代精神与儒家传统》，第 458 页。

误判，本身就是错误的理解、错误的认识。

第一，不理解马克思恩格斯文献中有关"人与自然同一""自然界对人而言的优先性"等相关论述的具体语境和真实意蕴，因而误认为马克思恩格斯的哲学主要建立在物质本体论的基础上，并据此认为实践哲学对实践根本性地位的强调必然导致唯心主义的"域限"。

"域限"论者的观点认为，"马克思的哲学革命是在唯物主义基础上的革命"，而实践哲学宣扬对唯物主义和唯心主义的超越论，必然混淆唯物主义与唯心主义的界限，偏离马克思恩格斯所实现的哲学革命的理论路向。通常的引证材料往往来自马克思在《1844年经济学哲学手稿》中的有关论述："没有自然界，没有感性的外部世界，工人什么也不能创造。感性（见费尔巴哈）必须是一切科学的基础。只有从自然界出发，才是现实的科学。"有些也举出《德意志意识形态》的副标题"唯物主义观点和唯心主义观点的对立"的例子。还有不少论者举出马克思与恩格斯在《反杜林论》观点一致的例子，说明马克思与恩格斯一样都把自己的哲学看作一种唯物主义哲学，由此反证实践哲学的主张违背了马克思恩格斯的哲学初衷，走到了唯心主义的立场。结果，这些"域限"论者得出结论：马克思不会把实践理解为"本体"，而恰恰相反只会把物质作为"本体"。他们认为，"实践本体论"者的错误之处就在于混淆了两个不同的论题：离开实践能否认识、改造世界和离开实践世界是否存在。由此，他们认为"实践本体论"实际上是片面夸大了实践的地位和作用，颠倒了物质和实践的关系，人为地把实践从属性、中介变为实体，从而使实践成为脱离了物质并反过来创造自然和人的精神化了的绝对存在。类似批评的确不少，绝对不是个别现象，也似乎都言之凿凿，所以一时之间赢得了许多学者的共鸣，造成了一种压倒性的学术优势，致使新的理论突破难以推进。

但是其实，只要稍微放大视野，从事情的缘起、核心、整体、长远和实效考察，则上述论证的虚假性、脆弱性、有害性便不攻自破。首先，根据马克思的论说语境，《1844年经济学哲学手稿》并不是在形而上学本体论的意义上争论或强调自然界相对人而言的优先性或重要性。在提到"没有自然界，没有感性的外部世界，工人就什么也不能创造"的紧前面清楚地说道："现在让我们来更详细地考察一下对象化，即工人的生产，以及对象即工人的产品在对象化中的异化、丧失。"① 而这句话本身的论题和目标也并不是"人的创造"与自然界孰先孰后的抽象形而上学问题，而是具体的实践形式即"劳动"的异化问题。所以按照文献原意，马克思本来的意思是，劳动虽然必然以自然界作为自己的劳动对象和生活资料来源，但是资本主义条件下自然界在被劳动加工改造的同时却实质性地被从工人那里剥夺了。换句话说，这里并不涉及或并不主要讨论所谓人与自然、思维与存在孰先孰后的形而上学问题，因为这已经处于实践哲学或实践哲学之具体部分"劳动哲学"、实践哲学的语境中了。在实践哲学语境中谈自然界的优先性，不是为了一般地论证和肯定这种优先性，不涉及这类抽象形而上学问题。否则怎么会有所谓"自然界的丧失问题"？

进一步来看，只有注意到这种语境变化，我们才能理解，在《德意志意识形态》中，马克思为什么会表达一个令"物质本体论"主张者大为困扰的思想："自然界"和"感性世界"的"非在先性"。"他（费尔巴哈）没有看到，他周围的感性世界决不是某种开天辟地以来就直接存在的、始终如一的东西，而是工业和社会状况的产物，是历史的产物，是世世代代活动的结果，其中每一代都立足于前一代所达到的基础上，继续发展前一代的工业和交往，并随着需要的改变而改变它的社会制度。甚至连最简单的'感性确定性'的对象也只是由于社会发展、由于工业和商业交往才提供给他的。大家知道，樱桃树和几乎所有的果树一样，只是在数世纪以前由于商业才移植到我们这个地区。由此可见，樱桃树只是由于一定的社会在一定时期的这种活动才为费尔巴哈的'感性确定性'所感知。"② 如果这还不够明确，那么再来看，"这种活动、这种连续不断的感性劳动和创造、这种生产，正是整个现存的感性世界的基础，它哪怕只中断一年，费尔巴哈就会看到，不仅在自然界将发生巨大的变化，而且整个人类世界以及他自己的直观能力，甚至他本身的存在也会很快就没有了"。而且，这里特别要注意马克思接下来所说的话，"当然，在这种情况下，外部自然界的

① 《1844 年经济学哲学手稿》，人民出版社，1985，第 49 页。
② 《马克思恩格斯选集》第 1 卷，第 76 页。

优先地位仍然会保持着，而整个这一点当然不适用于原始的、通过自然发生的途径产生的人们。但是，这种区别只有在人被看作是某种与自然界不同的东西时才有意义。此外，先于人类历史而存在的那个自然界，不是费尔巴哈生活其中的自然界；这是除去在澳洲新出现的一些珊瑚岛以外今天在任何地方都不再存在的、因而对于费尔巴哈来说也是不存在的自然界"①。所以很显然，自然界是否真的具有相对人而言的在先性或重要性，只有在讨论人的活动，即人的历史的、社会的、实践的活动方式、内容、变化、感受、评价、重塑等的时候，才是重要的，而这其实就已经脱离传统的形而上学语境而进入实践哲学的论题和语境中了。在实践哲学的视域中，人不能离开自然界而存在，自然界本来就应该通过人的劳动、生产而成为人的生活资料、生产资料的来源，成为"人的生活和人的活动的一部分"、人的"无机的身体"，然而私有制却使劳动异化，使自然界（作为人的身体）从人那里脱离、剥离，或者说被剥夺了，资本主义社会及其生产方式从劳动者那里剥夺了作为劳动者的无机的身体的自然界。② 这里，如果以为马克思在这里关心、讨论什么立足于人与自然界各自的立场和人与自然关系之外、之上的立场的什么自然与人的关系问题，那就是把马克思的问题误读到旧的、形而上学的哲学中了。

第二，似是而非、捕风捉影地把实践等同于"我行""实用""实证"，人为地给"实践"臆测、强加所谓"域限"，然后根据反过来指责实践哲学具有种种片面性，戴上唯心主义、实用主义、实证主义、相对主义等大帽子，进而使自己的思维重新返回到名为"后实践哲学"的实为"前"实践哲学安乐窝里。

实践"域限"论者还有一种"隐忧或质疑"，那就是把实践看作"我行"、利益活动、经验活动，因而具有片面性、单一性、利益性、相对性。这种质疑或"忧虑"在学术界的确也不是个别情况，但是，根据我们上一点的分析，实为杞人忧天。关于所谓"知识的客观性标准"，在马克思的《关于费尔巴哈的提纲》中恰恰有一句非常著名的论断："人的思维是否具

---

① 《马克思恩格斯选集》第1卷，第77页。
② 《1844年经济学哲学手稿》，第52页。

有客观的真理性，这不是一个理论的问题，而是一个实践的问题。人应该在实践中证明自己思维的真理性，即自己思维的现实性和力量，自己思维的此岸性。关于思维——离开实践的思维——的现实性或非现实性的争论，是一个纯粹经院哲学的问题。"① 问题出在哪里呢？也不复杂。第一，我们上一点已经说过，理论语境有差异。我们学者关心的是形而上学问题，而马克思处于实践哲学的语境之中。第二，这涉及对实践的概念界定和理解问题。第三，这涉及哲学观的理论革命和认识层级问题。话分层次，先说第二点。

那么首先，究竟什么是"实践"，或者说马克思主义哲学所谓实践到底意味着什么？马克思主义哲学的实践是否等同于所谓"我行""实用""实证"概念呢？

实际上，理解马克思主义实践哲学的基本条件或入手之处，根本的要害其实正是要注意把马克思主义实践哲学的实践概念与以往学术史上对实践哲学的概念加以严格区别。

历史上，在中国古代哲学家那里，实践大体上等于实际行动，与思想意识活动相互对照有所不同又有所关联，由此形成所谓知行关系问题，包括"知先行后""行先知后""知难行易""行中有知""行难知易""知行合一"等说法。

在西方哲学史上，亚里士多德曾经把人的活动划分为"理论、生产和实践"三类，康德把实践划分为"道德-实践和技术-实践"的两分模式，黑格尔用实践囊括"生产-技术活动"专指绝对理念的实践活动。在这种把实践概念局限化的传统习惯下，就有所谓理论与实践、知识与实践、认识与实践、观念与实践、政策与实践、理论哲学与实践哲学等区分问题、对立问题。

这种把实践概念狭义化的做法，用马克思主义实践哲学的方法并不难解释，不过是"意识形态"（现实在头脑中颠倒的映像）现象而已。古代历史上，从亚里士多德到黑格尔甚至费尔巴哈（德国古典哲学也具有强烈的前资本主义色彩），从孔夫子到近代以来所谓"中体西用"的实践哲学，都致力

---

① 《马克思恩格斯选集》第 1 卷，第 55 页。

于为"人的依赖关系"的社会造就"一种虚幻的共同体"（《德意志意识形态》语）所急需的"最好的公民"。亚里士多德在他的"伦理学"里说的，"城邦的善却是所要获得和保持的更重要、更完满的善。因为，为一个人获得这种善诚然可喜，为一个城邦获得这种善则更高尚［高贵］，更神圣"。而正是在这样的目的和目标意识下，亚里士多德区分了"三种主要的生活：享乐的生活、公民大会的或政治的生活，和第三种，沉思的生活"。而"实践的生命又有两种意义，但我们把它理解为实现活动意义上的生命……人的活动是灵魂的一种合乎逻各斯的实现活动与实践"。① 至于中国古代哲学，我们也都熟悉孔夫子的那句话，"人而不仁如礼何"以及所谓"人禽之辨""义利之辨"，都强调道德实践的重大意义。这种实践关切，马克思一针见血地指出："我们在古代人当中……人们研究的问题总是，哪一种所有制方式会造就最好的国家公民。"② 所以，"人的依赖关系"社会的实践哲学把实践窄化为唯心主义活动不足为奇。

近代以降，在"物的依赖性"社会里，在资本主义生产体系里，就像产品让位于商品、使用价值让位于价值乃至价格，具体劳动也让位于抽象劳动，人的活动的具体形式究竟是生产的还是政治、道德、艺术的逐渐显得并不如古人想象的那么重要，于是实践的内涵逐步扩大，比如科学与技术（其实与生产不容易分别，科学与技术之间也并非界限分明）甚至于为自己或自己群体谋福利的社会交往（斗争）也成为一种实践活动。曾经的时候，"洒扫""应对"也被当作实践，但不是因为它本身，而是因为它承载着道德内涵。近代以来，只要是能为人带来"价值"或"价格"的人的活动，都有资格自称实践或被当作实践。

而对马克思主义实践哲学来说，实践不只是人的诸多活动的"一种"，还是人类的根本、本质和全部活动，是人的"类特性"或基本存在方式。"生产生活本来就是类生活。这是产生生命的生活。一个种的全部特性、种的类特性就在于生命活动的性质，而人的类特性恰恰就是自由的有意识的活动。……通过实践创造对象世界，即改造无机界，人证明自己是有意

① 〔古希腊〕亚里士多德：《尼各马可伦理学》，廖申白译注，商务印书馆，2003，第20页。
② 《马克思恩格斯全集》第30卷，人民出版社，1995，第479页。

识的类存在物……"① 这样一来，把理论与实践、知识与实践、认识与实践、观念与实践、政策与实践、理论哲学与实践哲学、思维与存在、精神与物质等加以绝对区分，划上一条不可逾越的鸿沟，在马克思主义实践哲学中已经不再需要，甚至必须摈弃了。

其次，马克思主义实践哲学与实用主义的实践概念之间如何区别？

的确，实用主义也把实践（Practice）作为自己理论的核心概念之一，而且实用主义对实践概念的理解与马克思主义实践哲学也颇有表面上的相似之处。

这种似是而非的相似性至少有三种情形，我们应该逐一甄别。

其一，表面看来，都强调物质性、现实性、具体性。马克思在《〈黑格尔法哲学批判〉导言》中非常强调实践的物质性和现实性，"革命需要被动因素，需要物质基础。……理论需要是否会直接成为实践需要呢？光是思想力求成为现实是不够的，现实本身应当力求趋向思想"②。马克思恩格斯一直注重对唯心主义的批判，在批判黑格尔哲学、青年黑格尔派、费尔巴哈历史唯心主义的总体语境下十分注意强调自己是一个唯物主义者，而且有时径直把自己的共产主义学说称为"实践的唯物主义"③。而与此同时，实用主义代表人物之一的威廉·詹姆士则把实用主义的态度概括为："实用主义者坚持事实与具体性，根据个别情况里的作用来观察真理，并予以概括。"④ 据说威廉·詹姆士"晚年趋向于把彻底经验主义视为比实用主义更为根本，更为重要"。而经验主义者，"是靠事实办事的人"。"经验主义'把我们送回到感觉上去'。"⑤

但是，差异其实更为根本。比如说，马克思主义实践哲学既具有唯物主义属性，承认实践依赖自然条件、具有客观的社会发展规律、意识形态规律、从必然王国向自由王国飞跃的发展方向，同时又强调人们的自由意

---

① 《1844 年经济学哲学手稿》，第 53 页。
② 《马克思恩格斯选集》第 1 卷，第 11 页。
③ 《马克思恩格斯选集》第 1 卷，第 75 页。
④ 〔美〕威廉·詹姆士：《实用主义》，陈羽纶、孙瑞禾译，商务印书馆，1979，第 38 页。
⑤ 〔美〕威廉·詹姆士：《彻底的经验主义》，庞景仁译，商务印书馆，1979，第 2、3 页。

志、劳动创造，是"自由的有意识的活动"，是"改造对象世界"的活动。①马克思主义把人类历史看作人类创造历史的实践活动，这种活动既受经济运动的制约，同时"最终的结果总是从许多单个的意志的相互冲突中产生出来的"②。实践是自由自觉的，同时也是真实、复杂和规律性的历史过程。而对于实用主义来说，这些都不是"实践"的必要、必然和重要的规定性，"实践"的最根本意义只在于它把抽象理论呈现为一种可以感知、可以经验的结果或效果。

其二，表面看来，两者都强调实践相比抽象理论思维的根本性、重要性。马克思恩格斯都曾经一再强调实践相比抽象理论思维的根本性、重要性。人们都熟悉马克思在《〈黑格尔法哲学批判〉导言》要求把理论付诸实践的强调召唤，"批判的武器当然不能代替武器的批判，物质力量只能用物质力量来摧毁；但是理论一经掌握群众，也会变成物质力量"③。在《关于费尔巴哈的提纲》里，马克思指出"人应该在实践中证明自己思维的真理性，即自己思维的现实性和力量，自己思维的此岸性。关于离开实践的思维的现实性或非现实性的争论，是一个纯粹经院哲学的问题"④。而实用主义哲学家威廉·詹姆士也一样强调"实用主义是一种方法"，"实用主义的方法主要是一个解决形而上学争论的方法，否则争论就无尽无休。……弄清一个思想的意义，我们指端定这思想会引起什么行动。对我们来说，那行动是这思想的唯一的意义"⑤。

区别则在于，马克思主义实践哲学把实践看作社会历史及其意识、文化等的实在本体，是自在自为的主体性实体和实体性主体活动，是现实的人为了自己的生存发展而进行生产、交往、思辨等各种实践活动，是人类一切认识、文化、历史、社会、人性、智慧的基础、标志、源泉和归宿，而不像实用主义那样把实践只是看成判断认识真理性的方法、工具。

其三，表面上，两者都强调实践相比唯心主义和唯物主义、经验主义

---

① 《1844年经济学哲学手稿》，第53、54页。
② 《马克思恩格斯选集》第4卷，人民出版社，1995，第697页。
③ 《马克思恩格斯选集》第1卷，第9页。
④ 《马克思恩格斯选集》第1卷，第58~59页。
⑤ 〔美〕威廉·詹姆士：《实用主义》，第26页。

和理性主义极端对立而言的居间性。马克思在《关于费尔巴哈的提纲》中首先批评旧唯物主义："从前的一切唯物主义（包括费尔巴哈的唯物主义）的主要缺点是：对对象、现实、感性，只是从客体的或者直观的形式去理解，而不是把它们当作感性的人的活动，当作实践去理解，不是从主体方面去理解。"但是与此同时也批评唯心主义："唯心主义是不知道现实的、感性的活动本身的。"两者一方面有所不同：唯心主义"不知道现实的、感性的活动本身的"。而唯物主义"不了解'革命的'、'实践批判的'活动的意义"。① 但是总体来看，两者的缺点根本上是一样的，那就是他们都不知道"实践"。② 而实用主义哲学家威廉·詹姆士在他著名的《实用主义》一书中，几乎通篇都在讲一个道理：实用主义是各种抽象理论派别之间的"调停人"，"实用主义是经验主义思想方法与人类的比较具有宗教性的需要的适当的调和者"③。

区别点在于，马克思主义实践哲学认为实践之所以具有把主观与客观、主体与客体、思维和存在、物质和精神等对立面统一起来的包容性、丰富性，只是因为所谓实践就是这种对立统一关系的本体，或者说，就是这种关系本身的概念反映。实践不是用来充当各种冲突的"调停者"，而是这些冲突的事实和现象的概念提炼，所以就是它们本身。因此，实践具有真实性存在、自由性特质、物质性属性、历史性过程、社会关系结构、矛盾发展规律、人民价值情怀、自由解放理想、具体处境局限等几乎无限的认识侧面和可能。这种内涵规定性和本体论确认，总是出乎实用主义的动机意外、视域意外的。

再次，实践是否存在所谓"我行""实用""实证"等概念的"域限"呢？

以上我们已经看到，旧哲学对"实践"概念的理解方式、认知习惯和概念定义上存在阶级、认识目的、眼界等原因而存在显而易见的"域限"，而实践哲学，特别是马克思主义实践哲学的视域和理论中，实践恰恰是各种"域限"的超越和扬弃。但是马克思主义实践哲学视域里的实践，并不

① 《马克思恩格斯选集》第 1 卷，第 54 页。
② 《马克思恩格斯选集》第 1 卷，第 9 页。
③ 〔美〕威廉·詹姆士：《实用主义》，第 20、30、38 页。

存在那种"域限"，相反却具有超越那些以及其他一切"域限"的内蕴、效应和无限能力。作为人类特有的存在方式，实践的最为根本的特性就是在历史中遭遇和超越由自然、社会、思想、利益、时间等因素造成的"域限"。从某种意义上来看，所谓实践，就是人类遭遇、营造、超越"域限"的活动和过程。无往不在"域限"中而又永远进行超越域限的斗争，这是实践的普遍本质。

既然如此，那么首先，学者们自己构想的所谓"后实践哲学"，本身不过是一种违反实践规律的理论僭妄；其次，实践既具有"终极性"又具有"非终极性"，实践难免要在"终极性"与"非终极性"中沉浮进出；最后，长远来看，新时代实现中华民族伟大复兴中国梦的历史实践，一样既不能离开它的具体处境、丰富内涵、复杂矛盾来考察，也不能完全离开世界历史的普遍规律和发展方向孤立看待，必然需要不断地创造和发展。

第三，不了解哲学观与哲学观点的概念区别，用积重难返的低于哲学观的思维层面臆测误解马克思主义实践哲学，进而臆造并强化关于实践哲学的种种"域限"的疑惧。

按照"域限"论者的看法，世界在时间上、空间上、逻辑关系上都比实践来得更加配得上"始基"的地位和作用，实践只是世界的局部现象。一分为二来看，一方面，这种疑虑，在旧哲学的话语体系里有一定道理；另一方面，在马克思主义实践哲学的话语体系里，这种认识根本上是错误的。马克思主义实践哲学所实现的实践论转向不只是哲学某些局部观点、观念的改变，而且是哲学观层面的思想革命。在这种新的哲学观下，关于实践存在不可克服的"域限"的执念并无道理。

当然，这需要建立起哲学观和哲学观的认识层面意识，需要正确理解世界观与认识论的关系问题、实践观哲学与世界观哲学的内容交互性问题。

首先，要树立清晰、准确的哲学观概念和哲学观的层面意识。

学界一般都会承认，马克思恩格斯创立了他们自己独特的实践哲学，实现了哲学史上的实践论转向。但是对于这种转向的意义，许多人的理解往往都局限于具体观点和观念，停留在具体的层面和个别的片段，没有从哲学观高度加以充分注意和深入理解。然而事实上，马克思恩格斯的实践哲学之所以在哲学史上具有时代转折性的意义，并不是它的个别局部理论观点、观念的突破，而是哲学观层面的变革。

关于这种实践论转向的哲学观意蕴，限于篇幅，这里只需要提出几个重要事实略加佐证。其一，马克思在《〈黑格尔法哲学批判〉导言》中明确提出，哲学要从对宗教的批判转向对德国国家制度的批判，这种转向的目的是探讨"德国解放的实际可能性"，为此"哲学把无产阶级当作自己的物质武器，同样无产阶级也把哲学当作自己的精神武器"，于是哲学的角色就（从"密纳发的猫头鹰"）转变成"高卢雄鸡"。① 在《1844 年经济学哲学手稿》中，马克思针对青年黑格尔派（特别是布鲁诺·鲍威尔）停留于抽象神学批判的做法把对法学、国家学的批判引向其经济学的批判，同时又对"国民经济学家"的非批判立场提出通过批判黑格尔哲学（特别是对象化与异化区别）达到对资产阶级隐形实践哲学的批判，进而通过劳动异化理论超越资产阶级实践哲学提出共产主义的实践目标。再从《关于费尔巴哈的提纲》提出"哲学家们只是用不同的方式解释世界，而问题在于改变世界"②，马克思主义实践哲学基本形象已经树立。由此可见，马克思主义哲学的实践论转向，主要是一个哲学观事件，至于其中具体层面如本体论、认识论、世界观、方法论等观点、观念变革，意义尚在其次。

那么，究竟什么是哲学观呢？这个概念常常被人们模糊使用，以至于与哲学观点、哲学观念等在概念上相混淆。实际上，哲学观指的是人们对哲学的基本看法，比如哲学是什么、干什么、有何用等，可以表达为哲学的定义方式，规定哲学的研究对象、研究方法、研究目的、研究内容等。而哲学观点、哲学观念则可以是关于哲学的任何问题的看法或观点，既可以是哲学观层面的问题，也可以是关于哲学的诸多具体、细节问题的看法（比如本体论、世界观、认识论、价值论等）。从这个概念区别中，我们应当强调的是，哲学观对哲学发展的影响层级更高，影响更全面、深刻，哲学观点、哲学观念则是相对含混的概念。虽然这两者之间存在重要的联系，但是应当特别注意明确区分这两类概念，特别注意从哲学观高度领会

---

① 参见《马克思恩格斯选集》第 1 卷，第 1~16 页。
② 《马克思恩格斯选集》第 1 卷，第 57 页。

马克思主义在哲学史上实现的实践论转向。而为了概念明确起见，应当慎重使用哲学观念这类含义模糊的词语，或者应当在使用这个词语的时候尽量明确起具体所指。

关于马克思主义实践哲学及其哲学观基础，笔者曾经强调：以往的"马克思主义哲学原理"教科书最根本缺陷在于它的哲学观。这种哲学观把哲学只界定为世界观的学问，无法反映人类生存和发展实践中丰富、复杂、日益发展着的内容和要求，没有反映马克思主义关于哲学与实践关系的科学的、革命性的认识，因而在认识上视野狭窄、视角僵化、脱离实践，是导致教科书式的哲学体系陷入"哲学贫困"的最基本的理论原因。而在实际上，哲学的定义固然可以因认识角度、认识目的、认知阶段等而多种多样，因此哲学是世界观的学问这种哲学观自然有其理论基础，但是如果要从根本上来说，则应该说哲学更是实践观的学问，由这样的哲学观形成的哲学理论可以简单称为"实践观哲学"，而由前一种认为哲学就是世界观的学问的哲学观所形成的哲学理论则可以相应地简称为"世界观哲学"。

其次，要防止从世界观哲学的狭隘视域出发，揣度实践哲学的"域限"。

根据大家习以为常的"马克思主义哲学原理"教科书表述的观点（世界观哲学的观念），世界观是人们对整个世界的根本观点和总的看法。所谓世界，包括自然、社会和人类思维三大领域或思维与存在两种现象。所谓根本观点和总的看法，主要围绕一个基本问题和三个主要问题展开。一个基本问题就是思维与存在的关系问题。三个主要问题中，一是统一性，二是可知性，三是规律性，其中第一、第二两个问题构成唯物论，第三个问题产生辩证法，包括自然、社会、人类思维各领域的辩证法。这些内容，经过多年精细提纯、凝练，已经高度简明、准确、逻辑自洽，也具有非常有效的认识和实践的指导意义。按照教科书内涵的逻辑，世界观人人具有，但是理论化、系统化程度千差万别，所以哲学以世界观为研究对象，可以说就是理论化、系统化的世界观。由此观之，世界观问题大体就是哲学的全部范围，只不过经过理论提炼和系统推演而已。这种认为哲学主要是世界观的学问的哲学观构想，我们姑且称为世界观哲学。

这样的世界观哲学的确存在明显的"域限"。其一，世界观概念相对哲学的关切存在某些"域限"或盲区。比如人的信念、态度、需求、发明，还有意义、价值、感受、期待，以及憧憬、回忆、审美、享受、批判等，在相当意义上并不是来自世界而来自实践。其二，世界观作为一种"观"属于认识范围，而现实世界和现实人生、实践则超越认识范围。其三，世界观哲学关心世界的客观真理，然而现实生活中爱、牺牲、来生、灵性、美、永恒与恨、功利、当下、丑、异化、短暂等的争论和探索远比那些世界"观"问题更加有趣、有意义、有作用。生活观、领会观、做事观、意义观等，比所谓高大玄远的世界观哲学更加称得上真智慧、真哲学。

尽管如此，有人仍然希望为世界观哲学（主张哲学仍然主要是世界观的学问）辩护，试图拯救世界观哲学。他们辩解说，世界观可以有两种不同的理解和把握方式，一种理解成"关于世界的根本看法"的意思，另外一种是把世界观看作"从总体上理解和协调人与世界相互关系的理论"。马克思主义哲学的"世界观理论"，则是"揭示"和"反思"人对世界这种实践关系的理论，是"引导"和"促进"人类争取自身解放的"改变世界"的哲学。那么，如何看待这种辩解呢？

马克思主义实践哲学早已经对企图"从总体上理解和协调人与世界相互关系"的"世界观哲学"进行了彻底的批判。马克思主义实践哲学排除中立的"世界观"的可能性，揭示所有"世界观"必然具有的有限性，公然承认自己的"世界观"的时代性、阶级性，进而指出哲学特别是自己的哲学的目的并不是企图中立、客观地解释世界或者为现实社会、现实生活做辩护，相反是公然从无产阶级和新社会立足点上"改变世界"。所以，第一，不能天真地设想中立、客观地解释世界的"世界观"。所谓"以'人和世界'的'关系'为基点"严格说也只是一种形而上学幻想而已，这种"基点"在哲学的高度里一样也不可能彻底、中立、客观、普遍有效。第二，关键问题还在于，关于"世界观哲学"的这种自以为深刻的辩护，一方面显然会妨害人们对马克思主义实践哲学在哲学史上所实现的哲学观革命的本质和特性的认知和把握，模糊了这种革命的焦点，导致对马克思主义实践哲学与近代认识论（包括黑格尔容纳了"实践"概念的认识论）的界限在认识上的模糊，迎合或坐实了人们（特别是现代西方哲学史上）把马克思主义哲学黑格尔化、认识论化的错误思潮、错误判断。另一方面，这种辩护实际上对"世界观哲学"在哲学观层面上的局限性判断不足，没有充分理解马克思主义实践哲学在哲学观层面实现的革命性变革，因而对实践观特别是对实践的根本性地位或本体性地位不能理解、本能抵制，这对推进马克思主义实践哲学在哲学观理论上的新认识极其不利。

最后，应该充分理解和信任"实践观哲学"本身具有的超限意蕴。

实践观哲学在哲学观上的理论优势恰恰在于，它不仅能更全面、深入地反映哲学历史的发展过程和发展线索，能更准确地反映马克思主义哲学的理论特征，能更深刻地反映哲学学科在人类文化体系中所承担的文化使命，因而能着眼于为人类生活困境寻求出路的高远目标，心胸开阔、目光远大地广泛包容、积极吸纳、切实利用好各种哲学智慧资源。具体反映在世界观与实践观的关系问题上，实践观哲学能够更加科学、有机地包容世界观、认识论、历史观、人生观、价值观、方法论等哲学课题，深刻反映它们的内在联系，使它们为人类喜闻乐见、与人类大有裨益、与时代相适应的科学门类。

首先，马克思主义实践哲学为无产阶级和人类解放提供了崭新的实践论哲学观。

马克思主义理论经典作家固然非常重视世界观问题，但他们既不是世界观哲学的开先河者，也不是这种哲学观的守护者或泥古者，因此，坚持世界观哲学的至上权威并不就是坚持马克思主义哲学的本来立场。马克思主义新哲学的使命不是提供对世界的另一种解释，而在于改变世界，是一种"改变世界"的实践哲学。马克思主义实践哲学当然需要解释世界，但这种解释的最根本、最显著的特征首先在于它立足新的（人类解放的）实践提供了新的实践观，而不是试图提供绝对普世、客观的世界观。

其次，马克思主义实践哲学指出人的实践具有超越"域限"的无限潜能。

实践在最广泛的意义上是标志人的生存方式的哲学范畴，它是人类在精神与物质之间、思维与存在之间、主观与客观之间、理想与现实之间、自由与必然之间实现自觉、感性、创造性转换或中介的过程，是人们为了满足自己生存、发展、交往等需要而从事的处理自我与非我关系的活动，是人类活动和过程的总和。这种实践难免有局限性，但同时具有突破任何"域限"的无限能力。

实践是人与世界的根本关系，第一，"自然不会自动满足人，人必须改造自然"。第二，人类与自然界的关系是透过人们的生产体系、社会体系、精神体系、文化体系建立起来的，包含了改造与被改造、认识与被认识、评价与被评价、超越与被超越等多重多变的因素。第三，人类即使是对于自己的生产体系、社会体系、精神体系、文化体系，也仍然存在不断"扬弃"的要求。所以，人类有着不同于自然界的、自己的"历史"，它是一种名副其实的发展史。第四，自由是实践的根本品格。正因为人类是一种自由自觉的存在，所以只有人类才提出对世界本质和一般规律的认识，即提出建立科学世界观的理论课题。"动物只是按照它所属的那个种的尺度和需要来建造，而人却懂得按照任何一个种的尺度来进行生产，并且懂得怎样处处都把内在的尺度运用到对象上去；因此，人也按照美的规律来建造。"① 自由是在一定社会、历史、文化等条件之下对自然必然性的超越。

最后，相对于旧哲学来说，实践观哲学的超限意蕴。

第一，超越旧哲学认识视角的域限。实践观哲学（强调哲学观层面意义的实践哲学），作为人类存在方式的总体性把握和自我扬弃的自觉理论建构，必然反映这种实践的存在方式的全方位视角、多样性要素和多态性过程。这样的实践观哲学必然扩展到并不限于本体论哲学、价值论哲学、认识论哲学、语言学哲学、历史哲学等各种哲学理论分支领域。它既要涉及、包容、吸收，又要辩证分析和综合扬弃各种世界观、认识论、历史观、人生观、价值观、方法论等的探究成果，进而立足实践予以反思、检验、发展，视域宽阔，视角多样，具有超越任何"域限"的理论自觉。

第二，超越旧哲学理论形态的域限。实践观哲学一方面要如实反映人类自己生存、发展实践的实际情况，必然是多种多样、动态变化的；另一方面也要能够自觉能动地掌握、扬弃和超越具体实践形态的有限性。这样的实践观哲学，必然要求从根本上杜绝狭隘偏见和玄想性认识的思想"域限"。那种"域限"，本质上只是把特殊的实践形式夸张、玄想成绝对"纲常"、永恒范式的所谓"实践"的"域限"，而绝对不是现实实践及其实践哲学本身的"域限"。就具体的哲学观点、形态、观念而言，实践观哲

---

① 《1844 年经济学哲学手稿》，第 54 页。

学重视任何一种具体的哲学观点、形态、观念的认识意义和理论研究价值，但绝不会局限于任何一种具体的哲学观点、形态、观念的认识视角、认识水平。

第三，超越旧哲学理论抱负的域限。实践观哲学与世界观哲学最根本的区别在于，由于对哲学的性质、使命等问题的理解的不同，实践观哲学和世界观哲学对哲学理论的完整形态及其终极意义的理解也不相同，于是它们对哲学的认识对象、有用材料、理论成分以及各种具体的理论成分、理论成果、认识对象相互之间的关系的理解也存在显而易见的差异甚至对立，具有完全不同的自我定位原则和价值判断标准。比如，研究、体验、反思和揭示人类生存的自由性质、价值意义、现实状态、改进方法，对实践观哲学而言是非常重要、非常基础的理论工作课题，而对世界观哲学而言却是末流或"应用"，甚至是低级的、"不务正业"的。世界观哲学致力于一种关于世界（与人的关系）的客观真理性认识，因此它必然把实践看作无限世界中无数事物、现象的一种，把实践观也看成关于实践的客观性质和一般规律的认识，只是世界观理论的组成部分之一，无形中加以"矮化"。而实践观哲学力图研究人类生存和发展中那些总体性问题、基础性问题、时代焦点性问题等，以便获得对这些问题形成科学、合理的认识，为实践提出有效、正确、智慧的见解、建议，它不会错过能够影响人类实践复杂系统的任何要素，必然重视对世界观问题的研究。

总之，世界观哲学用世界观统帅实践观而矮化实践观，实践观哲学用实践观统帅世界观而重视世界观。相对来说，实践观哲学视角更多样、视野更宽阔、视点更灵活，超越理论"域限"的自觉性和能力更充分。

# 作为现代意识形态的历史主义

庄振华*

**摘 要** 如果不从政治哲学或历史哲学的角度，而从真理观的角度来看，我们可以发现历史主义与现代性有一种同源共生的深刻关联。现代人坚信真理是在一个原则上可以完全理解的世界内部产生的，总是试图通过整体性的世界观来垄断真理，同时在这个世界内部建构一些看似崇高的秩序作为这种真理的保障，并将历史主义作为其自我辩护的方式，遂使现代性难以撼动。然而这种真理观也使我们遗忘了在古人眼中存在本身具有的那种开放性秩序，陷入一个封闭世界之中，因此反思历史主义的界限是十分必要的。

**关键词** 历史主义 现代性 真理 意识形态

近代以来的思想史上，各种哲学体系、世界观、理论和主义纷纷上演，熙熙攘攘，你方唱罢我登场。现代人曾经昂扬激越，也曾经失落沮丧，他们一度理想鲜明，却又彷徨失落了，当今则更是所谓"虚无主义"时代。然而虚无往往是某种根本的存在方式的失落，而不是存在本身的失落，因为存在就是虚无的前提，如果没有了存在，也就谈不上虚无与否。

造成这种虚无主义的一个重要原因就是这个时代忽略甚至遗忘了古人曾经念兹在兹的、存在本身的那种发生与秩序，反而将我们的眼光局限在某些特定的存在方式上，即以形形色色的、人为建构的秩序代替了

---

* 庄振华，陕西师范大学哲学与政府管理学院教授，博士研究生导师。

存在本身的秩序。现代人之所以有勇气进行这样的建构，是因为他们坚信真理是在一个原则上可以彻底理解的世界内部生成的，因而人对这个世界的认识就是真理。这种看法其实自始便隐含着一种意识形态化的危险，即部分人或某种世界观可以宣称代表了绝对真理，并要求其他人服从其规划。

如果事情仅止于此，那还不是不可纠正的，因为我们只要认识到这种危险，补救这部分人在认识和实践上的缺失即可，但问题的关键在于，现代为自己的意识形态化找到了一种似乎坚不可摧的依据，那就是历史主义：倘若一切事物的意义都是在历史的横向展开中生成的，那么即便我们建构的世界观有什么不足之处，我们只要在将来修正、补充它，或者建构一种更好的世界观替代它就可以了。历史主义实际上是现代性在深层次上的自我强化与自我辩护，它不但没有使我们回到存在本身的秩序，反而更有力地掩盖了问题，因此深入探究历史主义与现代性的本质关联是十分必要的。

## 一　真理的内在性

1825 年，歌德在他的一封信中写道："如今一切都很超绝，一切都势不可当地在进行超越（transzendiert），在思想中如是，在行为中亦复如是。无人再了解自身，无人理解他盘桓与活动于其中的那种元素（Element），无人理解他所加工的材料（Stoff）……年轻人过早地被激发起来，然后被吸入这个时间旋涡（Zeitstrudel）中去。财富和速度便是这世界所叹服，也是每个人所追求的东西。铁路、汽船、便利了交往的一切可能的东西，便是文明世界决意要不断推进的东西，文明世界也决意借此维持中等状态。这也是'中等文化，大家共有'这一老生常谈的结果。这是半瓶醋的、讲求实际的人的世纪，这些人精明能干，他们即使没有最高的天赋，也觉得优于众人。"[①] 两个世纪前歌德的文字，在今天看来居然毫不过时，我们看

---

[①]　Cf. K. Löwith, "Das Verhängnis des Fortschritts," in *Die Philosophie und die Frage nach dem Fortschritt*, hg. von Helmut Kuhn und Franz Wiedmann, Verlag Anton Pustet, München 1964, S. 25.

看身边那些根本不知"自然"为何物、被电子产品和社交网络占据了几乎全部闲暇时间的"网虫"们，看看那些炫耀财富、求新逐异，实际上却完全浸泡在平庸乡愿之中的一群群眼神茫然的青年人，不能不感叹这位思想家早就洞彻了现代性的本质。其实这也从另一方面表明，我们身处其中的这种不断翻新与"进步"的现代性，它的特质在几个世纪以来都没有什么变化，它早就老了。

那么歌德说现代人忽视了元素、材料，是不是指它们成了自然科学家的专利，其他人不关心了呢？恐怕并非如此，因为现代自然科学也是现代性的产物，而歌德谈论的恐怕是现代性本身所失落的东西。深谙古代精神的歌德所说的元素、材料，代表的恐怕是由古代意义上的质料（hyle）与形式（idea、eidos）构成的那个有着崇高秩序的宇宙。

古代强调事物纵向地由下至上实现至善，即任何事物都按照一定的秩序与方向，从潜在的质料状态实现为具有形式的现实状态，并沿着这个方向进一步追求完善；与此不同，现代则更强调事物在一个原则上可以完全被人理解的世界内的合乎理性的存在。如果说古代认为感性的、质料的世界总是受到一种多少超出了人的理解范围的至善与形式引导，那么现代则认为形式是从质料当中"生出"的，因而真理是内在于我们这个世界的，一切都是可认识、可规划的。

表面上看，近代思想极为纷繁复杂，令人找不着头绪。按照通常的哲学史套路的说法，在人们把目光从上帝转回尘世之后，理性对这个世界的认识（认识论）就成了哲学的主要事务。笛卡尔以思维的主观确定性首肇其端，唯理论的斯宾诺莎、莱布尼茨走了一条追寻世界的客观合理性的道路，却未能免除独断之嫌；而经验论则通过主观体验与知觉来寻求真理，终而陷入主观观念论或怀疑论的窘境。两种传统汇流到康德这里，确立了一种居于主体和客体之间（或者说之先）的、能保障经验实在性和先验观念性的先验结构；但康德坚持人的认识能力之有限性的做法招致后人的不满，后起的德国观念论承袭了笛卡尔与康德的主体性原则，并分别在实践（费希特）、自然（谢林）和客观精神、绝对精神（黑格尔）的方向上大力拓展观念论，达到一种绝对观念论……这样一种叙事模式看似完整而又连贯，实际上存在很多漏洞，比如它无法回答下面这些问题：撇开历史的偶然性不论，笛卡尔的思维之我与奥古斯丁的信仰之我同样是一种主观的、创造性的确定性，前者凭借什么独特之处，能成为整个近代所共尊的开拓者？斯宾诺莎与莱布尼茨都声称自己发扬了笛卡尔的哲学原理，那么他们究竟凭什么主张事物具有一种客观的合理性？经验论究竟何以排斥天赋观念，而主张只有出自感官体验的观念是真的，经验论的真理观背后预设的是人与世界的何种关系？难道康德真的认为，仅凭他的批判哲学开出的二元论，就足以实现他在形而上学上的雄心了吗？难道费希特对于自然问题，谢林和黑格尔对于有限性问题，果真撇开不顾了吗？如果不能很好地回答这些疑问，我们的近代哲学史图景就是建立在沙滩上的大厦，看似坚固，实则脆弱。这样的近代哲学史存在一个致命的缺陷：它缺乏能充分说明近代之独特性，而又能贯穿近代乃至现代①之始终的一个基本原则。

我们不管从理性、认识论、主体性还是从人的自由的角度出发，似乎都能看到现代的一点独特性，但这些切入点似乎又都不足以刻画现代的根本特征，因为它们都在古代或中世纪以非常典型的方式出现过。笔者以为，现代真正的独特性在于它对内在性真理的主张和构建，这是潜藏于上述诸种特征之下，又贯穿整个现代的隐秘动机。所谓内在性真理，指的是：（1）一切事物的存在与意义都需要经过人及其诸种机能（包括理性、实践与创制能力等）的确认，方才被允许显现出来，不经过这种确认的事物，便被认为不具备充分的存在（比如蒙昧、迷信、落后），或者被认为根本不存在（比如虚构、神话）；（2）而我们面前的这个世界，在原则上是可以被人彻底理解的，之所以人们往往只知道部分的真理，那是因为个别人或个别世代的认识能力有其局限；（3）进而，一切的真理只能在这个世界内部产生出来，这便是布鲁诺在其《论原因、本原与太一》一书中提出，并在实际上一直被后世坚持的"形式生于质料"的原则(这个原则在古代是不可想象的，中世纪神学家们也一再重申形式对于质料的独立性)。② 人的机能就像一张滤网，一个审查官，没有经过它

---

① 以下在不将现代和近代进行对举的地方，将近、现代统称为"现代"。

② 参见李华《论布鲁诺质料学说的来源与现代意义》，《云南大学学报》（社会科学版）2013 年第 3 期。

的检验，一切都不具有合法性。而经过它确认的事物，尽管表面看来和古代或中世纪人眼中的那些自在地崇高的、美的或真的事物没什么两样，但实际上已经被"釜底抽薪"，不具备独立于人的机能之外的自在存在了。由此一来，哲学争论的场域也发生了变化：前现代哲学所争论的主要是事物的存在本身是这样的还是那样的，而现代哲学争论的则主要是人应当凭借创造（维科）、思维（笛卡尔）与综合能力（康德），还是应该凭借感官体验（经验论），抑或要凭借人直观到的世界图景（斯宾诺莎、莱布尼茨）来承认这个世界。这便是近代之所以发生所谓"认识论转向"的真正原因。①

真理的内在性，并不排斥事物的秩序，相反，现代比以往任何时代都更关心秩序。身陷价值虚无主义状态、对一切都抱定批判与嘲弄态度的人，或者依靠一种现成的价值格局生活而又不自知的人，往往很难理解从中世纪脱身而出的近代早期思想家们，包括看似极为激进的启蒙哲学家们，对秩序有着多么高的热忱，往往还认为他们也像很多当代人一样，一心只想推翻过往的一切，妄想单凭人的想象力来规划与重构一切。实际上只要我们静心体察一下维科、笛卡尔和启蒙哲学家们的思路就会发现，他们所谓"创造""思维""理性"所做的事情，并非由人重构一套秩序，而更多的是以人的机能来"承认"事物的秩序，也就是说，他们并不认为事物的秩序是由人创造出来的，但他们都牢牢坚持一条底线：事物可以有自身的秩序，有自身的真、善、崇高和优美，但必须首先经过人的承认，才能被允许在人的生活世界中成为真、善、崇高和优美的，也就是说，那些表面看来客观独立的事物虽然不一定是人创造的，但必须以人的承认为前提，否则就被认为不科学、蒙昧、迷信或根本不存在。维科的《新科学》中宏阔的历史与文化探讨，笛卡尔的《第一哲学沉思集》中对世上各种事物的建构，启蒙哲学家们对未来理性世界的振奋人心的描绘，康德先验逻辑中对各种图式（Schemata）的精微思辨，现代自然科学对自然界的反复试验考察，其实都是以人的机能这张滤网，对世界予以承认的过程，

① 近代哲学这方面的情况，参见庄振华《略论谢林"肯定哲学"的思想史地位》，《云南大学学报》（社会科学版）2014 年第 3 期。

他们在起步之初就已经预设了一个现代性的基本前提：事物虽然未必是人创造的，但它在生活世界中的存在却全都以人的承认为条件。[①]

但是承认造成的这个局面非同小可，它并非某些人偶尔为之，也不是突然间就会消失的，而是从根本上改造了思想史，使现代具有了和先前时代不同的思想底色：整体来说，事物及其意义都成了封闭的。所谓"封闭"，指的是事物的存在不假他求，自成一体。古人（比如赫拉克利特、柏拉图和亚里士多德）认为事物的存在类似于一个矢量，是有方向的，在事物的"上端"，理型是一个不可对象化的追求方向，现实事物总是可以不断地加以完善的，不可能完全符合理型状态；而在"底端"，事物是由潜在的、尚未显现与实现出来的质料或潜能状态而来的，古人采取回溯的方法思考这种质料状态，但同时又明白，这种质料状态在现实事物中同样是不可现成地找到的。在这两端，事物都是开放的。而到了现代，由于事物的存在以人的承认为前提，因而即便人们认为事物有不可彻底加以描述的潜在状态与理想状态，那也已经是经过对象化的状态，也同样预设了人的承认，因而事物在原则上是封闭的。这就好比我们可以拿着相机对着阴暗的角落拍摄，在光线亮度不变的情形下可以不断提高相机质量与拍摄技术，使黑暗的角落在相片里显得越来越清晰，但这种表面上的开放性（即我们可以在技术和手法方面不断取得进步）与它实质上的封闭性（即指光、角落和它们构成的"黑暗"都已经被对象化了，已经完全处在人的技术的控制之下了）并不矛盾。认识到这一点之后，就不难理解，近代思想中种种世界图景看似宏大无比，实则封闭。于是事物就具有了一种表面的无限性。这里的无限不是在现代而言的，即在能力上不受限制，而是在古典意义上说的，它意味着缺乏限定性。这个特征依然是就世界之整体而言的，而且产生于前一个特征。由于我们不再追究事物的存在本身由何而来、趋向何方，而只追问事物是如何在我们的理性可以理解的世界上显现出来的，这就导致：一方面，这在表面看来固然为理性开拓了无限的疆土，我们可以在不同的方面、以不同的方式构想事物无限多的可能性；但

---

[①] 因此近代哲学中所谓人对事物的"建构"，其实并不是指人从无到有地造出事物来，而是指人对事物的承认。

另一方面，由于事物自在的秩序不再是现代人的兴趣焦点，事物的意义实际上总是有发生动摇的危险，因为不同的人、不同的时代可以构想出完全不同的"世界观"和"价值观"，并坚持认为自己是唯一正确的。这就好比对于一个沙漠中的庭园，我们完全可以为它设计无限多种样式的格局，可以将各个角落无限地精细化，而且看起来我们是遵循山石、水土、草木的生物特征来设计的，但这丝毫改变不了它与世隔绝、它的一切都由人掌控的本质。这种无限性同时也是理性的无限性，与其说它证明了自己所标榜的无限能力，毋宁应该说它反过来显示出对自身之局限性的无知。

由此我们便不难理解何以谢林以来的西方哲学强劲地抵制无限性和坚持有限性了。我们不否认当代哲学存在极强的虚无化倾向，但谢林、海德格尔这些思想家之所以强调有限性，不是为了给混乱和无序大开方便之门，恰恰相反，他们是为了抛弃近代那种看似无限强大、有着无限的进步空间，实则并未扎根于存在本身，反而在根本上与存在本身的方向分道扬镳的理性，并避免这种理性的虚假繁荣给人类造成的迷茫无归的局面。

## 二　现代的意识形态化

由于上述的封闭性，现代比以往任何时代都更在乎它的世界中的秩序能否成立，也比以往任何时代都有更强的垄断事物秩序的野心，这种现象就是意识形态化。首先必须注意的是，意识形态化是全球的问题，现代几乎无人能自外于意识形态，西方自由主义同样是一种意识形态。而且本文所谓意识形态，还不仅仅局限于政治意识形态，而且是指一种由人来规定与推行世界之整体秩序的现象，从这个意义上讲，现代性在根子上就具有意识形态的特征，只不过在不同时代表现的程度不同而已。

为了透彻理解意识形态现象，我们不妨看看它的一般特征，并回顾一下历史上对意识形态的种种批判。与伽达默尔、雅斯贝尔斯齐名的德国哲学家库恩（H. Kuhn）就注意到了他那个时代的意识形态化现象，不过他对意识形态的界定虽然很深刻，但仍然没有完全走出同时代许多西方学者将意识形态与苏联阵营的国家意识形态相等同的窠臼，多少有着一种自外于意识形态的优越感，与我们将意识形态界定为现代性的普遍特征的做法是有差异的，因此我们这里只是部分地参照他的说法。他在一本专著中说，意识形态有三个特征：（1）它以民众为主体；（2）它倡导人们将自己的自由融入对它的服从中去；（3）它使人们对自身权利的主张（Rechtsanspruch），在救赎运动的权力主张（Machtanspruch）面前消失了。表面看来，意识形态极像中世纪的千禧年主义，但意识形态在本质上是此岸的、内在于历史的，与中世纪那种追求天堂的千禧年主义不同，它是一种世俗化了的千禧年主义，允诺的是地上的天堂。<sup>①</sup>库恩的描述已将意识形态的运作格局、虚假武断性、权力意志性和迷惑性充分展现出来了。

"意识形态"概念最初出现于 18 世纪末的法国〔孔狄亚克（E. B. d. Condillac）、德斯蒂（A. L. C. Destutt）〕，指的是研究观念之产生过程的学问，而且认为观念产生于感觉，当时的人们并不仅仅局限于哲学理论上的探讨，他们已经注意到了意识形态能塑造政治生活，而且认为社会中的正当行为不应受偏见与权力机构的影响。<sup>②</sup>后来在马克思与恩格斯的意识形态批判中，这个概念获得了如今我们熟悉的那种占支配地位的含义，亦即为国家理由（Staatenraison）服务的总体性话语，相比于这种话语，真理倒成了第二位的事情。<sup>③</sup>马克思主义认为，没有纯粹的理论，资产阶级的理论都是意识形态，它将一种极端的非理性主义与一种极端的理性主义结合起来了<sup>④</sup>，亦即在合理性的面具下掩藏着非理性的权力意图。由此看来，意识形态就是某个阶级从自己的观念世界出发去理解实在世界，并强迫所有人接受这种观念。<sup>⑤</sup>马克思用这个概念来批判德国观念论哲学与一切非马克思主义的社会主义，因为它们都远离了现实，是从思想、概念出发，而不是从现实出发的。马克思之后的意识形态论述基本上可以分出右的和左的两个阵营，即曼海姆、舍勒等一批立足知识社会学角度的思想家，以及霍克海默、阿多诺等立足批判理论的思想家。前一派认为，意识形态与

---

① Helmut Kuhn, *Ideologie. Hydra der Staatenwelt*, Carl Heymanns Verlag, Köln, Berlin, Bonn, München 1985, S. 36, 202, 203, 34.

② Jakob Barion, *Was ist Ideologie? Studie zu Begriff und Problematik*, Bouvier Verlag Herbert Grundmann, Bonn 1974, S. 18.

③ Barion, *Was ist Ideologie?* S. 9.

④ Barion, *Was ist Ideologie?* S. 23.

⑤ Barion, *Was ist Ideologie?* S. 23.

乌托邦的区别是，意识形态与现实历史进程相结合，只是从未完全得到实现而已，而乌托邦则要根本推翻现有秩序，前者掩盖现实，后者改造现实；后一派则注意到意识形态往往与偏见同在，他们中比较激进的要数布洛赫，他从希望哲学的角度出发，强调意识形态与乌托邦都具有一种超越时代的功能。① 而到了当代，人们普遍对意识形态批判感到厌倦，比如像阿隆（R. Aron）、贝尔（D. Bell）等人就已经开始谈论意识形态时代的终结②，仿佛现代人可以放下这场游戏，开始另一种生活了。

但问题在于，意识形态并不是一场说中止就可以中止的游戏，而是与现代性同根同源的一种存在方式。可以说，到了现当代，意识形态批判既是一部分人从另一部分人手中争夺话语权的一种斗争，又不仅仅是政治人物的事情，因为它代表了我们时代的某种根本特征，即它自马克思的时代以来就不仅仅是对敌对方意识形态的批判，而且是对哲学本身的批判，并试图由其自身来建立一种终极的科学。在上述各家对意识形态的观察中，马克思的批判依然是最深刻的。马克思的意识形态批判宣布了哲学的终结③，他比其他思想家更清楚地看到了现代的意识形态性，并试图走出以往虚假的意识形态，即走出以人为的理论构造出一种与现实相隔离的意识形态的做法，而要求理论必须从现实本身中产生。马克思一改近代以来推行意识形态化而不自知的局面，主动利用它，但他并未改变意识形态的方法本身，这使他自己的学说，包括对意识形态的批判，其实也是一种意识形态，只不过不是他自己所批判的那类意识形态，而是更广泛意义上的。这种广义的意识形态绝不仅仅是意识形态理论家或政治家的事情，而且是整个现代生活的行事方式，马克思之前的近代哲学家们已体现了这种行事方式，马克思的特殊之处并不在于他对前人的疏离，而在于他明确意识到并利用了现代生活中全面的意识形态性。

意识形态具有不同于前现代哲学的四个基本特征，即建构性、整体性、封闭性、垄断性。（1）如前所述，所谓建构性，并非指意识形态由人虚构，而是指世界必须经过人的机能认可，才能在人的生活世界中被接受

① Barion, *Was ist Ideologie?* S. 40–47.
② Barion, *Was ist Ideologie?* S. 7–8.
③ 参见张汝伦《马克思的哲学观和"哲学的终结"》，《中国社会科学》2003 年第 4 期。

为合法的。但合法并不等于已经完全被理解了，生活世界中完全可能含有许多未知的和超出个人能力之外的事物。这里的未知仅仅意味着"尚未被认识"，但在原则上仍是可知的；超出个人能力之外则仅仅意味着超出了目前的人们的掌控能力，但在原则上最终还是能够被掌控的。（2）所谓整体性，是指意识形态并非对世界的某个部分的理解，而是对全世界一切事物的理解。意识形态就像一面透镜或一张滤网，它对一切进行审核，对于通过审核的事物，它就以自己的理解方式来把握和描绘，对于未通过的事物，它便贬抑性地称之为"虚幻"、"迷信"或"蒙昧"，这便是尼采所谓对世界的"估价"。（3）所谓封闭性，并非指意识形态眼中没有未知之物了（相反，意识形态承认相当多的事物是未知的，但这种"未知"业已经过它承认而被纳入它的世界之中了，并不具有真正的开放性），而是指意识形态囊括了万物的成与毁、来源与归宿、根据与目的，摧毁或掩盖了事物在古代人眼中具备的那种原初的开放性（无论是在质料的一端，还是在理型的一端）。但意识形态不会任由这种封闭性困扰人们的生活，它会发明出一种虚假的开放性来安慰人们。因为在现成事物构成的世界内，也存在一种似是而非的开放性，现代技术能给人一种幻象：它可以无限进步，去征服宇宙与生命。（4）所谓垄断性，是指意识形态总是倾向于宣称掌握了唯一正确的真理，并排斥对世界的其他理解方式，这个特征是由前三个特征而来的。意识形态要垄断的并不是对个别事物的看法和结论，而是看待事物的方式。意识形态都以某种人类机能（近代哲学中出现过的这类机能就有感官经验、抽象知性、先验理性或历史性精神）或对社会的某种价值判断来审核万物并施之于万物之上，在对象方面无一遗漏，在标准方面（即上述机能、判断）又看不到自身的局限，所以容不得意识形态以外的行事方式，也容不得其他意识形态。

意识形态成了现代的基本生活方式，它不仅仅是一个理论问题，在根本上还是一个实践问题，影响了现代生活的方方面面。现代的市场、金融、科技、时尚、生活规范乃至战争，都是总体性的，都有垄断整体的野心。在上述的每一个领域中，我们都可以看到不同的趋向，但每一种都宣称自身是真理，并只从自身的角度去评价其他趋向，也试图无限地扩大自身的地盘，并迫使人们信服它提供的真理。而任何一种意识形态与它的拥护者们之间的关系也并不像它声称的那么高妙，二者相互之间不过是一种暂时的相互满足与持久而盲目的变幻罢了。

现代社会及其思想大都已经意识形态化了，连看似中性的自然科学，都成了理性承认与宰制世界的进程的一个环节，这一现象已由黑格尔的现象学、马克思的意识形态批判和海德格尔的技术批判向我们昭示出来了。但我们不能满足于前人的揭示，因为意识形态化现象在现代之所以所向披靡，这本身就证明它不是一时一地的偶然现象，也不是一种可以通过理论论证加以纠正的"错误"，证明它自身背后还有着更深的根据在支撑着，这个根据是一种更根本的意识形态：历史主义。与各种特定的意识形态不同，历史主义是一般意识形态，它没有任何特定的领域与对象，但又能以一切为其领域和对象，它的根本目标是现代性的自我强化。

## 三　历史主义：现代性的自我强化

现代人由于身份焦虑和正当性危机，对历史有着持久的兴趣，相比而言，希腊人的历史意识只是附带的，是为了让人理解当前所陷入的危机，从而更好地将注意力集中于当前，建设好当前，说得更直接点，是为了让历史服从秩序，不要偏离乃至干扰秩序的实现，而不是为了到历史中去探求秩序——后者极容易导致人将自己的责任推给历史的"发展"和"规律"。在古代，历史只是永恒秩序的外在体现形式，它绝不是事物意义的来源和归宿。古典学名家耶格尔（W. Jaeger）在谈到古希腊纂史传统时，透露出希腊人之所以关注历史，在希罗多德那里固然更多是为了载述先人的伟大，但在修昔底德这里，实在是形势不容乐观，迫使原本倾力于政治公共生活这一最崇高行动的政治家们，不得不追索过往的事迹，以便思索诊断当下之药方："希罗多德所写的诸民族历史，在其本身而言，是不会促使任何人写一部政治史的。但雅典人在热心而又专注地倾力于当下的同时，突然遇到了一场危机，在这场危机中，严肃的政治思想家们被迫发展出一种历史意识……。事实上，他们被催迫着发现了民族的发展所引向的那场危机的历史必然性。这就是修昔底德的历史中所反映出的那场理智革命（intellectual revolution）的真实本性——历史书写（historical writing）没有变成政治的，政治思考却变成了历史的。"① 雅典人并非不知道城邦历史实际的走向，而且往往令人无可奈何（"历史必然性"），他们原本希望历史的书写服务于政治这种提升人性的崇高活动，却没有想到，崇高活动被历史的进程干扰，以致不得不将历史中那些干扰性的因素纳入政治思考之内。发现历史的必然性，这件被我们现代人视作等同于抓住"历史规律"的乐事，在雅典人看来却是一种十足的苦恼。

由此可见，历史在古代和今天的形象是相当不同的。洛维特说过："对于我们而言，历史不再是一个被自然赋予了秩序的世界里多变的事件，对于我们而言成了世界的一切，都被关联到和吸入历史过程之中。而因为这个已经变得如此广泛和重要的历史就是一切持久的、持续的和不变的事物的对立面，因为它在现代的基本特征就是激烈地持续改变持存的东西，故而在历史中找到一个可以由之出发讲出任何屹立不变之事的立足点，是不可能的。"② 这种反差是如此之大，以致在现代，一切都不可能自外于历史，反而要从历史中汲取其意义和寻找其归宿。其实这种历史意识在基督教中就已经萌发了。比如库恩就说过，对于人的历史性，古代是积极加以限制的，而基督教则不设置任何界限③，这就是说，基督教认为人彻底是历史性的——当然它所谓"历史"是一种救赎历史，和现代人眼中的历史有些区别，但已经蕴含了后世历史观的一些重要特征。他还明言，从基督教的创世论、末世论发展到现代的历史主义，这个过程甚至改变了存在本身：它将古代向上运动的存在变为如今的向前运动了。④ 在古代，正如赫拉克利特和柏拉图明言的，所谓存在无非就是事物由潜在的质料状态逐步攀升到完满实现状态的过程；到了中世纪，向着超越的上帝攀升（其性质与古代的攀升已有区别，但同为向上的）这个往上的维度多少还保留着，同时也开始重视横向的时间运动了，后者取得了和向上的运动同样重要的地位，因为上帝的创世、神性力量对世界的维持以及人向上帝的回归，这

---

① Werner Jaeger, *Paideia: The Ideals of Greek Culture*, Vol. I, trans. by Gilbert Highet, Oxford University Press, New York 1945, p. 384.

② Löwith, "Das Verhängnis des Fortschritts," S. 24.

③ Helmut Kuhn, *Das Sein und das Gute*, Kösel-Verlag, München 1962, S. 154.

④ Helmut Kuhn, *Das Sein und das Gute*, S. 208.

些现象都必须是历史性的横向展开，而不是古代的那种静态的秩序。到了现代，向前的运动终究成了唯一根本性的运动，它可以在自身内建立向上的运动，但它建立起来的向上运动，已经和古代、中世纪的情形大为不同了。

我们有必要简单回顾一下现代这种历史意识——历史主义——的产生与发展过程。和"意识形态"概念一样，历史主义这个概念有一个从近代早期产生，之后逐步泛化的发展过程。诺瓦利斯已经开始使用这个概念，到了 19 世纪中叶，这个概念就很常见了。布拉尼斯（Ch. J. Braniss）将这个概念作为一种自由哲学，以与自然主义和决定论相区别，表示绝对者在世界历史中的实现过程；恰雷博斯（H. M. Chalybäus）则用它表示德国的历史法权学派那里历史的变迁性、相对性与法权的完满性等原则；在黑格尔那里，历史上升为绝对精神内在地在世界上实现所必须采取的原则，成为世上万物由存在进入本质，最后达致其概念的必由之路，成为一个本体论原则[1]；黑格尔的后学海姆（R. Haym）、费尔巴哈等则开始在贬义上使用这个概念，用它表示黑格尔式的保守和坚持过去历史的现象[2]；一战前的几十年里，人们对这个概念的使用也多是在贬义上进行的，并开始反思历史主义是否会带来相对主义的危险，当时人们用它表示一种狭隘性和保守性，一种只研究过去某段历史，而不追究其与当下世界之间关系的态度，比如柯亨、西美尔和李凯尔特都是如此，而开辟这一批评思路的领军人物当推尼采，后来的特洛尔奇甚至明确提出，自然主义决定论和历史相对主义是当时令人神经麻痹的两股力量。但对历史主义进行褒扬的趋势，同样也是在一战、二战之间的这代人身上出现的。比如特洛尔奇在他的《历史主义及其诸难题》一书中就致力于消除这个词的那些不好的附带含义，而在"将我们的一切关于人、人的文化与价值的思想彻底加以历史化"的意义上理解它，它和自然主义作为同样从笛卡尔的二元论模式中产生的现代世界两大科学创造，代替了先前时代的形而上学、伦理学与逻辑学等学科；哈贝马斯的老师罗塔克（E. Rothacker）认为历史主义的对立概

---

[1] 自然也被吸纳到历史中，或者说历史是自然的真理。
[2] 实际上他们在很大程度上误解了黑格尔。

念不是自然主义，而是普遍主义，他主动承认历史主义是一种相对主义，不过这是事物必然具有的一种好的相对主义，倘若否弃这种相对主义，就等于强行以齐一的方式看待各种文化；国内学者更熟悉的梅涅克则将历史主义拔得更高，说它是启蒙运动以来自我形成的现代历史思想，是"西方思想经历的一场最伟大的精神革命"，历史主义的核心是个体化观察方式和发展概念，这两方面特征主要是在从莱布尼茨到歌德之死这段时期的德国思想运动中形成的，历史主义的根据是对人的一般生命的一种新的观照（Schau）。[①]

而本文所谓历史主义，指的就是这种经过黑格尔和德国历史法权学派泛化和本体化之后的历史主义，它代表一种整体性地看待世界的方式。它不同于事物的历史条件性，历史条件性是古今皆有的，但历史主义虽然在中世纪世界观中就有迹可循，但是在现代才得到彻底推进和展开的。

历史问题在本质上是事物意义的问题，历史就是事物意义的开展结构。谈论事物的意义，就必然涉及事物的来由与目的，而说起事物之所从来与事物之趋向，我们现代人都习惯用"前因后果""最终目标""归宿"这类时间化了的概念来思考，甚至反过来用这个模式去理解古代哲学中的概念。但现代人往往忘记了，这个模式本身的全面推广乃是现代的事情，并非古已有之。古人——如亚里士多德——也重视事物意义的展开，但那种展开在本质上是一种纵向的提升过程，历史只是这种提升的外在实现方式，并不决定这种提升本身的性质。比如至善或一，现代人往往以时间性的方式将这两个古代概念解释成未来的某种乌托邦图景，殊不知在古代它们主要是作为事物之所当是的状态，作为一种完满的实现而在处于存在的顶端，并从这个顶端出发当下引导着事物。现代则不同，历史成了事物意义的决定性向度，是事物意义之内在的、本质性的来源，事物的意义仅仅从横向的历史中获得与产生，以至于我们已经不知道去追问一下，秩序是否有独立于历史之外的可能性。这就意味着，我们追寻事物的意义时所凭借的，仅仅是到目前为止形成的事物格局和对将来的展望，不看其他。这

---

① 以上简述参考了《哲学历史词典》中的"历史主义"词条，见 Joachim Ritter etc. (Hrsg.), *Historisches Wörterbuch der Philosophie*. Bd. 3. Schabe Verlag, Basel 1973/74, S. 1085ff., 1141ff。

就是我们所说的历史主义。现代科学，包括现代自然科学，基本上都建立在理性的确定性之上，或者具体地说，建立在可证实性与可重复性之上，而我们判断事物之可否证实与重复时所依据的，唯有到那时为止人们证实与重复该事物时所达到的高度，或者说该事物以确定的对象化方式向人显现的程度。即便是哲学上那些看似脱离了历史的抽象普遍之物，比如康德的先验认知结构和黑格尔的"永恒"概念，其实也都是历史化的产物，是历史化方式内部产生的"非"历史之物。比如康德十二组范畴中的实体范畴，就被他规定为"持存性"，试问如果没有一个个具体事物在历史中的持存，我们还能设想持存性本身吗？同样地，康德认为所有抽象概念都必须有其相应的在时间内发生的模式（康德称之为"图式"），才是可表象的。黑格尔的永恒概念亦复如是。他虽然反复强调永恒不在时间之内，扬弃了时间，是时间的"真理"，但就像海德格尔揭示过的，永恒本身就是时间的一种模式，正如静止是运动的一种模式一样。与永恒相对而言的那种时间也不是原初的时间性，而是时间性表现出来的那种变迁状态而已。也就是说，这些纵向维度不是像在古代那样，因其本身自在地崇高，而能引领与支撑起变易世界的存在格局，而是反过来，因为在变易世界中被承认、被指认为一个值得追求的方向，才成为崇高的、"非"历史性的。

需要注意的是，现代正是凭借这些看似"非"历史性而实际上一开始就被历史化了的因素，比如先验之物、理念、永恒等，在历史内部维持了一个向上的维度，这个维度与古代那种存在之往上的方向看起来十分类似，但已是经过人审核后建构起来的事物，二者不可同日而语。现代性总想以这个维度来避免相对主义，但即便躲过了人们一次次关于"相对主义"的怀疑，最后却来到了一个深渊的边缘，那就是虚无主义。其原因恐怕在于，人们固然可以暂时接受这个维度的指引，维持某种秩序与格局于不倒，但只要人们发现理性与现代性本身的局限性，那时不得不面临的恐怕就是谢林所发现的恶与虚无的深渊了。由此看来，20 世纪下半叶以来的"规范哲学"所提供的种种规范或商谈规则，恐怕也不过是一只自掩耳目之手罢了！

至于这种横向地寻求事物意义的格局的由来，这已属于另一项专门研究的课题，在此只能最简略地提一下。基督教融合了希腊化时代哲学和罗马法中的一些资源后形成一套独特的世界观，对西方思想界进行了一种极为根本的改造。一个最显眼的后果就是，事物的重心不再像古代目的论模式下那样落于具有往上的指向的形式、理型上，事物的实体、本质均落入事物内部（当然在中世纪，这个事物"内部"最终仍然被联系到上帝的意志之上，现代则彻底落入事物内部）：对于物而言，那个内部就是与外部实存（existentia）相对而言的内在本质（essentia）；对于人而言，它就是自由意志。这一改造可以被称为世界的"内在化"。这样一来，事物与事物之间的关系也被改造了，即从古代那种各部分共同追求整体之理型（如树枝、树叶、根干等各部分共同支撑树的生命，如城邦各阶层通过追求自身的德性而达到城邦的整体正义）的模式，变成了各各从自身的内在本质或自由意志表现出来，进而影响对方的内在本质或自由意志这样一种控制或"交往"的格局。此时问题的关键不再是存在的方向，而是事物与事物之间的关系（或者是物的关系格局，或者是人的决断与博弈），因为存在的方向本身就是由这种关系决定的。而这种关系的出发点只能是两个方面：一是到此为止已达成的事物关系格局，二是对未来关系格局的展望。

为什么说历史主义是现代性的自我强化？后者涉及世界的整体建构和意识形态的垄断，前者涉及事物意义的开展结构，两者看似风马牛不相及；实际上，正如海德格尔那里存在与时间的关系一样，现代性必须在历史主义中才能实现和巩固其意义，或者说，它们是二而一、一而二的。如果没有历史主义，现代性最多只是一部分人的偶然行为，不可能像如今这般难以撼动，更不可能让深陷其中的人自觉不自觉地为其辩护，并坚信现代性的续与绝就意味着自身的存与亡。

譬如对于一棵树，我们一般不会认为记诵一些植物学知识，就算是真正了解它了，那么按照现代的标准，我们需要培育它，或者观察它的生长，或者参与对它的实验分析，以及对它进行任何一种符合"科学标准"的操作，在这些活动中与它进行一场搏斗，里里外外透彻掌控它，那才算是真正了解它了。有了这个横向的过程，我们再遇到同一物种的任何树木，都可以很权威地对它进行鉴别和判断了。再比如某一地的居民，我们如何才算了解他们了呢？道听途说是不行的，我们必须加入他们当中，和他们一起应对柴米油盐的烦恼，或者参与他们的活动与交际，和他们共苦乐，他们才愿意向我们展示他们内心的世界。又比如一部小说，现代人判断其好与不好，往往是依据它有没有准确刻画人的主观心理活动，《伊利亚特》里描述人的死亡时往往仅用"膝盖软了""眼前一黑"这类简单语句，这种手法在现代是绝不能令人满意的，我们必须看到作者详尽无疑地描述这个人死前的内心活动、看到他内心展现其人生的一幕幕，才肯罢休。我们已经如此习惯于这种方式，竟至于意识不到它与古代方式的不同了，还反过来以为古代那些自在地崇高的秩序，就是在这种历史性中"生出来"的。

历史主义的目标就是证明意义仅仅存在于历史之中，历史是自我证成的，不假他求。现代的种种意识形态，无论进步论、本原论、宗教基要主义，还是自由主义、保守主义、规范哲学，抑或批判理论、解释学，多多少少都陷入意识形态化而不自知，而且原因在于它们都各有一套历史主义的论证作为支撑。在这个意义上，我们可以说历史主义为现代性的意识形态特征提供了根据，使现代性认为能在埋头于事物之实存的时候就完全把握事物的真理。

实际上，意识形态与历史主义的联姻本身也经历了一个历史的过程。希腊哲学在公元前 5 世纪至前 4 世纪的时候，已注意到语言的意识形态功能，但并未将该现象与历史联系起来[1]——这意味着意识形态在那时只是偶然现象，还没有通过历史主义进行自我强化。到了近代初期，二者的结合事实上已经开始了，但在哲学上最深刻地意识到这一点的人却是黑格尔与马克思。黑格尔实现了原理的历史化，在他那里，精神的上升之路与貌似偶然的历史进程是同一的。可以说，黑格尔真正展现了现代性的历史性。不理解现代性与历史主义之本质关联的读者，看到黑格尔将臧否人物、判断善恶的标准放在是否完成时代的使命，放在促进还是违反了那历史性地启示着自身的世界精神之上时[2]，必定会错愕不已，这类读者也不会理解尼采那里权力意志与历史主义的真正关联，不会理解马克思的社会

---

[1] Kuhn, *Ideologie*, S. 209.
[2] Kuhn, *Ideologie*, S. 209, 211, 216.

历史观。黑格尔的后学们不再相信上升与进步的同一，但从黑格尔开始，历史中的激情与危机并非完全消极的，而是可以被利用来塑造社会。马克思认为历史的任务是建立此岸的真理。① 或许我们可以将现代性的意识形态与历史主义这两大特征都溯源于马克思或黑格尔，但如果不局限于学说的考证，而从事情本身来看，完全可以说这两者都源自现代性的本性，至少在近代早期就已经发生了联姻，这是由现代性自我强化的需求决定的。与此同时，历史主义本身也成了一种极顽固的意识形态。如果不对这种意识形态进行反思，我们对古人的世界（无论东西方），恐怕终究是雾里看花，隔了一层，我们就很难理解柏拉图的理型和圣贤所说的天理究竟为何物。

# 结语：历史主义的问题与挑战

作为现代最根本的意识形态，历史主义最大的问题在于堵塞了对存在本身的秩序的寻求，并人为构建出一种秩序来作为替代，使人们陷入一种"迷思"而不能自拔。在现代，最典型的这类被构建出来的秩序（与秩序观）至少有两种：单子论与进步论。

单子论通常也被称为"原子论"，它不单是莱布尼茨提出的一种学说，也不仅仅是某些人群（比如犹太思想者群体）对工业社会的过度敏感，而且是现代生活的基本境况。只要随便翻翻卡夫卡和列维纳斯的那些经典作品，就可以感受到现代人那种人人自成一统，人与人之间隔着深渊般的距离，人人都想打破这种格局而不能的尴尬状态。如果将内在化的思路贯彻到底，每个人陷入自己内心，也以这种方式看待他者，认为他人乃至所有事物都是一种陷入其内部的自由意志或本质，那么这种单子论的局面就是必然的结果，而且它就像一副手铐一样，越挣扎越紧。也就是说，我越想用尽全力突破隔阂，就越是发现这隔阂深重，就像《变形记》里描述的甲虫那样。问题最棘手之处是，这还不仅仅是某些人的私人感受，而且是一种公共的、客观的境况。

---

① Kuhn, *Ideologie*, S. 209, 216, 219.

进步论更是如此。我们这个世纪早已不是启蒙的那个高歌猛进的时代了，进步论的负面后果早已层层显现。单就科学方面的进步论而言，洛维特曾说过："这种进步发展的厄运现在恰恰在于它看似为之辩白了的那些事物：它那巨大的成果。从空气动力理论到蒸汽机，从量子论到原子核分裂，这是一条彻底翻转之路，这种翻转给地球罩上了一个由种种工业和交通设施构成的技术超世界（technischen Überwelt），使人口数量不断猛增，而且使得在一瞬间就听遍、谈遍、看遍和穿越全球成为可能。"① 这个超世界显然已不是人类手下温驯的控制对象，而是脱缰之马，我们本想控制它，却反过来受制于它。惊慌失措、寻求出路的人们发现，"通过科学进步的这些巨大的成果，物理学家如今占据了神学家的地位：可规划的进步具备了天意的功能。方济各修士培根所构想的那幅通过自然科学达到基督教世俗传道的图景，以一种非基督教的方式实现了，那种方式就是，一种进步的宿命论（Fortschrittsfatalismus）后来代替了进步的乐观主义（Fortschrittsoptimismus）"②。

但历史又是不可回避的。在上文中我们基本区分了历史的两个层面：一是具体事物的历史条件性，二是历史主义所构想的支配事物意义展开的横向结构。前者是古今皆同的；后者则是现代所特有的一种垄断性机制，虽然客观，却并非必然，因为至少古代就并非如此。其实这还不是历史的全部内涵，也就是说，并非强调历史性的任何学说都是历史主义。在这两个层面下，还有着历史的第三个层面，那就是海德格尔在他中晚期的"存在史"思想中为我们揭示出来的、存在本身的历史性。关于海德格尔的存在史，这里要注意的是他对当代的判断。在这个时代，存在的历史性表现为人们遗忘了存在本身的同时，又被推到了形而上学的边界上，即在热切寻求存在之意义的时候，却又茫然不知该向何方去寻求。

这就自然引向了历史主义的挑战的问题。历史主义对我们最大的挑战在于，如何能在尊重事物的历史性的同时向秩序开放，而不是重新"建构"秩序——但这不是说历史不重要，关键是要弄清楚它在什么意义上重

① Löwith, "Das Verhängnis des Fortschritts," S. 26.
② Löwith, "Das Verhängnis des Fortschritts," S. 26.

要。历史主义在反对近代抽象理性、意识哲学的时候，当然有助于人们回到事情本身，回到事物意义的展开本身，而不是一任抽象的理性主体进行"建构"，但问题在于：历史主义本身也是有历史性的，而且历史主义本身恰恰是看不清这种历史的，这意味着我们既不必认为历史主义是对于古代秩序观的进步，也不必先入为主地坚信历史主义是无法突破的存在方式。由于存在本身的历史性，我们不可能也没必要原样恢复古代的秩序格局，但这绝不意味着历史主义是唯一的选择。当下最急迫的任务，是澄清历史主义本身的局限性，以及后者在现代造成的种种影响。在这方面，谢林的"肯定哲学"、海德格尔的存在哲学，都为我们提供了可贵的镜鉴，但这还不够，前方的路需要我们自己去开辟。

# 费希特法权哲学独特的问题域及其演进[*]

王　荔[**]

**摘　要**　个人权利与国家权力的冲突与和解是构建法治社会的根本性问题，诸多的社会问题均能在其中找到根源。但是，在种种口号式的喧嚣中，却鲜有人对二者的关系进行深刻的学理论证。费希特的法权哲学正是在这一独特的问题域内展开，从先验的自我出发，不仅推演和论证了个人权利与国家权力合法性根源，而且为二者划定了各自的界域。

**关键词**　费希特　法权哲学　个人权利　自由　国家权力

在德国古典哲学家的浩瀚星阵中，费希特的影响力并不如康德、黑格尔；他在政治哲学领域的影响力也稍逊于卢梭、孟德斯鸠等。但是，他却是衔接康德与黑格尔、康德与卢梭的关键人物。尤其是在二战结束后，资本主义以不可阻挡的迅猛速度将世界推向全球化，同时又使人们陷入了一种在物欲横流中丧失自我的异化境地；而当时社会主义的经济模式和政治模式，由于并不能提供更高的劳动生产率以及更高的民主，也同样无法令人满意。在这一历史背景下，费希特研究，尤其是他关于按照理性要求和法权规律建立法治社会的法权哲学，越来越引起人们的关注。尤为重要的是，从费希特的知识学体系建成之时起，他一生都未停止对其知识学的修

---

　*　本文原载《南通大学学报》（哲学与社会科学版）2016 年第 9 期，第 32~38 页。

　**　王荔，陕西师范大学哲学与政府管理学院副教授，硕士研究生导师。

订。他柏林时期的思想与耶拿时期①相比，发生了很大的变化。这种演变既有其历史动因和哲学根源，更引发了其法权哲学核心问题的转变。因此，在这一重要的思想演变的过程中，揭示费希特法权哲学的独创性演绎，发掘其中的重要思想宝藏，对于当代马克思主义法学的研究尤为重要。

# 一 费希特法权哲学独特的问题域——个人权利与国家权力的冲突与和解

研究费希特的法权哲学，我们首先应当厘清其法权哲学（die Philosophie des Rechts）的概念。"die Philosophie des Rechts"这一概念与德语另一概念"die Jurisprudenz"相对应。而这对词组在英语中也有两个与之对应的词语："Philosophy of Law"和"Jurisprudence"。针对英语中这两个词语，学界当下仍有"法哲学"与"法理学"之争。本文无意卷入当下的这场纷争，但必须指出的是，在近代德国古典哲学的语境中，德语"die Philosophie des Rechts"与"die Jurisprudenz"有着极大的区别。不仅如此，它也不同于现代意义上的"法哲学"或"法理学"，而是有着自己专有的问题域，因而有必要对"哲学"及"法权哲学"进行详尽的概念分析。

## （一）什么是"哲学"——人类一切知识的原理

亚里士多德时代的哲学，是以对智慧的根源及其产生原理为研究对象的知识，它以探究最终极的普遍知识为特征，而并不追求实用。因此，哲学被视为真正自由的学问，它只为哲学自身而存在。② 而近代德国古典哲学一直贯彻着这一对哲学的理解，从康德到费希特，由谢林至黑格尔，无不贯彻了先验哲学的思辨模式。费希特以自我为核心建构起来的具有独创

---

① 费希特思想体系的形成与发展大致分为两个阶段，早期（耶拿时期，1794~1799）和晚期（柏林时期，1800~1814）。虽然费希特柏林时期的思想体系与其早期相比发生了一定的转变，但这些转变是在耶拿时期哲学体系的基础上进行的修正，因而，准确理解费希特耶拿时期的思想亦显得尤为重要。

② 〔古希腊〕亚里士多德：《形而上学》，吴寿彭译，商务印书馆，1965，第62页。

性的知识学，便是这一意义上的哲学。用他自己的话说就是，"我们必须找出人类一切知识的绝对第一的、无条件的原理"①，然后试图从这一原理出发，一贯地、科学地将意识的整个内容发展出来，最终实现对整个世界的构造。也正是这一点，被黑格尔赞誉为"费希特哲学的最大优点和重要之点"，也是它的"伟大之处"。②

在费希特的影响下，黑格尔将其哲学的基石建立在思维、逻辑和概念的庞大系统的发展上，通过概念的规定来把握真理并达致具有普遍性的理念和真相。这种意义上的哲学，其关注的不是特殊知识的学问，而是以井然有序的进程达到"真正必然性的反思"。③ 换言之，从古希腊自然哲学家开始直至黑格尔的时代，在长达 2500 年的历史进程中，哲学始终是一种能够使思想、概念与现实达致和解的精神："这精神在它的自由里和在它的丰富内容里把握住了自己的现实性。"④

因此，费希特所讲的"哲学"（die Philosophie），是旨在揭示事物整体与各个部分之间的有机联系及其演变的艰巨任务，是要根据原则对整个现实世界进行塑造的整体工程。而他的关于"das Recht"（权利/法）的法权哲学就是在这一哲学的意义上建立的，试图从最高原则中，即从必然性中先验地推演出关于权利（权力/法）的真正的科学。

## （二）为什么是"法权哲学"——从自然权利到自由法权

为什么是"法权哲学"（die Philosophie des Rechts），而不是称为"法哲学""法律哲学"或"权利哲学"？这当然并不只是译者的个人喜好问题。德语"das Recht"一词本身有着多种含义：正确、正当、公正、正义、天理、公理、法、法律、权利等，究竟应当如何理解？必须首先明确费希特对于"das Recht"一词进行定义的语境和目的。

西方法哲学史中关于"das Recht"（法/权利/正义）概念经历了从权

① 〔德〕费希特：《全部知识学基础》，王玖兴译，商务印书馆，1997，第 6 页。
② 〔德〕黑格尔：《哲学史讲演录》第四卷，贺麟、王太庆译，商务印书馆，1978，第 311 页。
③ 〔德〕黑格尔：《小逻辑》，贺麟译，商务印书馆，1980，第 49 页。
④ 〔德〕黑格尔：《哲学史讲演录》第四卷，第 372 页。

利的自然论到权利的自由说的发展。这一问题首先源自苏格拉底时代对善恶的普遍性标准的讨论。人究竟应当如何行为才是善？人为什么必须如此行为？对这一问题的回答引发了哲学家对人的行为之必然性原因的思考。当这一思考进入法的领域时，便引发了对人的权利（包含权力）的权威性和正义性基础的追问。普遍性和自由意志正是权利观念形成的首要前提，而法权哲学本身就是要为权利（权力）寻找其在人类理性以及现实社会中的坚实根基。

古希腊早期建立在自然哲学基础上的自然法哲学，由于其将普遍性的标准自然化，人的行为的必然性也就被归因于自然，即人必须依循自然戒律或自然规律才能实现善，因而人的权利（权力）的权威性和正当性也来源于自然。人在自然面前是渺小的，无能与无奈的，必须依靠自然为人类设计生存的法则——自然法。然而，要保证抽象的自然法始终在现实生活中居于至高权威并具有普适性，是非常困难的。当这种自然法受到实在的、成文的城邦法律的挑战时，便立刻显现出其软弱无力。这在苏格拉底之死的悲剧中可见一斑。

从巴门尼德始，到古希腊三贤苏格拉底、柏拉图和亚里士多德，都将正义视为一种超越人定法（实在法）的普遍原则，试图以一种包含人类理性因素的正义（Gerechtigkeit）概念的丰富内涵，来填充自然法内容上的神秘与空洞。这无疑体现了哲学对人类理性的执着追求。然而，这些努力却仍然无法弥合理念与现实之间存在的差距，抽象的正义概念仍然无法在人间的法中寻找到坚实的基础，人的权利（权力）也无法在正义的理念之中建立其在现实社会中的根基。之后的斯多葛派、伊壁鸠鲁派、新柏拉图学派等，都在试图为理念中的自然法在人间的确立寻找路径。而当托马斯·阿奎那创建的经院哲学将神法推崇于至上地位，将人类理性全部置于神法之下时，人的行动的自由便消失殆尽，权利概念自身便也走到了尽头。

马丁·路德的宗教改革虽然并未褪去神学笼罩下上帝的至尊地位，却首次揭示了人的独立和自由的重要意义。他强调了在信仰的建立与宗教情感和宗教义务的养成过程中人的自主性的重要意义，主张人应当享有用自己的语言说话和思维的自由，应当享有以自己的心灵与上帝直接进行沟通的自由。这就是近代社会权利的自由观念的先导。①

　　近代西方古典自然法学家，在笛卡尔"我思故我在"命题的启迪下，尝试以新的思路解说思维与存在的统一，当其进入法的领域时，面临的就是个人权利和国家权力之存在的正当性问题。对于这一问题，启蒙思想家们建立的自然状态、自然权利、自然法、人民主权、社会契约论等理论，将对个人权利的关注推向了新的高潮，即个人权利与生俱来，是神圣不可侵犯的，故而每个人都是自由的。为了确保每个人的自由，就必须通过订立一个社会契约来建立一个共同体——国家，而这个社会契约便是国家权力的正当性来源。显然，这一理论在本质上仍然是自然法哲学，但其对于权利、法与国家的观念都已表明，近代西方法哲学即将开始权利（权力）的从自然论到自由说的转变。因为，在古典自然法学家们解决了个人权利与国家权力的正当性基础的同时，又必然面临一个新的问题——个人权利与国家权力之间的冲突，即当国家这一庞大的"利维坦"被建立之后，我们又如何确保它所拥有的强大的国家权力仍然为每个人的权利和自由而效忠？这一问题促生了对权利（权力）的观念从自然权利、天赋权利到包含自由与必然的法律权利概念的转变，对这一概念的哲学思考，便形成了不同于自然法哲学的法权哲学，而这一课题正是由德国古典哲学家们完成的。

## （三）　法权哲学的形成——权利观从自然论到自由说的转变

　　自由与必然的关系问题始终是德国古典哲学家们主要关注的题域。这一问题在政治哲学领域则在不同语境中分别展现为人与自然、人与神以及个人与国家的关系问题。如果说早期的自然法哲学将人的行为的必然性的原因视为自然规律、神性、理性等，使人自身不能有所作为，进而使自由与必然永远处于冲突之中，甚至自由始终是必然的奴婢，因而，基于自由的权利概念，只能被淹没于抽象和空洞的自然法的掌控之下。那么，近代德国古典哲学则试图调和自由与必然的对立，试图以先验主义的方法使自由与自然、有限与无限、人与神以及个人与国家之间最终

---

　　①　林喆：《权利的法哲学——黑格尔法权哲学研究》，山东人民出版社，1999，第 147~149 页。

实现同一。

康德发起的"哥白尼式"的哲学革命让理性这个太阳静止下来，而让现象世界围绕着理性旋转。他在先验哲学基础上进行推演，提出"人的理性为宇宙立法"的宣言，进而将其哲学的根本问题归结为"人是目的"，从而认可和正式确立了人的自由以及人的主体性。值得注意的是，在宣告"人是目的"的同时，"他人同样是目的"便成为无法回避的命题。因而，法律权利存在的前提便不仅仅是个人的自由意志，还是我的自由意志与他人自由意志的协调问题。换言之，自由是具有相对性和有限性的，"自由乃是法之下的自由"。这样一来，法律权利不仅具有了权利的普遍性，同时也引申出了与权利相对的"义务"的概念，以及对权利与义务的相互关系的重视。

费希特在康德法权学说的基础上，坚持了人是自由的这一前提。同时他也看到，"那种认为人的一切行为都有必然性的原理给社会造成了非常有害的结果"[①]，而以康德为代表的先验哲学则会赋予人改变一切不合理的现实的合法权利。于是，他以先验哲学为出发点，逐步确立了自己的"知识学"体系（Wissenschaftslehre）和他的法权哲学（die Philosophie des Rechts）。费希特指出，法学就是权利之学，而权利的本质就是"意志的自由行使"，是由具有能动性的"绝对自我"（Ich）推演出来的必然。而为了解决权利与意志融合的问题，与他之前基于自然法理论的权利观念不同，费希特指出，在权利与义务的关系中，实质上蕴含着权利与权力、个人与国家之间的矛盾冲突和协调。这便开启了2000多年来的西方法哲学史的一场变革：费希特以自己的法权理论表明，从古希腊时期以来的对法与道德、自然法与人定法两种关系问题的所有争论，都可以也必须在个人权利与国家权力的关系中得到解答。这一认识不仅标志着国家与法的学说由自然论到（意志）自由说的转变，同时也标志着，以国家权力与个人权利关系为基本问题的近代法权哲学的形成。而费希特的法权理论的真正意蕴更在于，他甚为清醒地告诉我们，在有关权利问题的研究中，对权力（国家权力）的规制始终应当是重点所在。费希特的这些观念无疑深刻地影响

---

① 《费希特著作选集》第1卷，商务印书馆，1990，第193~194页。

了谢林、黑格尔以及马克思的法权理论。

个人权利与国家权力的冲突与和解问题是构建法治社会的根本性问题，而诸多的社会问题均能在权力与权利的冲突中找到原因。如因权力缺乏有效监督而导致的腐败，因权力的膨胀和滥用而导致的恶性事件等。于是大家众口一词：个人的权利和自由神圣不可侵犯，应当警惕和控制国家公权力的腐败和僭越。但是，在这种种口号式和政治正确的喧嚣中，却很少有人对个人权利与国家权力的冲突与和解问题进行真正的务实研究，更缺乏理论上的深度反省。权力与权利各自的正当性与合法性根源究竟何在，国家与法以及权力与权利之间应当是怎样的关系，权力与权利究竟应当包含哪些内容，诸如此类的问题，都在费希特的法权哲学的演进中得到了进一步的展现。

## 二　费希特法权哲学核心问题的演进——从社会契约论到社会有机整体论

费希特法权哲学演变的历史动因与欧洲尤其是德国当时的历史现实有关。从 1805 年到 1807 年，拿破仑在军事上的巨大胜利使德意志国家在军事和政治上陷入了前所未有的危机，德意志人民对自己民族的认同降至历史冰点。如何找到民族复兴的路径，重新唤起民众的民族自信，反抗外族压迫成为哲学家费希特的重要历史使命。同时，法国大革命的失败使得当时的哲学家们不得不进行深刻的理论反省，重新思考现时代的根本特点以及人类社会发展的基本原则和终极目标。因而，从 1807 年的《对德意志民族的演讲》开始，费希特的法权哲学发生了相应的转变，逐步从社会契约论转变为社会的有机整体论。

### （一）费希特关于法权规律之本质的演变

耶拿时期，即在《自然法权基础》中，费希特从作为主客同一体的能动自我（Ich）出发，通过建立法权学说的三条定理，首先推演出作为个体概念的有限理性存在者，然后由此推演出法权概念和法权规律，其实质就是要证明一个法治共同体存在的必然性。费希特认为，"一个有限理性存在者不认为自身有一种自由效用性（Wirksamkeit），就不能设定自身"①。而"理性存在者这样设定其发挥自由效用性的能力，就设定并规定了一个在自身之外的感性世界"②。那么，理性存在者如何设定自身在感性世界中的自由的效用性呢？"一个有限理性存在者不认为其他有限理性存在者有一种自由的效用性，因而不假定在自身之外有其他理性存在者，就不能认为自身在感性世界中有自由的效用性。"③而且，"一个有限理性存在者不把自身设定为能与其它有限理性存在者处于一种确定的、人们称之为法权关系的关系中，就不能假定在自身之外还有其他有限理性存在者"④。因而，法权关系即指这种不同主体之间的相互制约和相互作用关系。在这种关系的制约下，现实世界就成为一个受法权规律制约的政治共同体，即每一个作为共同体成员的理性存在者，都必须共同承认和遵守一项法权规律，即"我在一切情况下都必须承认在我之外的自由存在者为自由存在者，就是说，我必须用关于他的自由的可能性的概念去限制我的自由"⑤。换言之，自由只能在受到法权规律支配的共同体（即法治社会）中才能得到贯彻和实现。⑥

费希特这种建基于社会契约论之上的法权学说，在建立法治状态的概念中必然会存在个人自由与国家强制之间的矛盾。于是，为解决这一矛

---

① Fichte. *J·G·Fichte-Gesamtausgabe der Bayerischen Akademie der Wissenschaften.* von Reinhard Lauth，Abt. I，Bd. 3，1966，Stuttgart，S. 329，335，340. 中译本〔德〕费希特：《自然法权基础》，王玖兴译，中国社会科学出版社，2004，第 17 页。

② Fichte. *J·G·Fichte-Gesamtausgabe der Bayerischen Akademie der Wissenschaften.* von Reinhard Lauth，Abt. I，Bd. 3，1966，Stuttgart，S. 329，335，340. 中译本〔德〕费希特：《自然法权基础》，第 24 页。

③ Fichte. *J·G·Fichte-Gesamtausgabe der Bayerischen Akademie der Wissenschaften.* von Reinhard Lauth，Abt. I，Bd. 3，1966，Stuttgart，S. 329，335，340. 中译本〔德〕费希特：《自然法权基础》，第 42 页。

④ Fichte. *J·G·Fichte-Gesamtausgabe der Bayerischen Akademie der Wissenschaften.* von Reinhard Lauth，Abt. I，Bd. 3，1966，Stuttgart，S. 329，335，340. 中译本〔德〕费希特：《自然法权基础》，第 54 页。

⑤ Fichte. *J·G·Fichte-Gesamtausgabe der Bayerischen Akademie der Wissenschaften.* von Reinhard Lauth，Abt. I，Bd. 3，1966，Stuttgart，S. 329，335，340. 中译本〔德〕费希特：《自然法权基础》，第 54 页。

⑥ 参见王荔《费希特耶拿时期法权哲学的演绎》，载《西方法律哲学家研究》，中国政法大学出版社，2013。

盾，在柏林时期，即在《法学——1812 年演讲》（das Rechtsleher）① 中，
虽然，法学仍然被界定为一门纯粹的、真正的科学，仍然是从先验的法权
概念演绎出国家与法以及个人权利等，但是，衍生出这个法权概念的最高
原理已经不再是具有能动性的"自我"，而是转变为超时间的存在——
"上帝"。这样一来，人类社会只是上帝显现的"知识"的一种存在形态，
这种知识在现实世界中则体现为道德律。由于作为个人的自我对这种知识
（道德律）的理解是有限的，那么，一个人的自由就有可能妨碍其他人的
自由，而只有在这种境况下，法权规律才有必要以及有可能发挥其作用。
也就是说，"只有在道德规律尚未普遍地起支配作用时，法权规律才有用
途，而且，这是给道德规律占支配地位做准备"②。这时，法权规律的本质
已经发生了改变，即它不再是基于人的理性而达成的共识，而是作为一种
绝对理性规律。作为绝对理性的规律的法权规律的内容也就相应地发生了
改变，不再是一种基于理性"自我"对与我相同的"他我"之自由的承
认，而是成为一种必然规律，即一个人想在法权规律发挥作用的世界里损
害他人，这是绝对不可能的，因为，每个人自身的法权都取决于他承认其
他一切人的法权，不具备这个条件，就不可能有任何人真正拥有一种
法权。

关于法权规律本质认识的这一转变表明，费希特此时已经从社会契
约论的观点，转变为以一种社会的有机整体论的立场来思考个人权利与
国家权力的关系问题。他主张，要想解决共同体的意志与个人自由，即
国家权力与个人权利之间的冲突和矛盾，必须首先赋予国家权力一种强
制职能，这种强制职能的使命在于，要把作为感性存在者的个人转变为
作为理性存在者的个人，从而把共同体对于法权规律的遵行，转变成每
个人对于法权规律的遵行。这样一来，支配共同体的法权规律就与任何
个人的自由达成了一致，国家权力与个人权利之间的冲突也就自然达成
了和解。至于如何做到这一点，他认为，应当通过进行民族教育来建立

---

① 这部法权哲学遗著是一部未完成的手稿，有时只是提纲挈领地观点陈述，但其与耶拿时
期的《自然法权基础》中的法权思想具有一定的连贯性。

② 〔德〕费希特：《法学——1812 年演讲》，里·绍特基编，汉堡，1980。转引自梁志学
《费希特柏林时期的体系演变》，中国社会科学出版社，2003，第 208 页。

一个理性王国，以培养全面发展的人为其核心目标，尤其是培养出具有最高理智的统治者。[①]

## （二）费希特关于个人权利与国家权力关系之认识的转变

耶拿时期的费希特在《自然法权基础》中，通过对法治共同体的建立条件的论证，一步一步论证了个人权利与国家权力各自的正当性以及二者之间的关系。他认为，理性存在者要真正结合为一个法治共同体，除了要具有能够完全受自己自由意志支配的躯体，并都以对方的自由意志为限来限定自己行使自由意志的范围以外，还必须有一个正确的共同认识，即认识到一个由理性存在者所组成的共同体是理应存在的，也是必须存在的。这便是法权规律的内容。如果不是每个人都服从法权规律，他们组成的这个法治共同体就不可能持续存在。换言之，一个国家的存在必须以这个国家中每个公民之间的相互忠诚和信任为内在条件。于是，法权哲学的下一个重要课题就是要解决如何保证人们之间都能够相互忠诚和信任的问题。对此，费希特指出，必须建立一个有形的强制力量，才能使法权规律在国家范围内得到认可。由此，他进一步推演出了一个由原始法权、强制法权和国家法三个部分构成的具有独创性的法权体系，尤其是通过其中的国家公民契约的签订，论证了国家权力的正当性。此时的费希特将个人法权视为人生来固有的权利，即使不认可法权规律，即不参加国家公民契约，个人的权利也是客观存在和不容侵犯的，因而，尽管个人权利的彻底实现是同国家权力紧密地联系在一起的，但是，国家权力的正当性是建立在天赋权利的基础之上，因而，国家权力是不能对抗这种天赋权利的。[②]

然而，在柏林时期，费希特则转变为更加强调国家权力的相对独立性，尤其是强调国家权力必须坚强有力。他认为，法权的彻底实现必须建立这样一种强有力的国家权力。"这样一种权力是法权概念在一种坚强有力的意志中的表现，因此，谁建立了这样一种权力，谁就必定已经把法权

---

[①] 〔德〕费希特：《国家学说——1813 年演讲》，弗·梅迪寇斯编，莱比锡，1982。转引自梁志学《费希特柏林时期的体系演变》，第 227、210、211 页。

[②] 参见王荔《费希特耶拿时期法权哲学的演绎》，载《西方法律哲学家研究》，中国政法大学出版社，2013。

及其在社会中的推广视为他的目的概念。"① 这种权力虽然无法干预人们的内心意志，但它能够对具有能动性的自我（Ich）在感性世界所造成的结果做出评判。因此，它必须有力量阻止任何违背法权规律的意志的突然发作，并有效地阻止其所造成的后果。尤为重要的是，这种国家权力必须拥有绝对的优势，只有这样，才能够有效阻止损害法权的行为并且排除任何其他力量对它的违背和抗拒。

可见，此时的费希特认为，"在国家之外，不存在任何法权。除了当国家公民，没有任何人拥有法权；而国家公民仅仅是那种对建立国家权力做出贡献的人"②。换言之，对于不参加国家公民契约的人是没有什么法权的。由此可见，在身处德意志民族和国家陷入空前的政治、军事以及民族发展危机的时代，并且目睹了拿破仑法国大革命成果的窃取和篡夺等一系列事件之后，费希特已经警醒地意识到，单纯强调个体自由虽然能够激发人的主体性和权利意识，但其同时必然会带来极端利己主义乃至集权主义的后果。这正是建立在社会契约论基础上的法权哲学无法克服的空洞性和抽象性，也是一切天赋人权、主权在民思想的虚伪性所在。因此，柏林时期的费希特坚定地主张，只有建立一个统一的、真正坚强有力的政治共同体，才能引领人们真正实现人类共同的理想王国。

## （三）费希特法权哲学中的国家学说的转变

在国体问题上，耶拿时期的费希特很明确地继承了卢梭的社会契约论和人民主权思想。他认为，国家权力源自全体人民签订的国家公民契约，因此，人民才是真正的主权者，才真正拥有组成政府和执行共同意志的权力，在此基础上，人民不仅拥有选举国家官员的权力，而且，当国家官员反对共同意志或者违背共同意志时，人民拥有罢黜和重新建立政府的权力。基于这一逻辑，为了确保政府在施政过程中完全服从于全体人民的共同意志，就必须使人民的权力高于且大于政府的权力。而要做到这一点，

① 〔德〕费希特：《国家学说——1813 年演讲》，弗·梅迪寇斯编，莱比锡，1982。转引自梁志学《费希特柏林时期的体系演变》，第 210 页。
② 〔德〕费希特：《国家学说——1813 年演讲》，弗·梅迪寇斯编，莱比锡，1982。转引自梁志学：《费希特柏林时期的体系演变》，第 211 页。

就必须使国家也遵守国家公民契约（宪法）并受其制约。因此，这一时期费希特法权哲学所要解决的核心问题就是，如何制定出一部合乎理性的宪法，以确保国家权力的施行被很好地控制在宪法的框架之内，不会违背人民的共同意志。①

然而在柏林时期，费希特所要解决的问题发生了重大转变，就内容而言，"是发现和确立这样一种意志，这种意志除了是共同的意志就根本不可能是别的东西"；就形式而言，"统治权力必须被转交给来自共同体的一种人"，所以"我们的任务是把某些人的意志造就和确立为这种意志"②。这就是说，这一时期的费希特已经改变了在人民主权问题上的立场，转而认为，法权制度（法治国家）的建立是不能单纯由人的自由加以解决的，这是一个"上帝统治世界的课题"，因为，只有当"一个时代和民族中最公正的人"成为统治者，才能确保国家中的公正性。③ 这显然是一种向柏拉图"哲学王"思想的回归。

在权力制衡的问题上，费希特的认识同样发生了较大的转变。耶拿时期的费希特主张，必须有一种独立于行政权力的权力来对行政权力进行监督，而他所设计的行使监督权的机构便是"民选监察机构"④。可是，仅有行政权力与监督权力的分立显然是不够的。因为，一旦民选监察机构和政府勾结起来，则会更加难以控制。对此，耶拿时期的费希特抱持着一种无奈的乐观态度，他认为："如果一个民族中公认的优秀人物的思想竟然如此低下，这个如此腐败的民族的命运就决不会比他理应享有的命运更好些。"⑤

① 参见王荔《费希特耶拿时期法权哲学的演绎》，载《西方法律哲学家研究》，2013。
② 〔德〕费希特：《国家学说——1813年演讲》，弗·梅迪寇斯编，莱比锡，1982。转引自梁志学《费希特柏林时期的体系演变》，第213、214页。
③ 〔德〕费希特：《国家学说——1813年演讲》，弗·梅迪寇斯编，莱比锡，1982。转引自梁志学《费希特柏林时期的体系演变》，第214页。
④ 它由人民选举出来的那些年龄大和阅历多、忠于人民和深孚众望的人们组成，并不介入行政事务，但经常注视着当权者的行为，在发现当权者违背共同意志时，就发布停止政府职能的禁令，提请召集起来的人民判处它对行政权力提出的诉讼。
⑤ Fichte. *J·G·Fichte-Gesamtausgabe der Bayerischen Akademie der Wissenschaften*. von Reinhard Lauth, Abt. I, Bd. 3, 1966, Stuttgart, S. 457. 中译本〔德〕费希特：《自然法权基础》，第185页。

　　然而，这种无奈的乐观态度到了柏林时期就完全彻底地被费希特抛弃了。这一时期的费希特对于人民的素质以及其他官员的素质持有谨慎的质疑态度。因此，他首先否定了民选监察机构。他指出，如果这些代表共同意志的民选监察长官缺乏必备的道德素质条件，那么，民选监察机构就形同虚设；而如果人民缺乏较高的道德素质和文化素质，他们就不具备做出正确判断的能力，那么，人民便也根本无法保证选出的民选监察长官是最优秀的。所以，他指出，民选监察机构作为权力制衡的关键环节，其监察权力的实施是不可能的，"因为整个来说，人们都太坏了。所以，在人们全部变好以前，必须产生出一部宪法，有了这部宪法，也就根本不需要什么民选监察权力了"[①]。

　　既然民选监察机构不可靠，那么三权分立就也是不可行的。在费希特看来，它无非是一种在国家权力内部不同部门之间玩弄的把戏，而且是一种毫无意义和缺乏理性的把戏。因为，司法权本身既受制于立法权，同时也有自身的执行问题，它本身是无法真正独立的；而立法权则根本不可能自己加以实施，否则就有干涉行政权之嫌。因此，费希特指出，国家权力是不可分割的，因为"主权（即国家权力）本来就不应当存在于任何一个单个的环节中，而是确实应当存在于整体中"[②]。

　　那么，究竟应当如何防止权力的僭越和腐败呢？费希特最终只能寄望于柏拉图式的理念教育。他指出，人类社会的目的并不是从自然状态进入法权国家，而是最终要实现从法权状态提升至绝对自由状态的理性王国。而要想使整个人类、民族走向理性，则只有通过教育。这就是说，培养全面发展的新人是过渡到人类文明史上的一个更高发展阶段——理性王国的必由之路。

　　总之，费希特的法权思想的独特魅力在于，它对于国家与法以及国家权力与个人权利之间的关系这一独特的问题域，展开了哲学上的论证和反思，并为法治国家的建立提供了独到的解决方案。在费希特法权哲学的演

---

① 〔德〕费希特：《国家学说——1813 年演讲》，弗·梅迪寇斯编，莱比锡，1982。转引自梁志学《费希特柏林时期的体系演变》，第 215 页。
② 〔德〕费希特：《国家学说——1813 年演讲》，弗·梅迪寇斯编，莱比锡，1982。转引自梁志学《费希特柏林时期的体系演变》，第 215 页。

进中，他对社会契约论和民主政治的思想进行了深刻反思，批评"那种以社会契约论建立的国家体制缺乏一股永动的内在发条"①。他已经认识到，建基于原子式的个人自由之上的斗争哲学是一种毁灭性的哲学。在人还没有能力理解和掌握作为人类社会生活原则的道德规律的时代，即人类社会还不得不处于法治状态的情况下，国家必须是坚强有力和有机统一的，此时，每个人都要作为国家的有机组成部分，努力实现彼此的和谐共生，并为国家这个有机体的正常运转做出贡献。而且，国家并不是个人利益的简单相加，而是超越于个人之上，具有"普遍性""强制性""公共性"的共同体。当然，这种共同体的存在，绝不是以压抑个人为前提，而是以个人的精神自由为预设。国家存在本身是植根于公民的自由；而公民自由的实现又需要国家来保障。这样，费希特就为个人权利与国家权力找到了各自的界域：在国家政治领域，必须以国家权力为轴心，以提高行政的效率；而在社会生活和文化思想领域，须以个人权利为轴心，确保社会的自由和思想的解放。无论这一思想是不是化解权利与权力的冲突的合理方案，它对于我们构建法治国家与和谐社会都具有重要的启示意义。

---

① 〔德〕费希特：《对德意志民族的演讲》，梁志学等译，辽宁教育出版社，2003，第97页。

社会与治理

# 道德与法规、灵动与确定的复调[*]

## ——卡多佐《司法过程的性质》核心思想及其对中国当下问题的启示

王　蓓[**]

**摘　要**　司法与道德的关系问题是卡多佐《司法过程的性质》一书的核心关注。他在该书中主要探讨了法律尤其是司法与道德的关联，司法和道德的结合如何实现，以及结合后又何以能保持法律的一致性和确定性等问题。其所言所思为我们显示了精微丰富的新意和启迪，应结合我们的时代热点和独特问题做出深入的思考。尤其需要思考、解决诸如处理司法的职业性与社会性的关系、司法与道德的关系，保证司法确定性统一性下的某种灵动以实现法律的职业性要求和良好的社会性效果的和谐统一，正确对待我国礼法融合的传统，使其扬弃为我国法律文化中的独特优势和功能等问题。

**关键词**　卡多佐　司法　道德　法律确定性　司法职业性

目前，学界对解决我国司法中存在的有关问题的思路，大致有两种针锋相对的观点：一是强调司法要考虑群众感觉、社会效果、常理常情、道德、文化等因素，即强调司法的社会性和政治性；二是呼吁进一步加强司法的职业化进程，认为司法的职业化才是解决问题的关键，并担心前者会阻碍后者、担心两者相混带来的诸多问题，从而力主两者的分开。对这一论争①，实则可以大致分解为逻辑上紧密相连的两层来讨论：其一，两者

---

　　* 本文原载《陕西师范大学学报》（哲学社会科学版）2013 年第 5 期。本文系陕西省社会科学基金项目（07A004Z）、国家社会科学基金项目（13BZZ016）的阶段性成果。

　** 王蓓，陕西师范大学哲学与政府管理学院教授，博士研究生导师。

　　① 周永坤：《我们需要什么样的司法民主》，《法学》2009 年第 2 期。

能分开吗或曰司法能够回避民情民意、道德文化等社会性因素吗？其二，若不能分开和回避，它该如何进入司法；它和司法的职业化之间的关系具体又该如何处理，从而求得两者的兼容，同时又避免两者相混带来的种种问题——这也是分离论和主张司法职业化者所担心的，比如可能带来的公权力对私权力的僭越或是过多的灵动而损害司法的确定性和统一性。

带着这些问题，很有必要重读卡多佐的《司法过程的性质》。尽管其成书于 20 世纪 20 年代，又是来自另一国度和法系的产品，不可能为我们面临的上述问题提供一个贴切充足的答案，展现一幅现成的令人满意的智识画卷，这需要我们打开自己的书——中国的传统、现实和司法。但由于此书面临的核心问题：法官真的仅仅是发现法律、宣布法条吗？让人直觉它将会触及我们关心的一部分问题，也由于卡多佐不仅是法学家更是著名法官，就连当代才华逼人的美国大法官波斯纳也承认"即使现在，卡多佐仍然普遍地被认为是美国历史上最伟大的法官之一"[1]，其直接源于司法实践的许多透辟思考，被诉诸简洁、优美、从容、坦率的笔端之下，引人驻足和深思。

1. 对卡多佐的解读和评析，大都围绕其法律实用主义的司法哲学、司法方法展开，间或可见对其巨大声望、生平个性和文学特征的研究。其中围绕着四类司法方法的宏观、微观研究最为多见，这与卡多佐这一著作的文本结构有关。但被众多研究者忽略的是，不是所有的忽略都需要再加审视，但这是不该忽略的忽略，无论对卡多佐的总体研究还是对司法的现实关注而言。在这样的结构下，究竟什么是他的核心关注，究竟是什么使他和他们萦绕于怀、上下求索。不仅仅在本书中，也在此后的研究中，不仅仅成为他的关注，也穿越时空成为法律人一种永恒的自觉或不自觉。

法官真的仅仅是发现法律、宣布法条吗？卡多佐的这一发问是该书，但不仅仅是该书的核心问题。[2] 卡多佐对此的回答是漂亮精细的："这从来也不过是部分的真实！"[3] 那么，另一部分的真实是什么？他指出，在一定

---

[1] 〔美〕理查德·波斯纳：《卡多佐：声望的研究》，张海峰、胡建峰译，中国检察出版社，2010。

[2] 在后来出版的《法律的成长 法律科学的悖论》一书中，卡多佐回答了法官何以不仅仅是发现法律、宣布法条，何以比立法者更能胜任一些任务，可以更好地逐案调整法律，使之适应社会的变局。参见〔美〕本杰明·卡多佐《法律的成长 法律科学的悖论》，董炯、彭冰译，中国法制出版社，2002，第 42 页。

[3] 〔美〕本杰明·卡多佐：《司法过程的性质》，苏力译，商务印书馆，2000，第 106 页。

意义上，确实从来也没有人怀疑过法官有义务"在法律与道德之间、在法律的戒律与那些理性和良知的戒律之间保持一种关系"①。如同那些伟大的衡平法法官的方法，他们通过不断地诉诸正当理性和良知之学说建立了衡平法体系，同时并没有牺牲法律的一致性和确定性。这就是普通法得以在那些伟大的普通法大师手中不断获得新生的方法，这就是曼斯菲尔德和马歇尔的方法，就是肯特和霍姆斯的方法。② 在其看来，这就是另一部分的真实。由此，法律尤其是司法与道德的关系问题成为他全书的核心关注。

那么，如何理解他这里所讲的道德、理性和良知？结合他的《司法过程的性质》全书看，卡多佐的这段话中的"理性"，不是经济学和心理学的理性人、利益人意义上精于算计、"诉诸他们的自利心"③ 的个体理性，也不是在法治优于人治的通说中的非情绪化、非经验性意义上的一般理性，而是指正当理性。它与传统自然法中提到的理性或自然理性相暗合，也与现代理性研究中的公共性向度的理性和规则性向度的理性有交集。④ 但它又不全等于传统自然法意义上的正当理性，不是一种普适的道德，也与体现在公共领域的一般性规则不尽相同。联系下面的分析和全书的内容，他把法律、司法过程中考虑的社会正义、社会福利、社会利益和需求，尤其是重点考虑当下人们的社会目标、福利和需求，把法律、司法过程中追求社会福利的目的、功能和种种努力，都视为道德、正当理性和良知。

换个角度说，追求社会福利、有现实主义感的人就是有道德感的人。而这里，社会福利既包括了一定时空下、当下现实中的大众道德、社会风气，也包括公共政策、社会利益和需求。正是在对道德、理性和良知的这种理解上，他反复强调了法律与道德的联系，强调法律包括判例，要随着其时的社会道德、社会福利和需求的变化而变化。

2. 接下来的问题是，法律和道德的关系问题缘何成为他的核心关注？他为什么反复强调法律尤其是司法与道德的相连？为什么不能割断司法和

① 〔美〕理查德·波斯纳：《卡多佐：声望的研究》，第83页。
② 〔美〕本杰明·卡多佐：《司法过程的性质》，第86页。
③ 〔英〕亚当·斯密：《国富论》，唐日松等译，华夏出版社，2005，第14页。
④ 俞吾金：《理性在现代性现象中的四个向度》，《求是学刊》2004年第4期。

道德的联系呢？其一，卡多佐强调德与法的联系是针对西方法律思想史上割裂二者关系的一些观点而言的。进入 19 世纪后，在哲理法学派、历史法学派和分析法学派的共同反对下，自然法趋于衰落。① 比如以奥斯丁为创始人的分析法学派，在批判和否定自然法学说的基础上提出了对法律的看法。奥斯丁的法律命令说把法律视为一种很主观的东西，即所谓主权者的命令。后来的分析法学家纠正了这一点，但也因此把研究的焦点更加集中于国家法的形式结构。为别于自然法等所谓"法"，他们把自己的研究对象称为"实在法"，并强调价值无涉，恶法亦法，使道德价值在法中的地位受到了空前挑战。但在 19 世纪末 20 世纪初，经历了近一个世纪的衰落的自然法思想又开始复兴。当然，二战以后自然法学说的真正复兴，1938 年去世的卡多佐已是无缘相见，但也正是在这个意义上，我们更加敬重卡多佐的敏觉。卡多佐在书中指出，现代法律哲学与自然法一样，都寻求成为正义的科学，即要找回在法中曾一度丢失的道德价值。他进一步指出，现代法律哲学更加重视道德与法的联结，因为自然法是要在实在法之外寻求正义的法律。也就是说，自然法——卡多佐说他不关心人们对自然法语词内涵的争论——道德戒律实际上与实在法不可分，它是实在法的另一面、理想的一面。

其二，除了以上学术背景的规定，卡多佐所处的社会情境和时代主题更使他的关切挥之不去，成为必然。这是所有政治法律思想大家令人动容的才德，也是宿命。毕竟突出的实践品格构成了法学学科性质，毕竟如同霍姆斯所言，"只有熟悉法律的历史、社会和经济因素的法官和律师，才能够适当地履行其职责"②。卡多佐所处的时代，正是美国工业化、城市化高速发展的社会转型期。社会问题迭出、利益结构调整、社会矛盾趋向激化等，都使他更加关切法的社会性，关注法与人性、道德的关系等，关注社会福利。而不可能像后来的德沃金等人，在相对稳定社会中需浓泼重抹的是个人权利——这又何尝不是一种极端，但也是一种时代的宿命。需要说明的是，正是这种必要的偏颇，在时代变换中构成了一种动态平衡。后

---

① 沈宗灵：《现代西方方法理学》，北京大学出版社，1992，第 37 页。
② 〔美〕博登海默：《法理学：法律哲学与法律方法》，邓正来译，中国政法大学出版社，1999，第 151 页。

人求全的评说甚至指责，反倒是不够科学和流于轻巧了。

其三，重视道德与法的关系，在卡多佐看来还在于道德就是人类的深切而迫切的情感。他把道德称为正义的情感，还谈到道德中的正义直觉。这种正义的道德情感也一直被自然法学家视为人类永恒的普遍的共同本性。可以说，自然法得以绵延几千年，因素之一也在于其包含了人类最美好的道德关怀。事实上，正是由于自然法是对不正义法的一种对抗，故而"时代越黑暗，则诉诸自然法律和状态越频繁"①，如德国纳粹立法对西方文明传统中历来倡导的人道主义价值的践踏，带来了二战后自然法的再度流行。面对美国工业化、城市化高度发展的社会转型期出现的种种问题和案由，卡多佐等法律人和思想家更加热切地揭示和呼吁着道德与法的关联。

其四，重视道德与法的关系，与卡多佐推崇的法律科学应从分析性态度转向功能性态度有关。他认为目标和功能是更深刻也更精致的实体，而法律、司法的目的就是社会福利。社会福利在他那里是一个很宽泛的术语，包括了公共政策、社会利益和社会需求等，这时它要求的是便利和审慎。同时，社会福利也是社会正义感的要求，包括了宗教伦理的要求、社会风气和大众道德。② 在卡多佐看来，逻辑、历史、习惯的方法对判决是重要的，但这种重要性只存在于一定限度内。而法律所服务的目的，即社会福利，包括社会正义感，将支配所有这些方法。③ 这里，再次显示了他的核心关注和思想所在。学界对卡多佐研究最多的司法方法问题，其实受制于对道德和法律关系的处理，服务于法的道德目的和社会正义。他高度赞扬了耶林的目的论，反对萨维尼忽视目的性，只讲决定论的一面，但赞同其把法律看作悄无声息发展着的习惯道德。

最后，也正是在对道德和法律本质性规定的认识基础上，卡多佐认为，法官应使法律对于人类的深切和美好的情感做出真切的回应，正义应为慈悲所支配。而且，比这些明示更清晰的默示和逻辑推论是，在他那里，法律应该在对习惯道德的关注中发展自身，法律发展的根基存在于社

---

① 张文显：《二十世纪西方法哲学思潮研究》，法律出版社，2006，第41页。
② 〔美〕本杰明·卡多佐：《司法过程的性质》，第43页。
③ 〔美〕本杰明·卡多佐：《司法过程的性质》，第43页。

会发展和众人的历代智慧中。他很有针对性地警示法律界：那种试图割裂二者关系，不断坚持说道德和正义不是法律的做法，会驱使人们对法律滋生怀疑和蔑视。[①]

这一警示的针对性如同加入了我们今天的对话，更应昭告于今天中国司法的理论关注和实践长廊中，因为道德因素在法律包括司法制度、社会完善中的渗透，在中国尤甚。需要注意的是，礼法融合、道德善恶与行为规则的胶着相依，不仅停留在理论研究层面，也不仅仅存在于过去，还是当今的某种事实和百姓生活的一部分。有学者的研究揭示："在传统中国人的心目中，在大多数士人心目中，或者说由于大多数士人的集体塑造……我们所了解的法律就介乎道德和信念之间，它不是没有斩钉截铁的断句，但是，它还有'剪不断、理还乱'的特点。""他们当然有善恶观念，有自己的行为规则，实际上，即使是穷乡僻壤的百姓也知道头上三尺有青天的道理。"[②] 既然道德善恶与行为规则在中国百姓心目中常常如此胶着相依，用好了也就是优长。因此，如何处理法律和道德的关系，如何认真对待我国礼法融合的传统，使其扬弃为我国法律文化中的独特优势和功能，是我们的国度和时代所需思考的独特问题。

换言之，这种礼法融合是特点，不是缺点。关键是处理好两者的关系以发挥其合力和多种功能。如此，礼法融合的传统就不是现代社会的阻力，相反将成为我国文化中的独特优势，其独特功能在现代中国尤为需要、日受瞩目。一个显著的情形是，在现代化、市场化的社会转型中，我国的传统文化不仅没有弱化或消弭，还日益获得重视和发展。现代市场经济和法治社会，不仅要经济利益和自我肯定，也需要大写的信念和信仰、需要懂得敬畏。尽管我们没有西方那信仰至上的千年历练，但我们却有数千年来法与德合力支撑着的文化依凭。这是一种崇尚灵魂良知、看重情感修身、追求圣洁自律、相信善有善报的传统心理和文化。由此生发的现代道德指向和追求，如同当今西人意识到的后信仰建设一样，应是比法律和制度更能直接遏制三聚氰胺类泛滥的有效屏障，也是法律和制度正当性大

---

[①] 〔美〕本杰明·卡多佐：《司法过程的性质》，第 83 页。
[②] 吴玉章：《公法权利的实践》，《法学研究》2006 年第 5 期。

厦的深度基石！

这里的原因之一在于，人在本质上其实更是一种道德动物。这首先当然是指人之所以为人的一种骄傲所在，是人别于动物的高贵所在。正如一位哲人所言：人是为崇高而被创造的。需要指出的是，这种与动物相别、使人成为人的道德，以及人作为道德动物的存在，并不是或不仅仅是一种对价值的应然追求，也不是一种剧场化或合理化意义上的崇高，而是一种事实，甚至是一种很"原始的事实"。正如齐格蒙·鲍曼从道德发生学角度谈到的"人本质上是道德存在"，就人类最初的生存状况而言，人首先是作为道德存在物而非其他。当人们远在被权威地告知何为"善"、何为"恶"（有时两者都不是）之前，我们在最初不可避免地与他者相遇时已经面对着善与恶的选择。即是说，不论选择与否，依照顺序，我们面对的情况首先是一种道德的问题，面对的生活选择首先是道德的选择。一句话，最先面对道德选择，是作为我们"存在于世上"的原始事实。①

3. 既然法律和道德不可分，那么在司法中二者的结合是如何实现的？如何让法律方法服务于社会福利（包括道德）的目的呢？首先，法官用什么标准来发现、判断社会福利、道德情感？是用法官个人的标准（个人觉得这好就是好）——卡多佐称为主观标准，还是用客观标准，即正常男人和女人的习惯性道德（实际上是要用社区的标准或这个时期的道德风气去要求他人）？他认为自然是要用客观标准。卡多佐也看到，以上的主客观标准是分不开的，一个人去判断什么是社区道德时，实际上已染上了自己主观心灵的色彩，但还是主张尽量运用客观标准。只按法官个人标准去把道德带入判决，判决就不是正确客观的，就是一个法官的人治了。在他看来，法官若用自己的高标准的善去要求别人是一种仁善的专制。此外，他也谈到这个标准的掌握有某种灵活性，有时依案件而异。他举两例说明，处理生活中有些关系时用大众标准，有的方面如保护重要权利——财产权时用高标准②。

这种考虑，与法学理论中通常承认立法与道德的相连，并认为纳入立

---

① 〔英〕齐格蒙·鲍曼：《寻找后现代理性》，郁建兴等译，学林出版社，2002。
② 〔美〕本杰明·卡多佐：《司法过程的性质》，第64~67页。

法的是底线道德或基本道德的认识相比，显然精致复杂许多。在此我们再一次感到，真实的情况其实是，立法、司法实践尤其是司法，这样一种离形成和实践法律（而不是认识、发现法律的学科和领域）越近的领域，越发离不开复杂精细的道德指引和道德考量，而不是相反——似乎这才是主流学说所希望和认为的。这里之所以用"再一次感到""似乎"等词语，是因为笔者在另一篇文章中研究了从柏拉图到非自然法学派的经典论述，发现这些似乎从不同方向分离了法律与道德关系的开山鼻祖和经典作家们，出于种种因素也曾努力剥离法包括司法与道德的关联。但又都恰恰因此从不同角度和方面承认了法尤其是司法与某种道德的关联、一种与他们主张的某种道德的关联。①

其次，什么时候我们做判决时，不再会仅依照逻辑、规则、先例，甚至必要时会拒绝先例，还要依赖历史、习惯、社会福利、逼人的正义情感呢？回答是在疑难案件中或曰需要选择和解释法律时。当然，疑难案件包括规则、先例的疑难，案件事实的复杂疑难，规则与事实难以吻合、把两者结合起来的疑难。就运用社会学方法而论，卡多佐主要是指规则、先例的疑难。如他谈到，需要选择、解释规则和先例时，比如几个规则有抵触，几个规则可供选择，可这样、可那样；当规则、先例是空白时，没有可以适用的先例时（即法律空隙）；当规则、先例过于模糊、过于陈旧时，有的判例、规则本身在当下如果会带来不好的后果时。在这些时候，就需要凭社会福利、正义情感先做出确信，然后依此来选择规则、解释规则和空隙立法，来进行法律推理和判决。卡多佐在多处强调，不仅要依赖社会福利（含道德情感），而且要以当下的社会福利去形成确信。他把这种在司法中考虑社会福利、道德情感的做法，称为社会学方法，并反复提醒法官要关心的是此时的社会利益、道德情感。"我们不去追问什么是一个世纪前立法者的愿望"，"规则一定要由每代人自己来制定"，"只要公众的思维习惯有些许变化，我们的法律就有多大部分可以重新考虑"，就带上"那些正在涌现的、现在甚至想要获得承认和想要获得权力的社会需要的

---

① 王蓓：《柏拉图政治哲学新析》，《政治学研究》2003 年第 3 期。

印迹"。[①]

需要指出的是，卡多佐不仅谈到在选择、解释规则和先例时，需要依赖社会福利、大众道德，而且在一些事实认定标准中如什么事实属于"适当注意"，也要用到大众道德习俗。

简言之，面对疑难案件或曰需要选择和解释法律时我们依据什么呢？除了依照逻辑、规则、先例，还要甚至更依赖道德习俗、社会福利、逼人的正义情感。否则，在疑难案件中，法官启程远行时面对的就是一片没有航迹的大海。法官也由此可能成为随意漫游、追逐他自己美善理想的游侠。[②]

4. 如果如上而言，允许法官按照道德习俗来影响法律，并且这种道德中已不可避免地混入了法官个人的正义情感（即前讲的主客观标准混合），那还能保持法律的一致性和确定性吗？

卡多佐的回答是肯定的。尽管考虑当下人们的社会福利、目标和需求，并使法律包括判例随着这种社会福利、需求的变化而变化，加之这个过程中带进的法官个人依社会福利所做的确信和判断，都显示了法的灵活性。但这种灵活性是在许多限制下的灵活性，并不影响法律的一致性和确定性。[③] 这已被衡平法法官们的努力所例证。

法律这一有机体的结构是固定的，其中细胞的运动不改变总体的比例。卡多佐认为在大多数案件中，疑难不确定的常常不是法律，而是事实的复杂。在他看来法律规定总的来说还是清楚的，即使是常人大都能有序地度过人生、无须诉诸诉讼，显示着对规则和自身权利义务的清醒认识，他们的行为也很少触及争议发生的模糊地带，所以用得上社会学方法的地方本身也有限。[④] 此外，法官还受到各方面的种种限制。

其一，受到各种法律渊源的制约。因受到立法、判例、习惯、学说、

---

① 〔美〕本杰明·卡多佐：《司法过程的性质》，第 51~59 页。

② 〔美〕本杰明·卡多佐：《司法过程的性质》，第 88、104 页。

③ 本杰明·卡多佐在《司法过程的性质》一书第三讲中集中说明了这一问题，并形象地指出这种法律的变化是通过法官进行的，但由于法官受到种种限制，故而变化象冰川移动一样缓慢。

④ 〔美〕本杰明·卡多佐：《司法过程的性质》，第 80~81 页。

法理、司法原则等制约，法官选择、解释法律并通过此而创新都必须在上述制约内进行。除非此规则对所有案件都明显不合情理和不便利，即不合社会福利时，就不能拒绝使用。① 这又一次体现了他的合目的性标准，只有极不符合实现社会福利的目的才能废改之，否则只能遵循规则和先例。

其二，受限于法律制度、程序、技术、逻辑。如果没有通常出自历史习惯和社会福利考虑的足够的理由，就必须使用规则、符合逻辑。如果违反了这一点尤其是恶意违反，就会被撤职或受处罚。他还强调，需要修改先例也有个最大底线，即能在裁决、判决理由例外中找到一些影子，如把原先的例外改变成现在的原则。

其三，法官个人的正义情感要受限于常人心和难以言说的法官长期形成的实践理性，即要用正常的男人和女人的道德情感来判断。而这种判断能走多远，虽然很难明确标示和表述，但他们能近乎直觉地把握。如同从事多年的某种艺术实践的人，他能获得什么才算得体和比例匀称的感觉一样。②

其四，受到制度、纪律、这一行业的集体判断、普遍遵循的法律精神的约束。卡多佐的这一看法，突破和扩展了我们对建立职业共同体意义的通常认知："法律共同体成功地捍卫了现代法律的自主性。"③ 卡多佐让我们看到，这一行业的集体判断、普遍遵循即类似法律共同体所成功捍卫的，还有法官的自治和自律，而不仅仅是"现代法律的自主性"。它们共同构成了职业共同体业已扩展的功能范围，构成了现代法律自身的平衡与和谐：使现代法律和司法自主却不恣意，灵动却不无常，尊贵却不傲慢。

其五，受到合目的性的制约。法官面对冲突的规则进行选择时，不是凭个人的情感，而是看哪个原则代表了更大的社会利益。他举里格斯诉帕尔默案为例，这正是一个衡平法法官，用社会福利和良知在两个冲突原则中选择了任何人不得从不公中获利的原则，因为这样服务的社会利益大于执行法定所有权所服务的社会利益。

总之，在卡多佐看来，由于社会学方法使用范围上的限制，也由于法

---

① 〔美〕本杰明·卡多佐：《司法过程的性质》，第 41 页。
② 〔美〕本杰明·卡多佐：《司法过程的性质》，第 70~71 页。
③ 强世功：《法律人的城邦》，上海三联书店，2003，第 1 页。

官受限于上述种种，故而法官将在这一狭窄的选择范围内寻求社会正义，因而不会牺牲法律的一致性和确定性。衡平法法官的做法和衡平法体系的建立，都证明了这一点。他用冰川的缓慢移动和被限制在克分子之间的运动①，真切地具象着这种确定性下的有限灵动，规则下的道德指引，艺术般地传递着司法过程的性质和真谛。

应该说，这一事实广泛存在于执法司法中，尤其是在当下。现代许多尖端性的法律问题，都涉及道德多元和疑难，法官的某种先在的道德或政策的判断这时越发常见和必需。② 孙斯坦指出，法官对案件有很强的初期反应，而这都是一种政治判断或道德判断。他还提到了多元社会下法官的这种判断更是常见。③

尽管我们的司法更多地带有大陆法系的特点，与卡多佐等面对的情况不尽相同，但在面对疑难案件时，同样需要判断在先——一种道德的或政策的先在判断至少存于心中。有的法官把这种依据先在的道德判断、政策判断做出的与判决相关的司法考量叫倾向性意见。如此，我国有法官面对疑难案件，开始雾霭迷离的航行时，他们扬帆之上的就不再是一条没有航标的河流，也不再是可以随意颠簸的轻舟一叶，他们驶向的会是更加和谐公正、平和美好的法律彼岸和社会港湾。可以说，一个成熟（不会把司法判断只视作形式推理）的、负责的、职业化程度高的中国法官④，面对疑难案件，包括道德意味、道德分歧浓厚的案件，同样也有着选择、解释规则和事实认定的司法空间以及为此需要的道德和价值的先在指引。在这个空间中，如何弹奏好道德与法条、灵动与确定的复调，在保证司法确定性统一性的前提下实现某种灵动，以达致"法律效果、社会效果、政治效果

---

① 〔美〕本杰明·卡多佐：《司法过程的性质》，第12、42页。

② 可参见〔美〕波斯纳《道德和法律理论的疑问》（苏力译，中国政法大学出版社，2001）和〔美〕孙斯坦《法律推理与政治冲突》（金朝武等译，法律出版社，2004）中有关论述。关于堕胎、隐私、安乐死、赞助行动（积极补偿）、同性恋等方面的司法案例，中国近几年围绕此类司法案件的讨论很多，如甘琴飞等《对婚外恋主张隐私权的法理学思考》（《法学》2001年第1期）。汉中安乐死一案也引起社会广泛关注和司法界的讨论。这些道德考虑和道德事实与司法如影随形。

③ 〔美〕孙斯坦：《法律推理与政治冲突》，第111~115页。

④ 笔者在调研中收集的一些法官访谈资料和中外许多富含道德意味和道德多元的疑难案件可以例证。

的统一"。① 卡多佐的所言所思已在我们以上的讨论中显示了精微丰富的启迪。在我们困惑于相关司法问题和为此行进于繁复热腾的学界争议时，它载着一束清澈和新凉。

关于中国的司法问题，关于卡多佐，还有很多未尽之言。比如，卡多佐的复调何以在某种程度上穿越时空，回响在我们当下的问题中：我们究竟如何认识法律的职业性和社会性、司法和道德的关系；如何理解和把握处理好这对关系的必要性、可行性、技术性和分寸感等；卡多佐思想的复调得以奏响的哲学基础和文化、制度资源有哪些；从他与别的相关流派思想家的同与异的比较中能看出什么规律性的东西。这些问题值得人们进一步去思考和研究。

---

① 中共中央政法委员会编《政法干警核心价值观教育读本》，中国长安出版社，2012，第 109 页。

# 社会网络对职业经济地位的影响效应

## ——基于 JSNET2014 的工具变量分析

肖　阳[*]

**摘　要**　本文使用 2014 年中国八城市"社会网络与职业经历"（JSNET）问卷调查数据，探讨社会网络对职业经济地位的影响。考虑到社会网络与职业经济地位之间可能存在遗漏变量和互为因果的问题，除了广泛控制被访者的人口学特征、宏观就业环境等变量外，本文还以被访者的人情支出比例和参与志愿活动情况作为工具变量，以解决内生性问题。研究结果表明，拥有社会资本越多的个体，越有可能获得较高的职业经济地位。

**关键词**　社会网络　职业经济地位　工具变量

职业是社会大众的主要谋生手段。改革开放之前，我国城镇劳动力采取包分包配的政策，实行终身职业制度，公有制提供了组织庇护，是城镇居民的社会安全网。改革开放之后，城镇劳动力市场逐步形成，雇佣方和求职方实行双向选择，求职网络开始活跃起来。20 世纪 90 年代的国企改革导致大批国有企业职工下岗，随之产生了劳动力市场的急剧变迁。尽管政府采取了一系列积极的措施应对国企改革带来的消极后果，但是作为直接被抛入劳动力市场中的个体劳动者，他们失去了组织庇护，失去了社会安全网。这就引发了社会网络特别活跃的状态：人们通过人际关系网络，借助他人的帮助，以获得就业、转岗、晋升等机会。有学者指出，再分

---

\* 肖阳，陕西师范大学哲学与政府管理学院讲师，硕士研究生导师。

配、市场和社会网络作为职业地位获得的三种影响机制并存于中国的转型社会①，其中再分配机制和市场机制属于正式的制度安排，而社会网络机制则作为非正式的制度安排存在于正式机制不能发挥作用的时候。也就是说，在转型期的中国社会，当正式的制度安排未能有效地发挥作用时，个体劳动者就会寻求社会网络作为补偿。本文将借助 JSNET2014 的数据来检验社会网络对职业经济地位的影响效应。

## 一　文献回顾

社会网络分析对地位获得的贡献，最早可以追溯到格兰诺维特所进行的开创性研究。② 他通过对美国马萨诸塞州牛顿市的 182 份邮寄问卷和 100 份个人访谈，调查了专业技术管理人员找工作的情况。得出的基本结论是，大约 56% 的被访者使用了个人关系寻找工作，也就是说个人关系是寻找工作的主要途径。并且，他还认为是社会关系中的弱关系（Weak Ties），而非强关系（Strong Ties），更有助于求职者获得满意的工作③，被称为弱关系假设。林南修正和发展了格兰诺维特的弱关系假设，从而提出了自己的社会资源理论。在林南看来，有价值的社会资源往往表现为财富、权力和声望。而这些社会资源不但可以被个体占有，也可以嵌入个体的社会关系网络中，通过社会关系网络获取。博特在对强弱关系理论进行完善的基础上，提出了结构洞（Structural Hole）理论④，将人们的视线引向了网络结构。博特认为，竞争优势体现的重点不在于关系的强弱，而在于其在已经建立起来的社会关系网络中是重复的还是非重复的。也就是说，获取高质量的信息并不是由关系的强弱决定的，而是由社会网络的结构决定的。占有结构洞越多的竞争者，关系优势就越大，他们获得较大利益回报的机

---

① 张顺、程诚：《市场化改革与社会网络资本的收入效应》，《社会学研究》2012 年第 1 期。

② 〔美〕马克·格兰诺维特：《找工作：关系人与职业生涯的研究》，张文宏等译，格致出版社，2008。

③ M. Granovetter, "The Strength of Weak Ties," *American Journal of Sociology*, vol. 78, no. 6, 1973, pp. 1360-1380.

④ R. Burt , *Structural Holes：The Social Structure of Competition*, Cambridge：Harvard University Press, 1992.

会就越高。针对格兰诺维特的弱关系假设和林南的社会资源理论，边燕杰基于中国的观察提出了强关系假设。他认为，弱关系假设是嵌入西方社会的背景中，并不适用于中国。边燕杰根据 1988 年中国天津的研究指出，强关系更有可能成为连接个体之间的桥梁。[①]

可以说，这四种观点都从不同的角度论证了社会网络在劳动力市场中的贡献，但是目前这个研究领域社会网络的内生性问题面临挑战。使得学者在研究社会网络对地位获得的影响效应时不得不关注社会网络的内生性问题。

首先对社会网络的因果效应提出质疑的是美国社会学家莫维。他 2003 年发表在《美国社会学评论》(American Sociological Review) 上的一篇文章指出，物以类聚、人以群分的"同质性"，造成社会互动本身就可以解释社会网络与个人求职结果之间的关系。[②] 也就是说，是社会交往的同质性导致了求职者获得这份工作，而不是因为社会网络与劳动力市场的因果关系。为了验证自己的说法，莫维复制了马斯登（Marsden）与赫伯特（Hurlbert）的研究。[③] 他发现，当将那些获得的职业与关系人的职业相同的样本纳入分析时，关系人的职业地位与求职者的职业地位呈正相关，但是当删除这些样本之后，关系人地位的显著效应不存在了。在莫维看来，关系人地位的显著效应并不是社会网络对求职结果产生影响，而是部分求职者的职业与关系人的职业完全相同，即因变量与自变量完全相关导致的模型估计出现了偏差。另外，莫维指出使用社会网络本身并不是随机的，而是存在一个自选择的过程，甚至是拥有社会网络越好的个体越倾向于使用社会网络。针对这些问题，莫维认为要想证明社会网络对求职的因果效应，就应该采用固定效应模型、工具变量等一些更好的方法处理社会网络的内生性问题。[④]

①  Y. J. Bian, "Bringing Strong Ties Back In: Indirect Ties, Network Bridges, and Job Searches in China," *American Sociological Review*, vol. 62, no. 3, 1997, pp. 366-385.

②  T. Mouw, "Social Capital and Finding a Job: Do Contacts Mater?" *American Sociological Review*, vol. 68, 2003, pp. 868-898.

③  Peter V. Marsden and Jeanne Hurlbert, "Social Resources and Mobility Outcomes: A Replication and Extension," *Social Forces*, vol. 66, no. 4, 1988, pp. 1038-1059.

④  T. Mouw, "Estimating the Causal Effect of Social Capital: A Review of Recent Research," *Annual Review of Sociology*, vol. 32, 2006, pp. 79-102.

学者们针对莫维的质疑进行了一系列的回应。首先是林南和他的同事们认为，即使存在同质性互动，在具体的分析中也应该是比较求职者先前的职业与关系人的职业，而不是比较求职者现在的职业与关系人的职业。于是，他们在复制马斯登与赫伯特的研究时删除了求职者先前职业与关系人职业相同的样本，发现关系人地位的系数依然显著。[1] 他们使用此办法对一个有关在职美国人的全国性样本进行了分析。数据结果表明，在控制了同质性之后，关系人的社会地位依然对求职者的求职结果产生正向影响。[2] 他们对中国数据的分析也支持了这一结论。[3]

接下来是美国社会学家麦当劳（MacDonald）。麦当劳认为莫维在对美国青年纵向调查（National Longitudinal Study of Youth）的研究中错误地测量了自变量社会网络和因变量收入。[4] 对于社会网络的测量，莫维将只使用了亲戚或者朋友这一社会网络渠道而没有使用其他渠道的求职者视为使用了社会网络，那么那些既使用了社会网络又使用了其他渠道的求职者就被视为没有使用社会网络，这显然是不正确的。麦当劳对社会网络变量进行了正确的编码后，发现使用社会网络的样本从原来的 14% 上升了 20 个百分点。对于收入的操作化，莫维测量的是求职者被访时候的收入，而不是被雇佣时候的收入，这显然也是不合理的。麦当劳纠正了莫维论文中对变量操作化的错误之后，发现社会网络的回归系数显著了，也就是说社会网络对求职结果依然存在效应。

陈云松、梁玉成和吴愈晓三位学者是国内对社会网络的内生性问题进行回应的代表。陈云松以社会网络为例撰文回顾和总结了社会学定量研究

---

① D. Ao, Social Capital and Getting a Job: A Revisit and New Direction, Duke University, 2007. N. Linand D. Ao, "The Invisible Hand of Social Capital," in N. Lin, B. H. Erickson, *Social Capital: An International Research Program*, Oxford: Oxford University Press, 2008.

② N. Lin, H. Y. Lee and D. Ao, "Contact Status and Finding A Job: Validation and Extension," in N. Lin, Y. Fu, C. J. Chen, *Social Capital in Three Societies: The Context of Socioeconomic and Cultural Institutions*, London, U. K.: Routledge, 2013.

③ 林南、敖丹：《社会资本之长臂：日常交流获取工作信息对地位获得的影响》，《西安交通大学学报》（社会科学版）2010 年第 6 期。

④ S. MacDonald, "Network Effects across the Earnings Distribution: Payoffs to Visible and Invisible Job Finding Assistance," *Social Science Research 49*, 2015, pp. 299-313.

中内生性问题的来源以及相对应的模型识别方法。<sup>①</sup> 然后他在 2013 年和 2014 年的两篇论文中专门针对莫维所提出的社会网络内生性的挑战进行了回应。陈云松等人在 2013 年的论文中指出由于使用社会网络本身存在自选择偏误问题，需要使用一阶差分（First Difference Model）和内生干预效应模型（Endogenous Treatment Effects Model）对使用社会网络的直接效应进行识别。<sup>②</sup> 他的研究结果表明，尽管在民主德国和当代中国，使用社会网络本身与求职结果之间没有因果关系，但是民主德国的能力强者倾向于使用社会网络求职，当代中国的能力弱者倾向于使用社会网络求职。也就是说，莫维所说的社会网络的内生性是存在的，不过不具有完全普遍性。陈云松等人 2014 年的论文则是在回顾和评判"莫林之争"的基础上，指出关系人社会地位的内生性问题来源于遗漏变量偏误和样本选择偏误两个方面，因而需要一阶差分模型和赫克曼模型的结合来同时纠正遗漏变量偏误和样本选择偏误。<sup>③</sup> 他们的研究结果表明，无论在民主德国还是当代中国，关系人社会地位对求职结果都有显著的正向效应，即证明了林南的社会资源理论。

梁玉成在其 2010 年和 2014 年的论文中对莫维的同质性观点和内生性问题进行了全面的反驳。<sup>④</sup> 他首先运用中国综合社会调查（CGSS）2003 和中国大城市求职网络调查（JSNET）2009 的数据证明了个体异质性交往的倾向，即社会阶层越低越倾向于异质性交往，社会阶层越高越倾向于同质性交往，以此反驳了莫维关于个体同质性交往的理论出发点。梁玉成发现，社会网络的内生性是有条件限制的，也就是说当社会网络发挥正向作用时，拥有好社会网络的个体倾向于使用社会网络，而当社会网络发挥负向作用时，拥有好社会网络的个体则不倾向于使用社会网络。梁玉成用内生转换模型处理了内生性问题之后的分析结果表明，社会网络依然对收入

---

① 陈云松、范晓光：《社会学定量分析中的内生性问题》，《社会》2010 年第 4 期。

② 陈云松、比蒂·沃克尔、亨克·弗莱普：《"找关系"有用吗？——非自由市场经济下的多模型复制与拓展研究》，《社会学研究》2013 年第 3 期。

③ 陈云松、比蒂·沃克尔、亨克·弗莱普：《"关系人"没用吗？——社会资本求职效应的论战与新证》，《社会学研究》2014 年第 3 期。

④ 梁玉成：《社会资本和社会网络无用吗?》，《社会学研究》2010 年第 5 期；梁玉成：《社会网络内生性问题研究》，《西安交通大学学报》（社会科学版）2014 年第 1 期。

具有效应。

吴愈晓对莫维的回应主要集中在《社会关系、初职获得方式与职业流动》一文中。在这篇文章中，吴愈晓并没有像陈云松和梁玉成两位学者一样使用高级的统计模型处理社会网络的内生性问题，而是抓住莫维的社会网络使用的同质性观点从求职方式上进行回应。[①] 他的研究结果表明，莫维对于社会网络内生性问题的讨论部分是成立的，即对于高地位的个体，社会网络与地位获得之间的关系可能是虚假的，但是对于低地位的个体，社会网络与求职结果之间的关系则是真实存在的。

无论莫维对传统社会网络研究的批判是否成立，但是已经迫使学界在对社会网络与地位获得的研究中开始关注社会网络的内生性问题。这是因为，社会网络内生性问题的提出，对社会网络理论的实证基础形成了挑战。如果如莫维所言，社会网络对地位获得的影响并不存在，那么社会网络理论的根基就会动摇。因此，本文希望借助一些高级的统计研究方法，如莫维所提到的工具变量法，规避社会网络内生性的部分可能的效应，在此基础上研究社会网络在劳动力市场中的表现。只有确切证实社会网络对地位获得存在真实影响，才能为社会网络理论提供基础性的实证支持，从根本上推进社会网络的相关研究。

## 二　研究假设与模型设置

### （一）研究假设

古典经济学对市场的基本假定之一是：在市场经济条件下，买方和卖方的信息是充分的、对称的，而商品价格可以通过市场这只"看不见的手"达到供给和需求的平衡，进而实现资源的有效配置。不过阿克考夫（Akerlof）、斯彭斯（Spence）、斯蒂格利茨（Stigliz）这三位获得了诺贝尔经济学奖的经济学家却推翻了古典经济学的这种假定，指出在现实世界中信息往往是不充分、不对称的。他们认为这种信息不对称会导致市场上产

---

① 吴愈晓：《社会关系、初职获得方式与职业流动》，《社会学研究》2011 年第 5 期。

生逆向选择和道德风险两种行为，从而使得市场失灵。① 可以说信息不对称是劳动力市场的天然缺陷，在市场竞争中不可避免，并且也不会随着市场规则的改变而发生变化。

为了解决市场中的信息不对称问题，经济学家提出了许多理论模型。如斯彭斯的信号传递理论②，即商品质量优秀的卖主主动向市场传递出私有信息，消除信息的阻隔，帮助人们降低经济活动中的不确定性。不过，最先将信息不对称和社会网络联系起来的是阿克洛夫。③ 他以印度的信贷市场为例说明社会网络在传递信息上的重要性。作者发现在印度放贷者在农村获取的利率远高于在城镇获取的利率，这是因为在城镇放贷者不了解借贷人的信誉，很容易遭受损失。而在农村借贷双方互相认识，放贷的风险就会大大降低。也就是说正是社会网络弥补了信息不对称的缺憾，降低了交易过程中的风险。

在社会学领域，最先强调社会网络对信息的传递作用的当属格兰诺维特。他在1973年《弱关系的力量》一文中指出社会网络可以充当跨越社会群体界限获得信息和资源的桥梁，从而更容易获得非重复性的信息来弥补现实劳动力市场中信息不充分和不对称的缺陷。④ 顺着格兰诺维特的这一思路，林南提出了社会资源理论。他认为，有价值的社会资源往往表现为财富、权力和声望。在一个等级制的社会中，位置是和社会资源联系在一起的，较高位置的占据者可以合法地处置较低位置的占据者的社会资源。那么在等级制结构中，所处的位置越高者，就越容易获得有价值的资源，而且拥有等级结构中关于资源的最全面信息。⑤ 从社会网络的视角来看，这些社会资源不但可以被个体占有，也可以嵌入个体的社会关系网络

① 陈钊：《信息与激励经济学》，上海三联书店，2006。

② M. Spence, "Job Market Signaling," *The Quarterly Journal of Economics*, vol. 87, no. 3, 1973, pp. 355-374.

③ G. A. Akerlof, "The Market for 'Lemons': Quality Uncertainty and the Market Mechanism," *The Quarterly Journal of Economics*, vol. 84, 1970, pp. 488-500.

④ M. Granovetter, "The Strength of Weak Ties," *American Journal of Sociology*, vol. 78, no. 6, 1973, pp. 1360-1380.

⑤ 〔美〕林南：《社会资本——关于社会结构与行动的理论》，张磊译，上海人民出版社，2005。

中，为个体所使用。作为一种社会互动、互惠交易的产物，社会网络还是一种社会性资产。个人拥有的社会资本越多，表明与其有过互惠关系的社会成员越多，放到外边的"人情债"越多。有朝一日需要使用时，人们的选择余地更大，把事情办成办好的概率越高。

由此，提出研究假设：社会资本越多，越容易获得较高的职业经济地位。

## （二）模型设置

职业经济地位是一个连续变量，我们计划用多元线性回归模型估计社会网络的效应。前人的研究已多次指出社会网络与地位获得之间存在内生性问题，直接采用多元线性回归模型会导致估算偏误，从而不能证实真正的因果效应。[①] 本文在讨论社会网络与职业经济地位之间的关系时，依然存在内生性的问题。主要表现为两个方面：一是遗漏变量问题，社会网络和职业经济地位均是个人努力的结果，在这个过程中可能会受到个人性格、能力等方面的影响，而个人的性格、能力等难以直接衡量，从而产生遗漏变量问题；二是互为因果问题，社会网络固然可能提升受雇者的职业地位，但不能否认的是可能正是受雇者的高职业地位才给他们带来了高质量的社会资本。这些可能出现的内生性问题都会影响到模型的估计结果。

对于横截面数据来说，要解决内生性问题，就必须寻找到一个合适的工具变量。[②] 这个工具变量必须与社会网络密切相关，但又不直接影响职业经济地位。找到了这样的工具变量，我们就可以通过比较工具变量对因变量和自变量的影响，将干扰项过滤掉。现假设 $Z_i$ 是一个合格的工具变量，我们可以写一个联立方程组以表示工具变量的多元线性回归模型（2SLS）：

---

① T. Mouw, "Social Capital and Finding a Job: Do Contacts Mater?" *American Sociological Review*, vol. 68, 2003, pp.868-898；陈云松、范晓光：《社会学定量分析中的内生性问题》，《社会》2010 年第 4 期；胡安宁：《社会科学因果推断的理论基础》，社会科学文献出版社，2015。

② 叶静怡、周晔馨：《社会资本转换与农民工收入——来自北京农民工的调查》，《管理世界》2010 年第 10 期；陈云松：《逻辑、想象和诠释：工具变量在社会科学因果推断中的应用》，《社会学研究》2012 年第 6 期。

$$Y = \beta_0 + \beta_1 S_i + \beta_2 X_i + \varepsilon_i \tag{1}$$

$$S_i = \gamma_0 + \gamma_1 Z_i + \gamma_2 X_i + \xi_i \tag{2}$$

其中，$Z_i$ 是工具变量，$\xi_i$ 是随机误差项。在这个方程组中，必须满足 $Cov\ (Z,\ \varepsilon_i) = 0$，且 $Cov\ (Z,\ S_i) \neq 0$。因为社会网络是连续变量，所以，我们在对方程（2）进行 OLS 回归，可得到 $S$ 的预测值 $\hat{S}_i = \hat{\gamma}_0 + \hat{\gamma}_1 Z_i + \hat{\gamma}_2 X_i$。在第二阶段，将方程（1）里面的 $S$ 用 $\hat{S}$ 来替代后进行回归，以得到无偏估计量。工具变量的原理可以用图 1 说明。

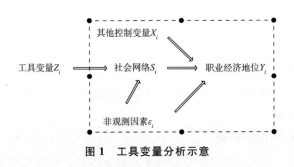

**图 1　工具变量分析示意**

在图 1 中，方程（1）的模型范围用虚线框表示，工具变量处于模型之外（也即在虚线框之外），因此完全外生。此时，工具变量只能通过影响社会网络中资源含量而间接影响职业经济地位。如果工具变量和社会网络密切相关，那么，只要工具变量有了增量变化，就必然会对社会网络产生一个来自模型之外的冲击。如果社会网络与职业经济地位之间真的存在因果关系，那么工具变量对社会网络带来的冲击也就势必传递到职业经济地位上去。这样，只要工具变量对职业经济地位的间接冲击能够被证明统计上显著，就可以推断出社会网络对职业经济地位必然有因果关系。

# 三　实证设计与分析结果

## （一）数据来源

本文的数据来自西安交通大学实证社会科学研究所发起和主持的 2014 年"社会网络与职业经历问卷调查"（JSNET2014）。本次调查运用等比例概率抽样（PPS）的方法在长春、广州、济南、兰州、上海、天津、厦门和西安八城市进行随机抽样。首先在每个城市抽取足够的社区样本，然后在每个社区抽取家庭户样本，最后在家庭户中抽取个体作为调查对象。确定调查对象之后，调查员以入户访问的方式使用电脑进行辅助调查。由于本文的分析主题人职匹配主要针对的是受雇群体，所以在数据分析过程中删除了那些没有过受雇经历的样本。删除相关变量的缺失值之后，本文的分析样本为 4389 个被访者。表 2 是样本的描述统计结果。

## （二）变量测量

### 1. 因变量

本文的因变量是职业经济地位得分，由被访者的职业编码转换而来，是一个连续变量。

### 2. 自变量和控制变量

社会资本，本文用社会资本变量来测量个体社会网络中所蕴含的社会资源量，借用边燕杰对社会资本的操作化定义，即网络规模、网络顶端、网络差异、网络构成四个方面来测量社会资本的存量。但是对于网络构成的测量，本研究认为把其转化成一个定距变量，测量被访者与资源丰富的社会阶层（如领导层、知识层、经理层）的关联程度更为合理。其中网络规模是春节期间与被访者互相拜年的人数；网络顶端是春节期间与被访者互相拜年的群体中职业声望最高的人的声望得分；网络差异是春节期间与被访者互相拜年的群体中不同的职业数；网络构成是一个定距变量，测量的是被访者与资源丰富的社会阶层（如领导层、知识层、经理层）的关联程度。本研究采用"定位法"来测量研究群体的社会资本情况。首先对每个职业声望得分分别赋值，然后统计每个调查者的拜年交往者是否从事 20 种职业中的任何一种，如果是，就在此职业上取值为 1；如果不是，就在此职业上取值为 0。如果在某些职业上两个或两个以上的拜年交往者，仍取值为 1，这是因为对于同一个职业，我们所获取的信息可能是一样的，资源的性质并没有发生变化。每个调查户的拜年交往者中得分最高的就是该被调查者的网络顶端；每个调查户的拜年交往者中不同的职业数就是网络差异。但是由于网络规模、网络顶端、网络差异和网络构成四个指标的测量标准是不一样的，所以对于社会资本的衡量，我们不能简单地把四个指标相加或者相减，所以采取因子分析的办法，提取出一个公因子来代表社会资本，其中已解方差为 65.43%。由于算出来的因子值有正有负，为了便于理解我们将因子值转化为最低为 1 最高为 100 的分值，转换公式为：转换后的因子值 =（因子值+B）×A。其中 A = 99/（因子最大值-因子最小值），B =（1/A）-因子最小值。[①] 因子值越大，指数的取值就越大。具体结果见表 1。

**表 1　社会资本的测量及因子分析**

| 社会资本 | 平均值/百分比 | 标准差 | 最大值 | 最小值 | 样本数 |
|---|---|---|---|---|---|
| 网络规模 | 27.40 | 32.31 | 300 | 1 | 978 |
| 网络顶端 | 72.50 | 25.94 | 95 | 6 | 976 |
| 网络差异 | 5.53 | 4.01 | 20 | 1 | 974 |
| 网络构成 | 1.15 | 1.06 | 3 | 0 | 1011 |
| 因子分析结果 | 因子负载系数 | 因子值 | | | |
| 网络规模 | 0.58 | 均值 | | | 31.96 |
| 网络顶端 | 0.89 | 标准差 | | | 17.40 |
| 网络差异 | 0.82 | 最大值 | | | 100 |
| 网络构成 | 0.91 | 最小值 | | | 1 |
| 样本数 | 4389 | | | | |
| 解释度 | 65.43% | | | | |

　　在国内外相关文献中，年龄、性别、受教育年限为常见的基本人口属性控制变量。本研究设定男性 = 1，女性 = 0；同时，受教育年限包含 0，最高年限为 19 年。在中国社会转型中，虽然市场化转型导致部分学者质疑党员身份的资源回报作用，但是作为政治身份的标志以及与体制的诸多关联，党员身份仍然具有明显的影响力，有很好的地位回报[②]，因此，党员身份亦为控制变量之一。此外，单位性质、所在区域亦是影响地位获得的

---

①　边燕杰、李煜：《中国城市家庭的社会网络资本》，《清华社会学评论》2000 年第 2 期。

②　Y. Bian, and J. Logan, "Market Transition and the Persistence of Power: The Changing Stratification System in Urban China," *American Sociological Review*, vol. 61, 1996, pp. 739-758；边燕杰、张文宏：《经济体制、社会网络与职业流动》，《中国社会科学》2001 年第 2 期。

主要宏观因素，其他控制变量包括婚姻状况、父亲受教育程度等变量。这些变量的统计描述见表 2。

表 2　变量描述

| 变量 | 样本量 | 平均值 | 标准差 | 测量 | 赋值说明 |
|---|---|---|---|---|---|
| 职业地位 | 4389 | 45 | 14.12 | 定距 | |
| 社会资本 | 4389 | 31.96 | 17.40 | 定距 | 1~100，值越大社会资本越多 |
| 年龄 | 4389 | 43 | 13.73 | 定距 | 年 |
| 性别 | 4389 | 47% | 0.50 | 定类 | 男 =1，女 =0 |
| 婚姻状况 | 4389 | 72% | 0.45 | 定类 | 已婚 =1，未婚 =0 |
| 政治面貌 | 4389 | 18% | 0.39 | 定类 | 共产党员 =1，其他 =0 |
| 受教育程度 | 4389 | 12.94 | 3.32 | 定距 | 年 |
| 单位性质 | 4389 | 59% | 0.49 | 定类 | 体制内 =1，体制外 =0 |
| 父亲受教育程度 | 4389 | 8.18 | 4.23 | 定距 | 年 |
| 所在区域 | 4389 | 64% | 0.48 | 定类 | 东部 =1，非东部 =0 |

### 3. 工具变量

本文所采用的工具变量有两个，分别是人情支出的比例和参加志愿活动的情况。人情支出比例的具体计算方法是用被访者人情往来的费用除以其日常消费的总额，取值为 0 到 1，值越大说明人情支出的比例越高。选择人情支出的比例作为工具变量的原因是人情支出的比例越高的个体拥有的社会资本越多。这是因为社会资本作为一种资本是需要花费成本去维持的，只有花费更多的成本，才有可能维持更多的社会资本。而之所以使用人情支出的比例，却不是人情支出的费用作为工具变量，主要考虑到工具变量的外生性要求，即工具变量不可以直接影响职业经济地位。通常可以支出高额人情费用的个体往往有着较高的收入，而较高的收入又通常与较高的职业经济地位相联系。从这个角度来考虑，人情支出比例比人情支出费用更适合做工具变量。

第二个工具变量是参加志愿活动的情况。具体询问了被访者参加本社区的志愿活动情况，参加与体育、文化、艺术或学术相关的志愿活动情况，与弱势群体相关的志愿活动情况，以及参加与政治事务相关的活动情况。只要被访者参加了这四项活动中的任一项，就视为参加了志愿活动，否则就视为没有参加志愿活动，是一个二分类的虚拟变量。参加这些志愿活动可以帮助被访者认识更多的人，积累更多的社会资本，但并不直接提升其职业经济地位。因为这些活动覆盖范围比较广，并且都是志愿性的活动，与自己的职业并不必然有联系。并且参加志愿活动更多需要的是被访者的时间、兴趣等，与被访者职位的高低关联较少。

通过分析可以发现，本文所选取的人情支出比例与参加志愿活动情况这两个工具变量，满足与社会网络相关的要求，也满足与职业经济地位无直接关联的外生性要求。接下来的工具变量实证分析中也将会对所选取的这两个工具变量是否合适进行检验。

## （三）分析结果

我们首先汇报普通的多元线性回归模型结果，然后再与引入工具变量之后的估计结果进行比较。

### 1. OLS 模型的估计结果

表 3 报告的是社会资本对职业地位普通多元线性回归结果。

表 3　社会资本对职业地位的多元线性回归

| 变量 | 系数 | 标准误 |
| --- | --- | --- |
| 社会资本 | 0.09 *** | 0.01 |
| 年龄 | 0.005 | 0.02 |
| 性别（参照项 = 女性） | −1.24 *** | 0.38 |
| 婚姻（参照项 = 未婚） | 0.56 | 0.46 |
| 政治面貌（参照项 = 非党员） | 3.17 *** | 0.52 |
| 受教育程度 | 1.58 *** | 0.07 |
| 单位性质（参照项 = 体制外） | −0.86 * | 0.44 |
| 父亲受教育程度 | 0.10 * | 0.05 |
| 所在区域（参照项 = 非东部） | 1.12 *** | 0.40 |
| 常数项 | 20.19 *** | 1.46 |
| *Adjust R²* | 0.21 | |
| 样本量 | 4389 | |

说明：双尾统计检验：* $p<0.1$，** $p<0.05$，*** $p<0.01$。

表 3 的回归结果显示，社会资本的系数为 0.09，并且在 0.01 的显著性水平上显著异于 0，这表明社会资本每增加 1 个单位，职业经济地位将提升

9%。也就是说，拥有的社会资本越多，越有可能获得较高的职业经济地位。

在控制变量中，除了年龄和婚姻变量的回归系数不显著，其他控制变量均对职业经济地位存在显著的影响作用。男性的职业经济地位低于女性。党员的职业经济地位高于非党员。教育年限每增加1年，职业经济地位得分就增加1.58个单位。父亲的受教育程度越高，个体的职业经济地位得分越高。相对来说，在东部城市工作比在非东部城市工作更容易获得高的职业经济地位。

### 2. 2SLS 模型的估计结果

表4给出的是2SLS模型的一阶段回归结果。前文已经介绍过，一阶段回归是内生解释变量社会资本对所有工具变量和外生解释变量的多元线性回归。因此，一阶段回归的结果也能让我们了解哪些因素与社会资本的决定相关。从表4的结果来看，女性的社会资本高于男性，已婚者的社会资本高于未婚者，党员的社会资本高于非党员，受教育程度越高者拥有的社会资本越多，单位性质不对社会资本产生影响，父亲受教育程度高者拥有的社会资本也多，在东部地区工作拥有的社会资本比在非东部地区工作多。

表 4　2SLS 模型的一阶段回归结果

| 变量 | 系数 | 标准误 |
| --- | --- | --- |
| 人情支出比例 | 9.87*** | 0.01 |
| 志愿活动参与（参照项＝无） | 5.68*** | |
| 年龄 | −0.06** | 0.02 |
| 性别（参照项＝女性） | 3.47*** | 0.38 |
| 婚姻（参照项＝未婚） | 3.88*** | 0.46 |
| 政治面貌（参照项＝非党员） | 3.06*** | 0.52 |
| 受教育程度 | 1.18*** | 0.07 |
| 单位性质（参照项＝体制外） | 0.16 | 0.44 |
| 父亲受教育程度 | 0.27*** | 0.05 |
| 所在区域（参照项＝非东部） | −0.20 | 0.40 |
| 常数项 | 7.59*** | 1.46 |
| *Adjust R*$^2$ | 0.15 | |
| 样本量 | 4389 | |
| 工具变量 F 值 | 92.65*** | |

说明：双尾统计检验：* $p<0.1$，** $p<0.05$，*** $p<0.01$。

　　接下来，我们重点关注表 4 中人情支出比例和志愿活动参与的估计结果。与我们的预期一致，人情支出比例的系数为正且显著。这印证了前文的猜想：人情支出比例高的个体拥有的社会资本多。具体来说，人情支出的比例每增加 1 个单位，社会资本就增加将近 10 个单位。志愿活动参与变量的系数也是显著为正，这表明参加志愿活动可以增加个体的社会资本。

　　确定了这两个变量对社会资本产生效应之后，我们需要判断这两个变量是不是弱工具变量。因为，如果工具变量 Z 中仅包含很少与 X 相关的信息，利用这部分信息进行的工具变量法估计就不准确，即使样本容量很大，也很难收敛到真实的参数值，这种工具变量就是弱工具变量，就不合适。表 4 中"弱工具变量"的检验值为 92.65，超过了通常规定的 10，并且通过了显著性检验，我们就可以拒绝"弱工具变量"的原假设，即认为不存在弱工具变量。

　　表 5 给出了 2SLS 模型的二阶段回归结果。由于我们的内生变量为 1 个，即社会资本。工具变量有 2 个，即人情支出比例和志愿活动参与，所以可以进行工具变量的过度识别检验。此检验的原假设是，所有工具变量都是外生的。如果拒绝原假设，则说明至少某个变量不是外生的，与扰动项相关，那么我们选择的工具变量就是无效的。可以看到，表 5 最后一行过度识别检验的 P 值为 0.56，大于 0.1。这说明，我们无法拒绝工具变量符合外生性条件的原假设。因此我们采用的工具变量模型能够有效排除内生性的影响，从而更准确地估计出社会资本对职业地位的影响。

表 5　2SLS 模型的二阶段结果

| 变量 | 系数 | 标准误 |
| --- | --- | --- |
| 社会资本 | 0.15 *** | 0.06 |
| 年龄 | 0.01 | 0.02 |
| 性别（参照项＝女性） | −1.45 *** | 0.38 |
| 婚姻（参照项＝未婚） | 0.33 | 0.46 |
| 政治面貌（参照项＝非党员） | 2.92 *** | 0.52 |
| 受教育程度 | 1.50 *** | 0.07 |
| 单位性质（参照项＝体制外） | −0.90 ** | 0.44 |
| 父亲受教育程度 | 0.08 | 0.05 |
| 所在区域（参照项＝非东部） | 1.12 *** | 0.40 |

续表

| 变量 | 系数 | 标准误 |
| --- | --- | --- |
| 常数项 | 19.54*** | 1.46 |
| Adjust $R^2$ | 0.21 | |
| 样本量 | 4389 | |
| 过度识别 $P$ 值 | 0.56 | |

说明：双尾统计检验：* p<0.1, ** p<0.05, *** p<0.01。

表 5 中的社会资本变量系数为 0.15，且通过了 0.01 水平的显著性检验。这说明使用工具变量法排除了社会资本的内生性影响后，其对职业经济地位依然存在正向的影响效应。也就是说，社会资本越多的个体，其职业经济地位越高。

## 四　结论与讨论

本文利用 2014 年 JSNET 的八城市数据进行分析，研究了社会网络对职业经济地位的因果效应。为了识别这一效应，我们运用高级计量模型试图解决潜在的遗漏变量和双向因果等内生性问题。将与社会网络密切相关，但不受职业经济地位影响的人情支出比例和参与志愿活动情况作为社会网络的工具变量进行分析，检验了社会网络对职业经济地位的影响。发现拥有社会资本越多的个体，其职业经济地位越高。

目前我国正处在深化改革、规范劳动力市场建设的关键时期，本文希望从研究发现和结论出发，提出一些可行的对策建议，为中国劳动力市场的发展及劳动者的求职提供一定借鉴。

第一，发挥社会网络的积极作用。既然劳动力市场中的信息不对称现象是个体在劳动力市场中必然要面临的问题，而社会网络中所传递的信息资源正好可以弥补劳动力市场中的这一不足。那么个体在激烈的市场竞争中就要对社会网络进行合理利用，发挥社会网络的积极作用。同时，在日常的生活中，个体也应该通过各种形式积极主动地开发自己的社会网络，为获取更多的异质性就业信息及更好的就业机会提供可能。

第二，注重劳动力市场中就业信息传播的公开性和透明性。无论劳动力市场如何发展，在现实情况中就业信息的不对称都是劳动力市场必须面对的问题。那么中国在完善劳动力市场的过程中，政府尤其要注重就业信息传播的公开性和透明性，降低求职过程中的搜寻成本。

　　第三，建立公平的劳动力市场环境。当劳动力市场中的制度建设不完善，人们难以通过正式的方式参与到劳动力市场竞争中时，就只能借助于社会网络这种非正式的渠道。而对社会网络的不当使用，尤其是对社会网络中人情资源的不当使用，将会对社会的良性运行产生负面影响，导致社会中不公平现象的产生。因此，政府应该完善劳动力市场机制，营造公平的就业环境，实现劳动力资源的灵活配置；使人才的竞争成为劳动力市场的主要竞争导向，从而规避制度缺陷所导致的对社会网络的过度使用。

# 西安市"行政效能革命"状况调查分析<sup>*</sup>

司武林　郝　娟　李卫东<sup>**</sup>

**摘　要**　在放管服改革和现代城市治理的双重背景下,围绕"振兴大西安"这一战略目标,西安市于 2017 年全面推开"行政效能革命",并计划用 3 年时间,大幅度提升政府效能和显著优化城市营商环境。2017 年 8 月的调查数据反映,西安市的这次"行政效能革命"具有规模大、范围广、速度快的基本特点,这表现于各级职能部门的参与力度、所涉及事项的数量、相关措施的推进等方面,而服务对象——市民和各类单位——的反馈数据则能够客观反映其显著效果。同时,因为处于初期阶段,西安市"行政效能革命"还有待解决以下突出问题:(1) 作为一种社会治理行动,仍然是政府"一枝独秀"的大动作,整体社会动员意识不强,动员手段和范围单一,因而不能对职能部门形成充足的"倒逼"效应;(2) 作为一次社会改革实践,重事务、轻事理,表现为战略目标、改革理念、制度系统和根本方向上的理论深度不足;(3) 作为一项城市治理的具体活动,对其实质地位和作用定位失之肤浅,仅仅视之为行政活动,尚未将其与探索"大西安"的城市治理体系相关联。

**关键词**　行政效能　城市治理　职能部门　"大西安"

在城镇化、信息化、全球化的背景下,按照国家"放、管、服"改革要求切实提升城市各级政府部门的行政效能,是促进政府职能转变和建设

---

\*　本文系 2017 年西安市社科基金攻关项目 (17WT11) 的阶段性成果。

\*\*　司武林,陕西师范大学哲学与政府管理学院副教授;郝娟,陕西师范大学哲学与政府管理学院副教授;李卫东,陕西师范大学哲学与政府管理学院讲师。

高效、法治、服务型政府的关键环节，是优化地方城市治理的核心内容，也是当前国家治理能力和治理体系现代化的重要内容。近年来，各级地方政府采取多种途径提升行政效能，在进行政府能力建设、优化营商环境的同时，对于政府治理和社会治理体系的探索也不无裨益。但与理论逻辑不同，不少地方政府行为存在典型的"单一性"，其应有的积极功能还未能显现，尚待发掘。依据调查数据，本文对西安市 2017 年的行政效能革命状况进行分析，发现其"治理"内涵尚不突出，作为"治理"行动的应有功能还存在诸多缺失。

# 一 西安市"行政效能革命"的双重背景

"政府效能是政府工作效率和工作能力的统一，是政府机关运用其能力、能量，履行其职责，最终实现行政目标所达成的效率、效果和效益的综合体现。"[1] 据此，可以将"行政效能革命"理解为政府通过自身改革和职能转变，不断提升行政绩效和服务能力，最大限度地满足社会发展和民众需求的活动。

在当前重点推进政府治理能力和治理体系现代化过程中，在西安市面临着历史上最好的发展机遇的节点上，时空要素的独特耦合，使西安市的"行政效能革命"具有双重背景。

## （一）放管服改革背景

党的十八大提出，要按照建立中国特色社会主义行政体制目标，建设职能科学、结构优化、廉洁高效、人民满意的服务型政府，这其实是突出了政府效能的问题。习近平同志所作关于《中共中央关于全面深化改革若干重大问题的决定》的说明中，也把"进一步提高政府效率和效能"作为全面深化改革的六个"关键"之一。

突出和优化行政效能的有效途径就是"放、管、服"改革。"'放管

---

① 安彩英：《国外政府效能建设的实践及启示》，《云南行政学院学报》2013 年第 2 期，第 43 页。

服'改革是一场从管理理念到管理体制、管理方式的深刻变革，推动政府管理由过去的以审批为主向以监管和服务为主转变，政府的主要精力放到了事中事后监管、提供优质公共服务上。"① 尽管看似单纯的政府活动，但其更重要的作用在于促成政府-市场-社会三者合理关系的构建，而这对于经济运行环境、市场活动和社会治理结构优化都意义重大。因此，放管服改革是当前社会治理的重要环节，也是全球化、城镇化和信息化交错融合时代我国社会发展的大势所趋。"据统计，党的十八大以来，国务院部门已累计取消下放 697 项行政审批事项，削减比例达 44%……持续优化投资项目负面清单制度，中央层面核准的投资项目数量累计减少 90%，有效破除制约投资的体制机制障碍。……取消部门设置的 434 项职业资格，公布国家职业资格目录，显著降低就业创业门槛。世界银行报告显示，中国内地营商便利度世界排名从 2013 年的第 96 位提升到 2017 年的第 78 位，提升了 18 位，是全球营商环境改善程度最显著的经济体之一。"②

　　西安市的行政效能革命就是在这样的背景下展开的。2017 年初，西安市第十三次党代会提出了今后五年的奋斗目标：聚焦"369"，振兴大西安。时不我待、只争朝夕，2017 年 4 月，一场声势浩大的行政效能革命迅即全面展开。本次效能革命确定了六个方面的基本任务，可概括为"四张清单一张网，办事最多跑一次"③；其主旨是贯彻落实"放管服"改革，努力推动政府职能转变，提升政府行政和公共服务效能。

## （二）现代城市治理背景

　　立足"振兴大西安"的目标，本次"行政效能革命"又始终与国家中心城市建设、国际化大都市建设、"一带一路"龙头城市建设密切关联，因而也可以被视为"大西安"城市建设与城市治理的具体途径。它准确把握了城市治理的关键环节，从行政效能着手，驭繁以简，努力为大西安建

---

① 解安、杨峰：《"放、管、服"改革的经验启示及路径优化》，《中国行政管理》2018 年第 5 期，第 158~159 页。

② 解安、杨峰：《"放、管、服"改革的经验启示及路径优化》，《中国行政管理》2018 年第 5 期，第 158~159 页。

③ "四张清单"包括权力清单、责任清单、投资负面清单、财政专项资金管理清单；"一张网"是指西安政务服务网；核心环节是"最多跑一次"改革。

设营造更好的政务环境。

城市治理是"城市范围内政府、私营部门、非营利组织作为三种主要的组织形态组成相互依赖的多主体治理网络，在平等的基础上按照参与、沟通、协商、合作的治理机制，在解决城市公共问题、提供城市公共服务、增进城市公共利益的过程中相互合作的利益整合过程"①。因此，城市治理不是一次或一段时间的简单行动，而是多主体平等参与和合作共治的过程，其目的是要探索和形成"在地化"的城市治理体系。就其内容而言，大体包括五个方面的内容，即塑造共同价值、美化城市形象、提升城市效率、改善城市社会服务和完善社会保障。②

那么，"大西安"建设何以要开展声势浩大的行政效能革命？"大西安"的城市治理又何以从行政效能革命突破？笔者认为，提升行政效能是"振兴大西安"的核心环节。

21 世纪的城市发展，是建设与治理同步、功能与品位并重的过程。城市建设着眼于地理空间重组和基础设施、公共产品优化，侧重城市功能完善；城市治理着眼于社会空间重构和生态人文环境优化，侧重城市品位提升。"城市治理是政府治理、市场治理和社会治理的交叉点，在国家治理体系中有着特殊的重要性。"③ 人们一般以为，城市治理只是用以解决城市的诸多问题。其实，更为重要的，城市治理是凝练城市文化、提升城市品位、塑造城市精神的根本途径。因此可以说，"振兴大西安"、建设"有历史文化特色的国际化大都市"，应该是城市建设与城市治理同步的过程。

在我国当前阶段，"地方政府是城市治理的主角之一，理解地方政府的组织能力是理解城市治理的关键"④。完善城市治理体系，提高城市治理能力，重点和难点在于地方政府的理念更新和职能转变。西安市的行政效能革命，就是政府理念更新和职能转变的切实行动。它紧扣住城市治理的

---

① 王佃利：《城市管理转型与城市治理分析框架》，《中国行政管理》2006 年第 12 期，第 98 页。

② 计永超、焦德武：《城市治理现代化：理念、价值与路径构想》，《江淮论坛》2015 年第 6 期，第 12 页。

③ 汪碧刚：《推动高校建设智库，助力现代城市治理》，http://theory.gmw.cn/2017-05/25/content_24593659.htm。

④ 黄光宇、张继刚：《我国城市治理研究与思考》，《城市规划》2000 年第 9 期。

要害，驭繁以简，必将有效提高政府的城市治理能力，并在城市治理体制方面进行有益探讨。这一革命将通过以下方面直接发力，振兴大西安。

公共服务有速度。行政效能革命中，首要的是简政放权和优化公共服务。行政部门"要树立'社会本位'和'公共利益导向'的行政观念。……有效遏制政府职能'缺位'、'错位'与'越位'的现象"①。本次革命开宗明义，要求所属各级行政部门不断推出"权力清单"，为权力划定范围，为服务设置时限。三个月中，西安市各级政府部门分别两次公布"最多跑一次"事项清单，共计超过 10000 项。理事有清单，办事有时限，服务有速度，逐渐成为西安市公共服务的明确标准。

日常工作有力度。开展"行政效能革命"以来，系列新政措施前后相继。"责任清单""所长制、路长制、河长制""电视问政""行政效能问责办法"等，动而愈出，环环相扣。"责任"从文本走向行动，有责任、负责任、严责任以及常态化责任，增大了日常工作的力度。

文化坐标有新向度。西安的第一优势是文化。毋庸置疑，就西安博大深厚的历史文化积淀而言，鲜有可与匹肩者。而如果着眼于"国际化大都市"，西安就特别需要挖掘和注入内容丰富的现代性文化。需要通过行政效能革命，塑造和传播效能文化，探索政府-社会-市民合作的现代城市治理体制，以现代网络媒体技术支撑行政效能。这些现代性要素，将树立起西安文化坐标的新向度。历史文化与现代性文化的交融共生，才能增添大西安的内在美。"城市一定是美的，城市只有美才能够把人留下来，把更好更优秀的人留下来，城市精神理念、文化理念一定要有美的追求，不仅仅是景观和建筑物理之美，还有人文之美。"②

城市生活有温度。"城市是有温度与厚度的。城市的温度就是人本理念，是对城市文明的一种抽象演绎。一座有温度的城市，会让身处其中的人们不断从内心深处捕捉到这股彼此激发的力量。城市的厚度就是城市的文化涵养。文化是城市的内核和灵魂，是城市发展永不衰竭的动力。推动现代城市治理，必须尊重特定城市悠久的历史和深厚的文化，遵循城市及

---

① 刘彦平：《迈向善治：中国城市治理转型》，http：//theory. gmw. cn/2014-12/19/content_14225783. htm。

② 杨雪锋：《理解城市治理现代化》，《经济社会体制比较》2016 年第 6 期，第 19 页。

文化的发展规律，以文化的力量推动城市发展。"① "行政效能革命"牵一发而动全身，将全面提升西安城市的生态人文环境、投资环境、日常生活舒适度、城市生活幸福感。由此，城市不再只是冰冷的钢筋水泥森林，"大西安"将成为充满人文情怀的城市，充满生活情趣的城市，始终有温度的城市。

# 二 西安市行政效能革命状况

为了清晰了解"行政效能革命"推进的实际状况和存在的问题，2017年8月，陕西师范大学哲学与政府管理学院、西安市社会科学院组成课题组对此展开调查。

## （一）调查概况

### 1. 调查对象

本课题的调查对象有两类：第一类为西安市行政区范围内，到各级政府职能部门办理单位和个人事务的群众；第二类为西安市行政区范围内，各级政务服务部门的工作人员。

### 2. 调查地点

根据西安市政务服务的实际情况，也为了满足样本代表性的要求，我们确定的调查地点是：市政务中心、区（县）政务中心、街（镇）政务大厅和指定地点；因为各类开发区也设有政务中心，我们将其与普通行政区并列，作为调查地点。

### 3. 调查内容

本次调查意在全面了解西安市"行政效能革命"的整体状况，包括部署启动、具体落实、检查监督、绩效评估等环节的效果，并以"最多跑一次"改革为重点，透视"四张清单一张网"建设情况，以及服务对象——市民和单位——的反馈意见。具体包括：（1）"行政效能革命"的效果，

---

① 王永健、汪碧刚：《探索共建共治共享的城市治理新格局》，《人民论坛》2017年第12期（下），第47页。

即通过办事群众的感受来评价基本任务落实情况。（2）"行政效能革命"要素及其作用的发挥。（3）"行政效能革命"的深度和高度，即了解"行政效能革命"的方向及目标定位。

### （二）调查方法与样本特征

**1. 调查方法**

首先，确定了以定量为主、定性为辅的研究方法。在具体操作上，采用问卷调查、访谈和实地观察法来获得数据资料。

（1）问卷调查

由于办事群众具有很强的随机性和流动性，无法采用严格的随机抽样方法。课题组决定将判断抽样与配额抽样相结合，以提高样本的代表性。

首先，根据西安市各区（县）城镇化水平和经济发展状况，以判断抽样方式选取典型区（县）、开发区和指定地点；其次，以配额抽样方式确定各调查点的样本量。样本具体分布如下。（见表1）

**表1 各调查点及样本数量**

| 政务中心（大厅） | | | | 指定地点 |
| --- | --- | --- | --- | --- |
| 市 | 开发区 | 区（县） | 街（镇） | |
| 市政务中心 100份 | 经开区政务中心 30份 | 莲湖区政务中心 114份 | 桃园路街办 10份 | 青年路派出所 11份 |
| | 航空基地政务中心 30份 | | 西关街办 8份 | |
| | | 雁塔区政务中心 195份 | 小寨街办 14份 | 雁塔区工商局、税务局 20份 |
| | | | 等驾坡街办 14份 | |
| | | 长安区政务中心 184份 | 子午街办 12份 | 西安市交警支队车管所 18份 |
| | | | 郭杜街办 12份 | |
| | | 鄠邑区政务中心 103份 | 秦渡镇 7份 | |

续表

| | 政务中心（大厅） | | | 指定地点 |
|---|---|---|---|---|
| 市 | 开发区 | 区（县） | 街（镇） | |
| | | | 祖庵镇 7 份 | |
| | | 蓝田县政务中心 97 份 | 三里镇 7 份 | |
| | | | 曳湖镇 7 份 | |
| 小计 | 100 | 60 | 693 | 98 | 49 |
| 合计 | 1000 | | | | |

（2）半结构式访谈

为了更好地匹配问卷调查内容，深化对定量数据的理解，本研究采用访谈法来收集资料。

首先，通过目的性抽样方法选取了两类访谈对象，一是政府职能部门负责人和一线工作人员，二是企业和市民。

其次，访谈方式上，采用一对一、面对面的个案访谈，以及一对一的电话访谈。整个调查访谈了 14 个对象，包括政府职能部门 4 名负责人及 2 名一线工作人员，6 名办事市民，2 名企业办事人员。

（3）实地观察

发放问卷时，也对各政务中心和指定服务点进行实地观察。观察内容包括工作场景和工作状态，办理事务的单位和市民的数量、等候办事的时间等。

**2. 样本特征**

在各政务中心和指定服务点，对办事群众发放 1000 份问卷。最终回收问卷 999 份，有效问卷 999 份，有效回收率 99.9%。样本特征如下。

问卷调查的 999 名对象中，最大年龄为 80 岁，最小年龄为 15 岁；主要分布于青年和中年人群（见图 1）。其中，男性 41%，女性 59%。

调查对象户籍在本市者 76.6%，在本省外市者 16.2%，在外省者占 6.9%（见图 2）。受教育程度总体较高，大专及以上的人数比例接近 80%（见图 3），保证了调查的有效性。

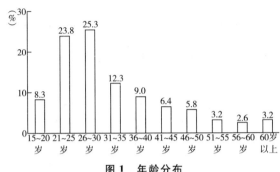

图 1　年龄分布

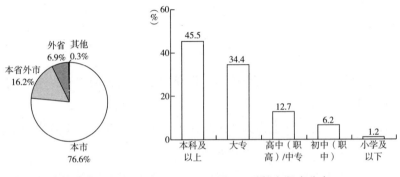

图 2　户籍分布　　　　　图 3　受教育程度分布

　　调查对象的职业类型也总体偏高，以社会阶层为职业分类标准，前 5 个阶层人数占到 57%（见图 4）；所办事务类型较为多样（见图 5）。

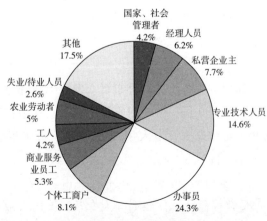

图 4　职业类型分布

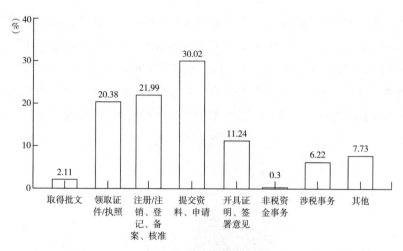

图 5　所办事务类型分布

根据所属性质，调查显示，上述各类事务比例分别是：办理个人事务的占43.6%，办理个体、合伙事务的占11.5%，办理各类单位事务的共448人，占比44.8%（其中办理企业事务的377人，占比37.7%，其余办理的为非企业事务）。

## （三）西安市"行政效能革命"状况

### 1. 各部门迅速响应，必有所为

2017年3月28日，市委、市政府做出在开展"行政效能革命"的决定后，随即向全市下发改革方案、"最多跑一次"实施方案，成立协调领导小组。4月25日，全面启动后，各级各类部门和机构，本着因事制宜、分步快走的原则，迅速响应落实"四张清单一张网"的具体任务。具体做法上，"所长制、路长制和河长制"落实到人，"电视问政、政风热线"犀利追问，问责办法试行，局长办事体验和百名局长驻窗口，工作任务月考季评等纷纷亮相；各级部门竞相努力，思有所为；声势之浩大，举动之迅猛，非"革命"无以称之。访谈中也能感受到，各部门负责人和工作人员认识到位，也能够积极想办法去改进工作。

### 2. 从关键处着手，带动全局

作为效能革命关键环节的"最多跑一次"发挥了引领作用，成熟一批、公布一批，短短 4 个月时间，公布事项突破 10000 项。其中，市级部门主管事项 887 项；区县、开发区事项 8376 项，由第一批的 3034 项增加到第二批的 5342 项，增加了 2308 项；镇（街）级事项 1467 个，由第一批的 531 项增加到第二批的 936 项。最少有 48% 的事务已属于"最多跑一次"的范围，而 22% 的事务尚未纳入（图 6）。这些都表明"四张清单"日渐充实。

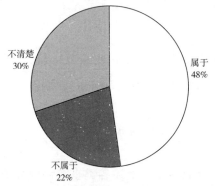

**图 6　所办事务是否属于"最多跑一次"范围**

需要做大量协调工作的西安政务服务网、"12345"市民服务热线，也在复杂协调中如期推进，并于 2017 年 8 月启动建设。

调查也显示，各类单位和市民对"行政效能革命"和"最多跑一次"的总体了解程度不够。

999 名调查对象中，对"最多跑一次"较为了解者接近 60%，仅仅听过而不知道意思的人占到 20%。对"行政效能革命"的了解程度就更低了。较为了解者仅约占 27%，听过的人占 30%，43% 的人根本没有听到过。（见图 7）

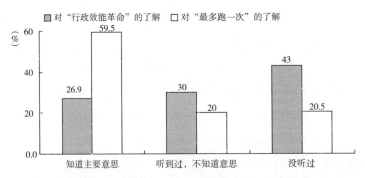

**图 7　对"行政效能革命""最多跑一次"的了解程度**

另外，30%的人对其所办事务是否属于"最多跑一次"的范围，也不甚清楚。（见图6）

**3. 政务服务迎难而上，办事单位和市民感受明显**

"善政者，恤民之患，除民之害也。"本次"行政效能革命"首先指向企业和市民的办事难问题。几个月过去了，其实际效果如何？前来办事的企业和市民能否感觉到变化？调查显示，企业和市民能切实感受到政府部门的积极努力，并对此给予了充分肯定和积极评价。

关于"简政放权"。"简政放权"是政府职能改革的首要任务和头等大事，因此本文对其进行优先考察。调查数据反映出如下积极变化。

首先，行政审批改革迅速。办理企业、工商事务的共492人，其中339人发现，工商登记和工商活动准入条件显著优化，占比49%；投资项目审批改革迅速启动，占比38%。（见图8）

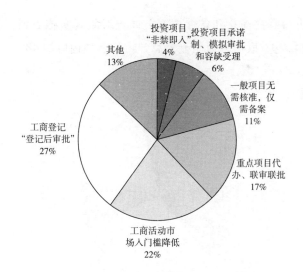

**图 8　办理企业、工商事务时发现的变化**

注：图中百分比为各项内容被选比例，不是该项内容占调查对象总数的比例。

其次，简政放权力度大。这方面因变化显著被选673次，占比46%；办事指南清楚公示，被选545次，占比38%；财政专项资金管用控透明度提升，被选130次，占比9%。（见图9）

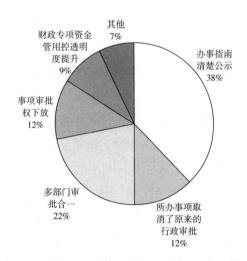

**图 9　最近办事还发现的变化**

注：图中百分比为各项内容被选比例，不是该项内容占调查对象总数的比例。

再次，办事程序简化和条件放宽。调查对象真实感受到，办事环节简化、证明材料减少/取消最为明显，总计占到各项内容的 48%。（见图 10）

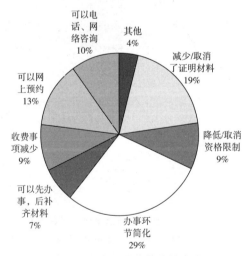

**图 10　办事程序和条件的变化**

注：图中百分比为各项内容被选比例，不是该项内容占调查对象总数的比例。

关于"办事方式"。首先，办事方式优化。总体上，90.9% 的事务可以一次办结，其中 52.1% 为"现场一站办结"，29.8% 为"网上受理，窗口办结",9%属"窗口受理,办结寄送"。共有9.1%的事务不能一次办结,其中8.1%还需要"到不同部门多次办结"。(见图11)

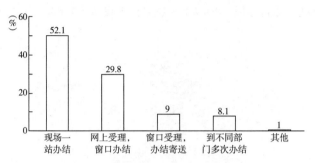

**图11 通过什么方式办完事务的**

调查发现,办理企业、个人事务的差别明显。企业事务可以"网上受理、窗口办结"的比例高达51.1%,可以"现场一站办结"比例也有37.9%(见图12)。个人事务则最主要通过"现场一站办结",其他方式的比例都很低(见图13)。说明企业事务的办事方式优化更明显。

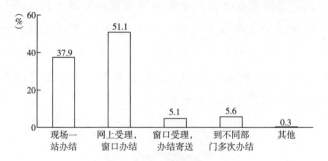

**图12 企业事务的办理方式**

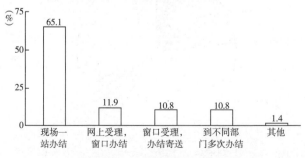

**图13 个人事务的办理方式**

被调查者没有在网上办事的原因如下：34.1%的事项只能现场办理，21.6%的事项网上不能一站办结，19.3%的人觉得现场咨询更详细可靠，13.8%的人不知道网上能否办理，8.4%的人则是网上操作不熟练。（见图 14）

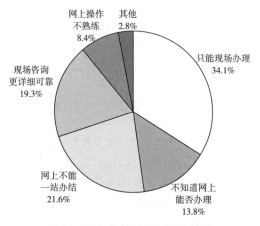

**图 14　没有选择网上办理的原因**

在此方面，办理企业事务和个人事务也存在显著不同。"不知道网上能否办理"方面，企业事务低于个人事务比例 11 个百分点；而"网上不能一站办结"方面，企业事务则高于个人事务比例近 24 个百分点（见图 15、图 16）。这说明，相对个人而言，企业对网上办事的范围更清楚，但能够网上一站办结的事务却要少得多。

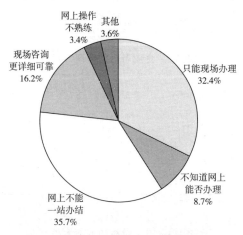

**图 15　没有在网上办理企业事务的原因**

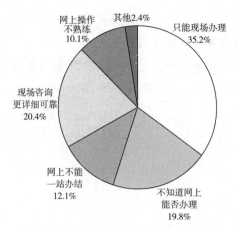

**图 16　没有在网上办理个人事务的原因**

其次，对办事方式的评价。61.3%的人认为，办事方式灵活多样，26.3%的人认为办事方式仍显单一（见图 17），但认为现有办事方式"能够满足需求"的比例仍高达 92.9%（见图 18）。

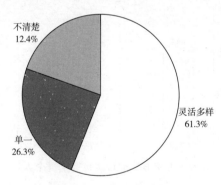

**图 17　对办事方式的评价**

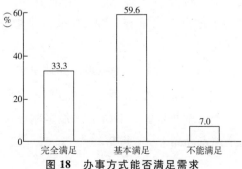

**图 18　办事方式能否满足需求**

　　以上情况均基本适用于办理企业事务和个人事务者，但办理这两种不同事务过程中，调查对象的感受仍不尽一致。

　　无论从总体满足还是完全满足需求的程度上，办理个人事务的评价均高于办理企业事务的评价。（见图 19、图 20）

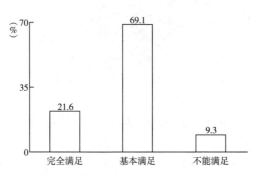

**图 19　办事方式能否满足需求（企业）**

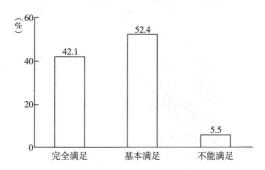

**图 20　办事方式能否满足需求（个人）**

　　关于"办事方便"。首先，"能否在一个地点办完事务"。总体上，77.3%的人可以在一个地点办完事务，22.7%的人不能在一个地点办完。（见图 21）

　　而该结果与"事项范围"存在相关关系。办理属于"最多跑一次"事项，84.2%的人能在一个地点办完事；所办事项"范围不清楚"时，75.7%的人也能在一个地点办完事；不属于"最多跑一次"的事项，亦有64.6%的人能在一个地点办完事。（见表 2）

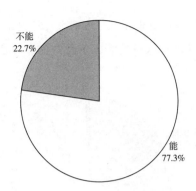

**图 21 能否在一个地点办完事务**

**表 2 "事项范围"与"能否一个地点办完"的相关性**

| | | | 能否一个地点办完 | | |
|---|---|---|---|---|---|
| | | | 能 | 不能 | |
| 是否属于"最多<br>跑一次"的范围 | 属于 | 计数 | 405 | 76 | 481 |
| | 不属于 | 计数 | 144 | 79 | 223 |
| | 不清楚 | 计数 | 221 | 71 | 292 |
| 合计 | | 总数 | 770 | 226 | 996 |
| | | 占比(%) | 77.3 | 22.7 | 100 |

　　该结果与"事项性质"也存在相关关系。高达 81%的个人事务能在一个地点办完,仅 19%不能办完。75.1%的单位事务能在一个地点办完事,24.9%不能办完。办理个体、合伙事务时,72.2%的事务能在一个地点办完事,27.8%不能办完。(见表 3、表 4)

**表 3 "事务性质"与"能否一个地点办完"的相关性**

| | | | 能否一个地点办完 | | |
|---|---|---|---|---|---|
| | | | 能 | 不能 | |
| 事务性质 | 单位事务 | 计数 | 335 | 111 | 446 |
| | 个人事务 | 计数 | 353 | 83 | 436 |
| | 个体、合伙事务 | 计数 | 83 | 32 | 115 |
| 合计 | | 计数 | 771 | 226 | 997 |
| | | 占比(%) | 77.3 | 22.7 | 100 |

其次，"办事地点是否更近了"。33%的人觉得不是，66%的人觉得办事地点更近了（见图 22）；这得益于多种形式的便民服务（图 23）。

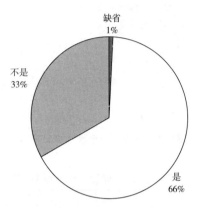

**图 22　办事地点是否更近了**

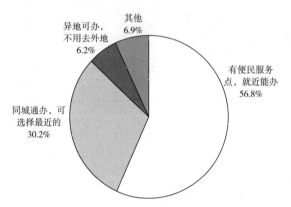

**图 23　办事地点更近的原因**

比较而言，个人便民服务的比例分别高于企业事务比例 5.8 个和 16.6 个百分点。（见表 4）

表 4　能否在一个地点办完、是否办事更近了

| 全部事务 | | 能否在一个地点办完 | | | 是否办事更近了 | | |
|---|---|---|---|---|---|---|---|
| | | 能 | 不能 | 合计 | 是 | 否 | 合计 |
| | 百分数 | 77.3% | 22.7% | 100% | 67.0% | 33.0% | 100% |
| | 人数 | 771 | 226 | 997 | 665 | 328 | 992 |

续表

| | | 能否在一个地点办完 | | | 是否办事更近了 | | |
|---|---|---|---|---|---|---|---|
| 企业事务 | | 能 | 不能 | 合计 | 是 | 否 | 合计 |
| | 百分数 | 75.2% | 24.8% | 100% | 56.6% | 43.4% | 100% |
| | 人数 | 282 | 93 | 375 | 211 | 162 | 373 |
| 个人事务 | | 能 | 不能 | 合计 | 是 | 否 | 合计 |
| | 百分数 | 81.0% | 19.0% | 100% | 73.2% | 26.8% | 100% |
| | 人数 | 353 | 83 | 436 | 319 | 117 | 436 |

　　最后，对本次办理事务的方便程度的评价。77%的人认为办事方便；15%的人感觉不明显，评价一般；8%的人仍觉得不方便。（见图24）

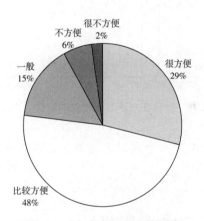

**图 24　对办事方便程度的评价**

　　比较而言，办理个人事务的方便程度高于企业事务9个百分点，尤其是"很方便"一项，要高出近1倍。而其感觉"一般""不方便"的比例也分别低于企业事务7.3个百分点和1.8个百分点（见图25、图26）。这些都反映出，办理个人事务更为方便。

　　关于服务质量。首先，办事时间有所缩短。772名调查对象回答了能否节约办事时间的问题。5.1%的人可以提前两周办完，6.3%的人可以提前两周以上办完，53.7%的人能提前一周办完；34.9%的人认为没有提前。

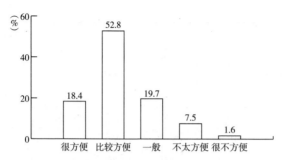

**图 25　对现在办事方便程度的评价（企业）**

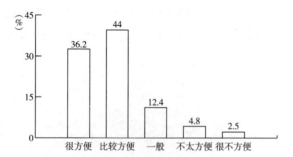

**图 26　对现在办事方便程度的评价（个人）**

分别从办理企业事务和个人事务来看，二者的评价与总体情况一致，差异不大。（见图 27）

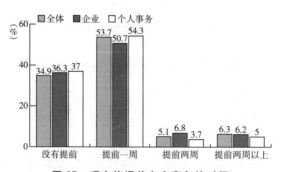

**图 27　现在能提前办完事务的时间**

其次，服务质量明显改进。调查对象评价最高的依次是办事指南清楚、办事人员业务技能熟练、各部门责任清晰，这三项超过入选项总数的

60%；而对投诉建议的渠道和处理速度评价较低，占入选项总数的11%，加上"没有明显改进"，这三项占入选项总数的16%。（见图28）

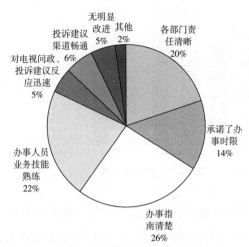

无明显
改进 其他
5% 2%
投诉建议 各部门责
渠道畅通 任清晰
6% 20%
对电视问政、
投诉建议反
应迅速
5%
承诺了办
事时限
14%
办事人员
业务技能
熟练
22%
办事指
南清楚
26%

**图28 服务质量方面的明显改进**

注：图中百分比为各项内容被选比例，不是该项内容占调查对象总数的比例。

另外，前文"最近办事还发现的变化"中的"其他"一项，包括了办事效率提高、服务态度好转、对办事有了民主评价机制等，该内容占到入选项总数的7%（见图9）。这也是服务质量改进的表现。

当前，民众对政府服务的要求日渐提高，政务服务契合民众需求的难度加大。"行政效能革命"短短数月，能获得办事单位和市民的积极肯定，实属不易。改进服务难，赢得民众口碑尤难。百分百的努力，可能只赢得百分之一的好评，唯其如此，乃知躬行践履的效果。

**4. 办事过程改进极大，而关键问题也更显突出**

调查数据也反映，当前主要是办事过程的很大改进，而制约效能提升的一些根本问题，尚未有效解决，甚至未能得到足够关注。

（1）办事满意度获得显著好评，而办事效率是根本制约。各类单位和市民对办事环节、服务态度、办事效率的满意评价分别达到77.3%、79.8%和74.6%，均达到70%以上，对办事效率的满意评价最低。评价"一般"的比例分别是19.5%、17%和20.9%，分别有3.2%、3.2%和4.5%的受访者表示"不满意"和"很不满意"（见图29）。说明办事效率对差评的影响最大。

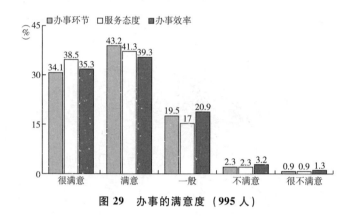

图 29　办事的满意度（995 人）

从办理企业事务的评价看，对办事环节、服务态度和办事效率的满意评价分别达到 69%、72.8% 和 66.1%，服务态度占比最大，是正面评价的根本指标。"一般"和"不满意"评价中，办事效率均占比最大，分别是 28.6% 和 5.3%（见图 30），仍是负面评价的根本指标。

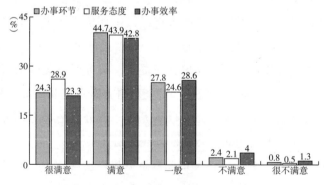

图 30　办理企业事务的满意度（374 人）

再从办理个人事务的评价看，三个方面的满意度为 81.4%、84.4% 和 81.1%，均达 80% 以上，和办理全体事务、企业事务的评价相比，其整体满意和"很满意"的比例均为最高。服务态度获得好评显著，办事效率的负面影响显著。"一般"和"不满意"评价中，办事环节和办事效率占比基本相当（见图 31）。二者对差评的影响也相当。

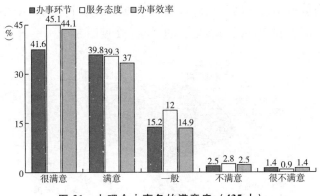

图 31　办理个人事务的满意度（435人）

由此得出的结论有三：其一，办理个人事务的满意度，高于企业事务的满意度。无论是"满意"还是"不满意"评价，前者都好于后者。其二，办事效率是影响满意度的根本指标。服务态度和办事效率对满意度的影响都最为显著。但数据反映，随着满意度降低，服务态度的影响也逐渐减弱，而办事效率则始终影响显著。说明办事效率是最关键的影响指标。其三，在个人事务的满意度上，办事环节和办事效率的影响相当。

（2）办事效率问题集中于"三多"，迫切需要改进。民众在办事中遇到的主要问题，仍集中于"三多"，即等候办事的人太多、需要的材料/证明多、程序/环节多；其比例占到全部入选项总数的66%。（见图32）

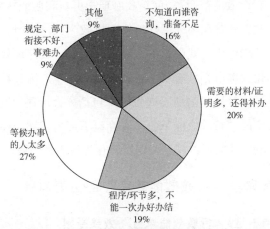

图 32　办事时遇到的主要问题

注：图中百分比为各项内容被选比例，不是该项内容占调查对象总数的比例。

从人们最迫切需要的三项改进来看，也恰恰集中于对"三多"的有效解决。其比例占到全部入选项总数的 94%。（见图 33）

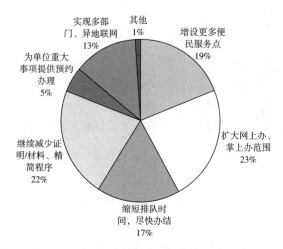

**图 33　最需要的三项改进**

注：图中百分比为各项内容被选比例，不是该项内容占调查对象总数的比例。

# 三　"治理"视野的"行政效能革命"之思

"有不便于民者，悉厘而革之"，是古往今来一切政府行政效能的基本要求。西安市的"行政效能革命"，就是政府理念更新和职能转变的切实行动，目的就在于通过改善政务和服务更好地体现执政为民。同时，如果政府服务显著改善，营商环境优化，城市竞争力就水到渠成；政府绩效显著，现代性要素强化，国际化大都市亦可问鼎。从这方面讲，以上调查数据反映出的可喜变化，令人鼓舞。但从"治理"视野——包括社会治理和城市治理——来观察思考，西安市的"行政效能革命"存在以下突出问题，还有待从理论逻辑上大力提升，然后才能通过其实践逻辑转化为更大的绩效。

## （一）目前阶段"行政效能革命"的主要问题

### 1. 要素支持不足，"行政效能革命"效果受限

社会学结构-功能主义认为，社会系统或社会行动的功能发挥，从根

本上取决于其内在结构，即构成事物的内部要素之间的协调性。作为一种政府行为和一种社会行动的"行政效能革命"，也具有系统特征，其内部要素及其结构的重要性自不待言。而现阶段，该系统表现出要素支持不足。（1）传播范围太小，对政府和各级服务部门的"倒逼"效应不能最大释放。如前所述，调查对象对"最多跑一次"的了解不尽如人意，对"行政效能革命"的了解情况更不理想，近半数的人根本没有听到过。需要办理事务的单位和市民尚且如此，其他市民又能了解多少呢？这种状况与政府部门的大声势、大动作极不相称，也遏制了对各级部门的"倒逼"效应。（2）责任分担有偏差，存在责权利不对称的情况。落实"最多跑一次"各项事务，一线工作人员的工作量、工作压力随之成倍增长，而其人事管理、职务晋升、津贴收入等方面缺乏相应激励。个别职能部门或动作迟缓，或固守部门利益等，严重影响效能提升。上级领导层发力、下级一线工作人员卖力，而个别管理部门不接力的状况，时有存在。调查显示，对一线工作人员的服务评价很高，而对投诉建议渠道、效果的评价较低，其在多项内容中被选的频率仅为11%（见图28），说明责任追究方面力度不够。（3）技术支持落后，严重制约效能。首先是一些职能部门网站信息可利用率低。如早10点上班高峰期会出现网页卡死、进不去网站等问题；部门网站发布的某些政策条文，没有详细的文件出处，有效信息不全；地方职能部门网站的信息大多数是复制上级文件，缺乏本区县的具体信息。其次，很多职能部门网络不对接、不能实现信息共享，导致手续重复、速度缓慢。调查数据反映，不能在一个地点办完事的比例高达22.7%（见表4）。属于"最多跑一次"的事项办理时，尚有15.8%不能在一个地点办完；不属于"最多跑一次"的事项办理中，35.4%的事务都不能办完（见表2）。最后，技术跟进慢，网上办、掌上办的比例太低。如市级部门公布的887个事项中，可以网上一站办结的只有35项，仅占3.9%。本调查显示，"只能现场办理""网上不能一站办结""现场咨询更详细可靠"三者，占到各种原因的75%（见图14）。（4）工作检查、督察手段落后。督促落实和日常检查工作的手段也严重缺少技术支撑，电子政务、无纸化办公、网上监管程度很低。

**2. 合作点太少，"行政效能革命"力量薄弱**

全球化、信息化背景下的复杂性状况，都使得当前社会治理的典型特征是合作共治，无论是政府治理、社会治理还是城市治理，概莫能外。而本次行政效能革命的合作点太少，因而共治力量十分薄弱。（1）政府内部合作点少。条块分割体制使得多数职能部门长期缺少合作条件。偶有复杂问题，即采取"牵头"联合处理的形式，而不能形成常规化的联合办事机制。因为部门利益，不愿意合作、不能合作的情况也屡见不鲜，如对相关事务的证明、材料要求各不相同，彼此间也互不认可。各部门建立起来的数据信息库，往往认为本部门才有权使用，不愿意共享。（2）政府与社会组织合作点少。"发生在当前社会治理领域中的一切变革，都应当围绕政府与社会自治力量合作治理模式的生成为目标，如果在这个过程中有什么自觉的行为选择的话，就是要积极地按照建构合作治理的要求去进行结构调整和制度安排。"① 政府购买服务、发挥社会组织作用、推进第三方评估等，近年来已被普遍认为是提高政府效能、完善社会治理体系的重要内容。西安市"行政效能革命"也提出，发挥中介机构的专业服务作用、引入审批服务中介竞争机制、重视第三方评估等。但因为刚刚起步，在此方面的合作还屈指可数。

前述传播范围小而造成民众对"行政效能革命"了解不够，也是"行政效能革命"力量单薄的表现。

**3. 创新力度太小，"行政效能革命"深度、高度均有欠缺**

（1）机制、制度不对接，手续重复、错位等大量存在。机制、制度不对接乃至相互矛盾，则办事难、办事慢的现象不能彻底克服。访谈中了解到，当前行政许可项目虽大幅减少，但实际办事过程中，申报材料仍然偏多，同一材料在不同窗口重复提交的现象不在少数。接受访谈的企业反映，政策更新慢、不衔接的情况较多，如安检制度流程更新快，而商务条例仍然是 10 多年前的，衔接不上。（2）复杂事务处理中的创新不够，办事企业评价不高。前文已指出，在办事方式、办事方便程度、办事效率、办事满意度等主要方面，相较于办理个人事务者，办事企业的评价较低。

---

① 张康之：《走向合作治理的历史进程》，《湖南社会科学》2006 年第 4 期，第 33 页。

究其原因，企业事务大多复杂麻烦，往往涉及多个部门，其办事过程改善必须依赖深层次创新。创新不够，则改善效果不明显。例如，访谈中了解到，经营网吧需要办理工商、税务、公安、消防等多项手续，但如果最后不能获得网络文化经营许可证，则前面这些审批就变得毫无作用。那么，能否更合理地设计手续办理环节呢？多部门联审联批能否推广？另外，随着大量新型经营形式出现，"一址多证"已经普遍推行，能否更迅速地推行"一址多证"？（3）协同治理缺失，城市治理体制似有若无。"行政效能革命"紧扣住城市治理的要害，驭繁以简，应该探索城市治理体制和提高政府的城市治理能力。但实际情况是政府大力行动，市场和市民时而点赞，政府仍唱成了"独角戏"。协同治理格局无从切入，城市治理体制很不清晰。"治理往往体现为发展主体合作共治的形态。对于城市来说，其最基本的主体就是生活其中的市民，城市治理离不开市民的主动参与，市民与政府的互动与合作是城市治理的内在形态。"① 因此，努力加强市民、企业和各类单位的共同参与，应该是下一阶段的重心任务。

**4. 重事务，轻事理，"行政效能革命"的引导乏力**

在"行政效能革命"起步阶段，把工作重心放在解决现实问题上，着力提高服务能力和绩效，这是科学务实的做法。但对于"行政效能革命"理念、根本指向等问题尚未关注，这不利于巩固"行政效能革命"的阶段性效果，也会制约其"变观念、塑文化"的功能发挥。

### （二）解决问题的思路措施

针对上述突出问题，可供借鉴的解决思路和措施有以下方面。

**1. 更多利用新媒体**

新媒体对于社会传播的巨大作用，已经得到越来越清晰的证明，因而当前的社会行动和社会动员都必须充分重视利用新媒体。应该重点利用车载广告、公共多媒体设备、手机新闻、微信等新媒体，形成更强的视听冲击力和扩大"行政效能革命"传播范围，以最大限度地释放"倒逼"效应。

---

① 赵宇峰：《城市治理新形态：沟通、参与与共同体》，《中国行政管理》2017 年第 7 期。

**2. 注重一线工作人员的激励**

要为一线工作人员减压，在其工资收入、职务晋升、绩效奖励等制度安排上应有倾斜；工作方面继续强调服务态度和业务技能；政策、部门对接乃至技术手段等方面的问题，各职能部门应切实担负起第一责任人的职责。

**3. 政务服务大厅扩容，不惜重金打造"智慧政务"**

"'互联网+'政府服务是从公众真正需求的角度出发，政府回应和满足公众的真实需求并提供一站式和一体化的服务，这不仅是线下到线上的职责变迁，更意味着服务方式的革新。……服务方式的现代转向不仅是社会善治的要求，也是政府治理能力的体现，没有现代性的服务方式，政府治理能力的提升必然是空洞和缺乏价值性归宿的。"① 21 世纪以来，智慧治理、智慧城市、智慧政府等一系列新理念和新实践，已经掀起了一场政务服务方式的根本变革。就西安市来讲，除了重点投入支持政务大厅扩容和设备更新外，就要不惜重金，强力、快速推进技术升级。"针对当前智慧治理中存在的多部门各自为政建设单独的数据库，导致数据资源的碎片化和行政效率低下的问题，要继续深化大部制改革，形成信息整合机制，运用云计算整合和处理分散的信息。……通过技术和服务的标准化，消除各部门之间沟通的障碍，整合分散的信息，逐渐实现由碎片化治理向整体性治理的转变。"② 通过推动大范围信息共享，依靠"大数据"提高效能。

**4. 挖掘创新点，着力推动制度、机制创新**

从我国的实际情况出发，城市治理创新应当突出以下三个重点：服务、共享和融合。③ 而这三个方面都事实上需要制度和机制创新。具体服务中的创新，如引入审批中介机构竞争机制，促进审批中介服务水平提高；推广第三方的阶段评估，形成其与日常检查督察的互动；以重大事项为契机，促进政府部门合作常态化，继续促进手续、程序精简；代办服务

---

① 丁建彪：《提升政府治理能力："互联网+"条件下政府运行模式变革》，《学习与探索》2016 年第 10 期，第 72 页。
② 张丙宣、周涛：《智慧能否带来治理——对新常态下智慧城市建设热的冷思考》，《武汉大学学报》（哲学社会科学版）2016 年第 1 期，第 28 页。
③ 王永健、汪碧刚：《探索共建共治共享的城市治理新格局》，《人民论坛》2017 年第 12 期（下），第 47 页。

也完全可以通过与专业性组织合作来提供，降成本增效益；重点推进办理企业事务的创新，努力契合企业的需求。这些创新的核心特征就是形成与政府工作机制相匹配的市场、社会工作机制。"从国家与社会的关系看，中国地方治理既包含提高政府绩效的目标，又包含激发市场和社会活力的目标。这就意味着，创新治理体系，一要从改革政府行政工作开始；同时，更要创建社会工作体系。"①

**5. 增强"行政效能革命"与西安城市品质的关联，逐渐清晰整体设计**

需要逐渐清晰"行政效能革命"的整体设计，明确其理念、走向、最终目标这些问题。（1）明确效能提升与智慧城市的关系，做到二者相互促进。（2）适时提出"效能文化"概念，将其作为"行政效能革命"的长远目标。"变革原有的行政文化，建立与地方政府角色相适应、体现地方政府特色的新型'效能型'行政文化。"② 以制度打造现代文化、以现代文化塑造人，这应该是"大西安"文化优势的新向度。（3）增强效能与城市品质的实质关联，把政府效能视为西安品质之城的关键指标。（4）立足实际过程，丰富关于西安市"行政效能革命"的理论认识。

---

① 陈伟东、吴恒同：《提高效能和扩大参与：城市基层治理体系创新的两个目标》，《社会主义研究》2015 年第 2 期，第 109 页。

② 袁忠、颜爱妮：《论地方政府"效能型"行政文化构建的障碍及路径》，《广东行政学院学报》2013 年第 1 期，第 28 页。

# 《哲学与时代》征稿函

　　《哲学与时代》是由陕西师范大学哲学与政府管理学院主办，并建立在同行专家匿名评审制基础上的专业性学术集刊。由院长袁祖社教授担任主编，计划每年出版两辑，每辑 10 ~ 14 篇文章。围绕着"哲学"与"时代"两大主题，不定期设置的栏目有：哲学前沿问题研究、哲学专题讨论与对话、哲学基础理论的推进与反思研究、哲学动态与书评、政策与国家治理研究等等。

　　本刊以陕西师范大学哲学与政府管理学院为依托，力图吸收和创办汇集哲学理论前沿探索、地方特色哲学、时代与政治理论探究等特色鲜明的学术集刊。欢迎相关专业的学者不吝赐稿。

　　《哲学与时代》对所有来稿实行三审制。由执行编辑初审，同行专家复审，主编终审。


　　稿件相关注意事项如下：

　　（1）论文须以首次发表为宜。

　　（2）论文一般篇幅为 0.8 万 ~ 1.2 万字，需附的主要栏目有："摘要""关键词""作者信息""项目信息"等基本内容。

　　（3）论文所引资料的注释必须规范，准确标明作者、著作（论文）名称、出版社或出版物的名称、出版或发表的时间、页码等。注释一律采用页下注"①……"。

　　（4）中文资料或中译本的注释一律使用汉语，例如：

　　李靖主编《额济纳旗历史档案资料》第 1 册，内蒙古文化出版社，2014，第 163 页。

　　耿曙、陈玮：《"发展型国家"模式与中国发展经验》，《华东师范大学学报》（哲学社会科学版）2017 年第 1 期，第 36 页。

姚大力：《西方中国研究的"边疆范式"：一篇书目式述评》，《文汇报》2007 年 5 月 7 日第 6 版。

《邓小平文选》第 1 卷，人民出版社，1994，第 41 页。

毛泽东：《论联合政府》，中国共产党历次全国代表大会数据库，http：//cpc. people. com. cn/GB/64162/64168/64559/4526988. html，最后访问日期：2018 年 6 月 1 日。

（5）外文材料的注释一律用外文原文，不必翻译成中文。书名与刊物名一律用斜体标出，文章名加引号，但不用斜体，例如：

Pierre Harmignie, " Note sur le principe des nationalités," *Revue néo-scolastique de philosophie*, 28e année, Deuxième série, 1926, pp. 23–36.

（6）来稿请注明作者姓名、工作单位、职称、研究方向、联系方式、电子邮件地址等。

投稿与建议邮箱：zxysd@snnu. edu. cn（"哲学与时代"首字母）

　　　　　　　　　　　　　　　　　　　　《哲学与时代》编辑部

　　　　　　　　　　　　　　　　　　　　2019 年 10 月

图书在版编目（CIP）数据

哲学与时代 . 第 1 辑／袁祖社主编 . --北京：社会
科学文献出版社，2019.12
ISBN 978-7-5201-5239-6

Ⅰ.①哲⋯　Ⅱ.①袁⋯　Ⅲ.①哲学-研究　Ⅳ.①B

中国版本图书馆 CIP 数据核字（2019）第 163854 号

## 哲学与时代（第 1 辑）

主　　编／袁祖社

出 版 人／谢寿光
组稿编辑／宋月华　袁卫华
责任编辑／袁卫华

出　　版／社会科学文献出版社 · 人文分社 （010）59367215
　　　　　地址：北京市北三环中路甲 29 号院华龙大厦　邮编：100029
　　　　　网址：www.ssap.com.cn
发　　行／市场营销中心（010）59367081　59367083
印　　装／三河市龙林印务有限公司

规　　格／开　本：787mm×1092mm　1/16
　　　　　印　张：17.5　字　数：278 千字
版　　次／2019 年 12 月第 1 版　2019 年 12 月第 1 次印刷
书　　号／ISBN 978-7-5201-5239-6
定　　价／128.00 元

本书如有印装质量问题，请与读者服务中心（010-59367028）联系